HERBERT STEFFNY

OPTIMALES LAUFTRAINING

HERBERT STEFFNY

OPTIMALES LAUFTRAINING

südwes+

Laufen – und alles läuft besser!

Vom **Spinner** zum **Vorläufer**

Eins, zwei ... und hopp, hopp!

Laufen boomt bei uns seit Mitte der 1980er-Jahre, und das Laufvirus ist für Sportmuffel mittlerweile gefährlich ansteckend: Läufer sind heute fast so etwas wie das herumlaufende schlechte Gewissen der »Noch-nicht-Läufer«.

Der Lauf der Geschichte

Mutter Natur hat uns mit zwei Beinen zur Fortbewegung geschaffen – wir sollten sie eigentlich auch benutzen. Aber bis in die Achtziger des vorigen Jahrhunderts war Laufen eher eine Lachnummer. Nur vereinzelt trauten sich Pioniere, sich den Verunglimpfungen beim Training auszusetzen. Die laufende Bewegung aktivierte damals noch den Jagdtrieb vieler Hunde, und Läufer galten eher als Eigenbrötler, einsame Spinner und ernteten vielleicht ein müdes Lächeln. Außenstehenden fiel dazu oft nicht mehr ein als: »Eins, zwei ... und hopp, hopp!« In den Jahren des Wirtschaftswunders arbeitete man schließlich hart dafür, sich das Statussymbol Auto leisten zu können, um nicht mehr laufen zu müssen. Der rasante technische Fortschritt der letzten Generationen machte bei uns aus einst körperlich stark geforderten Hirtennomaden, Jägern, Ackerbauern und Handwerkern wohlhabende, bequemliche und übergewichtige »Couch-Potatoes«. Der neuzeitliche Bewegungsmuffel sitzt übergewichtig und rückengeschädigt den ganzen Tag bei der Arbeit im Büro und zu Hause vor dem Computer oder Fernseher. Statt sich selbst zu bewegen, frisst er hinter dem Lenkrad auf der Autobahn Kilometer.

Lauftreff und Joggingboom

Schon früh erkannte in Deutschland Dr. Ernst van Aaken, dass Bewegungsarmut und falsche Ernährung zu Zivilisationskrankheiten führen. Seit 1947 propagierte der Laufpionier mit der von ihm begründeten »Waldnieler Dauerlaufmethode« kämpferisch den langsamen Dauerlauf als Alternativmedizin und setzte sich zudem vehement für Frauenlaufen ein. Die bei uns aufkeimende Laufbewegung erhielt einen mächtigen Schub durch die Joggingwelle, die aus den USA zu uns herüberschwappte. Sie wurde dort durch den seit 1968 millionenfach verkauften Bestseller »Aerobics« von Dr. Kenneth Cooper und den Marathonolympiasieg von Frank Shorter 1972 in München ausgelöst und verstärkt. Die Laufbewegung wurde zu uns aber nicht aus Amerika importiert. Lauftreffs gab es schon viel früher.

Mensch läuft

Bereits 1899 gab es allein in Hannover nicht weniger als zwölf Laufvereine. Die Wurzeln des Lauftreffs in Deutschland gehen auf die von Carl Diem 1907 in Berlin ins Leben gerufene »Laufgemeinschaft« zurück. 1963 veranstaltete Otto Hosse den ersten Volkslauf für jedermann in Bobingen; parallel dazu entwickelte sich in der ehemaligen DDR die Kampagne »Eile mit Meile« und die »Lauf-dich-gesund-Bewegung«. Der Deutsche Sportbund startete 1970 den Trimm-Trab mit dem Slogan »Lauf mal wieder«. Es folgte die von Krankenkassen und Sportartikelfirmen mitgetragene Aktion »Ein Schlauer trimmt die Ausdauer«. 1974 wurde in Dortmund der erste Lauftreff mit Leistungsgruppen vom Einsteiger bis zum Wettkampfläufer eröffnet, es erschien das erste deutsche Laufmagazin »Spiridon«. Beim Trimm-Trab-Auftakt 1976 im hessischen Bad Arolsen gab Olympiasieger und Lauflegende Emil Zatopek die denkwürdig einfachste und viel zitierte Begründung fürs Laufen: »Fisch schwimmt, Vogel fliegt, Mensch läuft!«

Cityläufe als Speerspitze

In den 1980er-Jahren verstärkten Citymarathons die Laufbewegung. Die Faszination des Konzepts Klasse und Masse mobilisierte viele – eine Fitnessdemonstration und Abstimmung mit den Füßen, mitten in den Weltmetropolen. Beim New York Marathon kommen inzwischen über 50 000 Läufer ins Ziel. In Berlin, beim größten deutschen Marathon, sind es über 44 000, die unter dem Beifall von Hunderttausenden von Zuschauern und bei TV-Liveberichterstattung am Brandenburger Tor einlaufen. Laufreisen zum Hawaii Marathon sind genauso im Trend wie die Teilnahme am Medoc Marathon, einem 42,195 Kilometer langen Festival für Gourmetläufer bei Wein und Austern. Neuester Trend: »Mach mal halblang«. Der Halbmarathon hat sich als einstiger Rahmenwettbewerb der großen Citymarathons in die Innenstädte geschlichen und führt heute ein attraktives Eigenleben. Die Vorbereitung auf 21,1 Kilometer ist nicht so aufwendig, das Lauf- und Gemeinschaftserlebnis aber ähnlich. Halbmarathons und kürzere Firmenläufe mobilisieren mittlerweile Rekordzahlen von über

»Mensch läuft!« Emil Zatopek (vorne) war nicht nur ein gewitzter Rhetoriker, sondern ist als Olympiasieger und Weltrekordler ein Idol für Generationen.

Symbiose aus Masse und Klasse beim Straßenlauf – wo können Freizeit- und Spitzensportler wie Weltrekordler Haile Gebrselassie sonst zusammen starten?

70 000 Teilnehmern. Heute lacht keiner mehr über Läufer! Das längst etablierte Freizeitjogging mit allen Facetten ist heute gewissermaßen eine Ersatzhandlung für frühere bewegungsreichere Tage, eigentlich eine Reminiszenz an unser biologisches Erbe.

Erlebnis statt Ergebnis

War in den 1970ern die Laufbewegung noch überwiegend in den Händen der leistungsorientierten Vereine, trainieren heute Millionen von größtenteils unorganisierten Freizeitläufern in Stadtwäldern, Parks und Sportanlagen. Die Zahl der in Deutschland regelmäßig Laufenden dürfte realistisch um die fünf Mil-

lionen betragen, wobei der Anteil der Frauen stetig zunimmt. 2022 waren beim Deutschen Leichtathletik-Verband rund 4 000 Walk- und Lauftreffs registriert. Hier begegnen sich Oma und Enkel, Altersklassen, die sich sonst kaum über den Weg laufen würden, und plaudern über Gott und die Welt, aber auch über gemeinsame Ziele: Abnehmen oder nächster Wettkampf. Die Laufbewegung hat weniger die jungen Talente mobilisiert. Sie wird überwiegend von fit-fröhlichen 30- bis 50-jährigen Gesundheitssportlern und Volksläufern geprägt, für die oft das Erlebnis mehr als das Ergebnis zählt. Sie laufen aber auch für Figur, Gesundheit, Entspannung und Lebensqualität. Andere suchen darüber hinaus die im Berufsleben fehlende Herausforderung. Eine geplante Wettkampfteilnahme kann die Motivation für ein jahrelanges Training sein.

Laufen gehört zum guten Ton

Laufen war jahrhundertelang eher ein Sport der unteren Klasse. Heute laufen auch die Macher und Manager, Lehrer und Journalisten, Direktoren und Politiker. Die Liste der Promis, die sich mit Laufen fit halten oder sich sogar der »Herausforderung Marathon« schon erfolgreich gestellt haben, geht quer durch alle Gesellschaftskreise. Auf ihr stehen Popstars wie Mick Jagger, Björn von Abba, Joey Kelly und Nena oder Schauspieler wie Jennifer Aniston. Der Fußballer Olaf Thon stellte sich der Herausforderung Marathon erfolgreich, und selbst Lance Armstrong schienen seine sieben Tour-de-France-Siege nicht zu genügen, er lief zweimal beim New York Marathon mit. Auch Schriftsteller wie Günter Wallraff bis hin zu Politikern zählen zur Laufgemeinde. Ex-Bundespräsident Horst Köhler und der frühere amerikanische Präsident Barack Obama halten sich durch regelmäßiges Joggen fit. Auch Carla Bruni und ihr Gatte, der ehemalige französische Ministerpräsident Nicolas Sarkozy, machen beim Laufen eine mehr oder weniger gute Figur. Joschka Fischer war Ende der 1990er der Vorläufer in Deutschland. In eineinhalb Jahren nahm der ehemalige deutsche Außenminister laufend nicht nur 37 Kilogramm ab, sondern rannte mit 50 Jahren den Hamburg Marathon in 3:41 Stunden. Der politische Stress nach dem 11. September 2001 warf ihn allerdings in sein altes Kompensationsverhalten zurück. Ohne Laufen nahm der grüne Politiker danach leider wieder ordentlich zu.

Warnung! Laufen ist kein Allheilmittel, aber ein wichtiger Schritt in die richtige Richtung. Man begibt sich dabei auf eine ganzheitliche Reise zu sich selbst. Auch wer erst im höheren Alter mit dem Laufen beginnt, hat mit sich noch etwas Positives vor.

Ein wahres Naturheilmittel

Die Natur belohnt Läufer mit Glückshormonen wie Serotonin und Endorphinen, eine uralte Anpassung für das Durchhalten beim Jäger- und Sammlerdasein. Diese Hormonfreisetzung macht positiv süchtig. Doch auch hier macht die Dosis das Gift. Wir müssen daher lernen, mit dem Laufen, diesem Naturheilmittel, dieser natürlichsten aller Drogen, vernünftig umzugehen, beim Erweitern der Grenzen Verletzungen zu vermeiden und den Spaß zu behalten. Mein Buch soll Sie auf Ihrer privaten Lauf-Bahn vom richtigen Einstieg bis hin zum erfolgreichen Wettkampf begleiten. Es soll Sie aus Sicht eines Naturwissenschaftlers und früheren Spitzenläufers, aber auch aus jahrzehntelanger Erfahrung als Trainer für Laufeinsteiger, Fortgeschrittene bis hin zu Weltklasseathleten motivieren und anleiten. Mein größtes Ziel aber ist, dass Sie auf Ihrer Fitnessreise nicht nur ein höheres Leistungsvermögen erlangen oder Pfunde verlieren, sondern ein gutes Gefühl für Ihren Körper entwickeln und zum Genussläufer werden. Keep on running!

Herbert Steffny

Motivation

▸ Aktiv für die Gesundheit

▸ In die Gänge kommen – und alles läuft besser

▸ Laufend die Psyche pflegen

▸ Ihr Körper – Ihr bester Freund

Laufend **fitter**

Schlanker, gesünder, glücklicher!

»Gesundheit ist gewiss nicht alles, aber ohne Gesundheit ist alles nichts!« So brachte es der Philosoph Arthur Schopenhauer auf den Punkt. Gesundheit ist Chefsache! Wer außer Ihnen selbst soll sich darum kümmern? Ihre Gesundheit können Sie nicht delegieren.

Darum sollten Sie laufen

»Die wirklich wichtigen Dinge im Leben sind keine Dinge«, heißt es. Wirklich wichtig sind beispielsweise echte Freundschaft, wahre Liebe, Freiheit, Selbstbestimmung, Sicherheit, selbstverständlich Fitness und vor allem Gesundheit, Werte, die im Karrierealltag und auf der Jagd nach Geld meist zu kurz kommen. Fitness hat im allgemeinen Sprachgebrauch irgendwie mit Gesundheit und Lebensstil zu tun: mit guter Ernährung, körperlicher und geistiger Mobilität, mit »in Form sein«, Wohlbefinden, gutem Aussehen und mit Schlankheit. Im engeren Sinne hängt aber Ihre Fitness von Ihrer sportlichen Leistungsfähigkeit und dem Zustand Ihres Herz-Kreislauf-Systems ab. Für die Gesundheit ist neben Kraft, Beweglichkeit und Koordination insbesondere die Ausdauerfitness aussagekräftig. Fitnesstests würden ein Defizit der körperlichen Verfassung schnell aufdecken. Gesundheit ist wesentlich mehr als nur die Abwesenheit von Krankheit. »Anima sana in corpore sano«, »Ein gesunder Geist ruht in einem gesunden Kör-

per«, diesen ganzheitlichen Ansatz verfolgte schon der römische Satiriker Juvenal vor rund 2000 Jahren. Auch die World Health Organization (WHO) benutzt heute eine umfassende Definition: »Gesundheit ist der Zustand des vollkommenen körperlichen, geistigen und sozialen Wohlbefindens.« Und, was tun wir dafür?

Erfolgserlebnis und Trauma

Bei den meisten Menschen liegt das letzte Erfolgserlebnis beim Laufen sehr lange zurück. »Guck mal, der Kleine läuft schon!«, entzückten sich die stolzen Eltern über ihren einjährigen Sprössling. Nein, eigentlich ist er unter den aufmunternden Anfeuerungen die ersten holprigen Schritte gegangen. Und dann lief bald nichts mehr. Über Dreirad, Roller, Fahrrad, Mofa und den heiß ersehnten Führerschein haben wir uns diese dem Menschen so urtypisch auf den Leib geschneiderte Fortbewegungsweise so schnell wie möglich abgewöhnt. Schlimmer noch: Laufen erweckt bei vielen die finstersten Alpträume, Assoziationen an traumatische Erlebnisse in der Schulzeit oder bei der Bundeswehr. Da musste man ohne Vorbereitung bei einer Prüfung 1000 oder gar 5000 Meter aus dem Stegreif laufen. Japsend und keuchend verfluchte man schon nach der ersten Runde den Lehrer oder Vorgesetzten. Genau genommen wurde uns Laufen nie richtig beigebracht. Zeit für einen neuen Anlauf!

Sportfutter und Gehirnjogging

Wir geben uns gerne sportlicher, als wir wirklich sind. Da »läuft« man den ganzen Tag in der Stadt herum. Nanu? Gemeint war Gehen. Echtes Laufen heißt umgangssprachlich nämlich »Rennen«, in der Schweiz sogar »Springen«. Welch entlarvende Sprachverschiebung! Wir sind Skifahrer, auch Tennisspieler, aber, mal ehrlich, wie oft eigentlich? Wann zuletzt? Vorigen Winter vielleicht ein verlängertes Wochenende oder vor zwei Jahren ein Match beim Cluburlaub? Ein sportliches Image kann man auch ohne Sport haben: Man fährt ein sportliches Coupé mit offenem Verdeck, surft im Internet statt am Strand, benutzt Fitnessbeinspray, duscht mit Sportshowergel, trägt eine sportliche Kurzhaarfrisur, konsumiert Fitnessdrinks, isst Joggingbrot, aber besonders gerne Sportschokolade. Wer nachdenkt, dem fällt bestimmt noch Gehirnjogging ein. Dichtung und Wahrheit! Ein Blick auf die Waage, die Konfektionsgröße, den Puls oder den Blutdruck erzählt die wirkliche Geschichte.

Ausdauersport ist Gesundheitssport

Man sollte mal wieder Sport treiben ... Aber: Sport und Sport ist nicht dasselbe. Bei Schnellkraftsportarten wie Sprint, Gewichtheben oder Hochsprung werden explosiv innerhalb weniger Sekunden Kräfte freigesetzt. Diese Disziplinen trainieren den Körper ganz anders als die klassischen Ausdauersportarten Laufen, Walking, Rad fahren, Rudern, Schwimmen oder Skilanglauf. Beim Schnellkrafttraining stehen Muskelquerschnitt und saubere Technik im Vordergrund. Die Fettverbrennung spielt für die Kraftentfaltung keine Rolle. Auch der Sauerstofftransport ist in der kurzen Zeit nicht wichtig: Ist das sauerstoffreiche Blut während eines Sprints von der Lunge über das Herz-Kreislauf-System überhaupt bis in den Fuß gekommen? Wohl kaum! Wenn Sie also etwas für Ihre Gesundheit tun möchten, müssen Sie Ausdauersport betreiben!

Mit sanftem Training fitter

Beim Ausdauersport müssen Sie Ihr Körpergewicht nicht wie bei Schnellkraftsportarten maximal und kurzzeitig belasten, sondern in einer viel sanfteren Intensität, aber dafür regelmäßig und über einen längeren Zeitraum bewegen. Ausdauertraining optimiert dabei viele Stoffwechselprozesse und wichtige Systeme im Körper, z. B. die Fettverbrennung, das Atmungs- und das Herz-Kreislauf-System zum Verteilen der Nährstoffe und des

Sauerstoffs während des Sports. Und damit sind wir mitten im Gesundheitstraining, denn nur durch Ausdauersportarten optimieren sich Herz, Lunge, Gefäße und Blutwerte. Zum Muskelaufbau und Knochenerhalt ist Kraftsport bestens geeignet. Daher sollten Läufer neben Dehnungsgymnastik auch Kräftigungsübungen durchführen (siehe Seite 190ff.).

Bewegung schützt das Herz

Wer rastet, der rostet! Vom Schongang baut alles ab. Biologische Systeme erfordern im Gegensatz zu technischen für ihre Erhaltung oder Verbesserung einen entsprechenden Trainingsreiz. Für ein leistungsfähiges Herz sollten Sie nicht ruhen, sondern laufen!

Info

Jo-Jo-Joschka

Joschka Fischer beeindruckte Ende der 1990er-Jahre durch seine Metamorphose vom fülligen Lebemann zum Marathonfinisher und Vor-Läufer der Nation. Mit 112 Kilogramm Leibesfülle und Angst vor einem Herzinfarkt änderte er mit 48 sein Leben radikal. Der damalige Fraktionssprecher der Grünen stellte im Herbst 1996 seine Ernährung auf mediterran geprägte Vollwertkost um und begann zu joggen. Er hatte zunächst Vorbehalte gegenüber dem Laufen, das er für »sterbenslangweilig, nervtötend und ätzend« hielt. Er wusste aber, dass man pro Zeiteinheit mit Laufen Kalorien am schnellsten abbaut und dabei sein Herz stärkt. Er begann in Bonn mit einem 400-Meter-Lauf, nachts, im Dunklen, mit einer Kapuze über dem Kopf, damit ihn keiner sah. Beim ersten Mal war er zunächst völlig fertig. Eine traumatische Premiere! Aber er hat weitergemacht. Als ich ihn im Sommer 1997 als Personal Trainer für sein Marathontraining übernahm, war er längst ein Lustläufer. Laufen bedeutete für ihn Stressbewältigung, Meditation, seine »naturgemäßeste Droge«. Mit 50 Jahren und nur noch 74 Kilogramm Gewicht beendete er 1998 eineinhalb Jahre nach seinem Einstieg den Hamburg Marathon in 3:41 Stunden. Das ist

Joschka Fischer lief in Begleitung seines Marathontrainers Herbert Steffny 1998 in Hamburg seinen ersten Marathon in 3:41 Stunden.

noch im ersten Drittel des Teilnehmerfelds! Danach finishte er als Außenminister mit drei bis fünf Mal Training in der Woche noch die Marathons in New York City und Berlin jeweils unter vier Stunden. Viele nahmen sich ihn damals zum Vorbild. Die Terroranschläge in New York 2001 verhinderten eine geplante Teilnahme am Frankfurt Marathon und veränderten sein Leben drastisch. Die ununterbrochene Reisediplomatie und auch Sicherheitsgründe zwangen ihn dazu, sein Laufpensum erheblich zurückzuschrauben. Mangels Bewegung nahm Fischer entsprechend wieder deutlich zu. Laufen als Ausgleich fehlte, er verfiel wieder in sein altes Kompensationsverhalten. »Jo-Jo-Joschka« titelte daraufhin das bekannteste Boulevardblatt.

Das Herz des trainierten Ausdauersportlers schlägt ökonomischer und vergrößert sich durch natürliche Anpassungen. Früher hatte man das fälschlich mit einem krankhaft vergrößerten Herzen verglichen. Beim trainierten, leistungsfähigeren Herz sinkt der Ruhepuls ab; auch bei Alltagsverrichtungen wie Sitzen, Stehen und Gehen ist der Puls deutlich niedriger. Das Läuferherz muss im Tagesverlauf trotz Trainings weniger schlagen als das des Normalbürgers. Es arbeitet, obwohl leistungsfähiger, auf Sparschaltung.

Läuferherz im Schongang

Realistisches Rechenbeispiel über einen Tag: Bei einem Training von einer Stunde schlägt das Läuferherz vielleicht 50 Mal pro Minute öfter als das des Untrainierten. Das sind 50 mal 60 Minuten, also 3000 Schläge mehr. Aber in den restlichen 23 Stunden schlägt das trainierte Herz durchschnittlich 25 Mal weniger. Das sind 25 mal 23 mal 60 Minuten, also 34 500 Schläge weniger! In der Summe muss also das weniger leistungsfähige Herz 31 500 Mal öfter am Tag schlagen und somit mehr Arbeit verrichten. Das Läuferherz schont sich für größere Aufgaben.

Vom Sitzen kein Sitzfleisch

Wer also glaubt, dass man durch Schonung und Faulenzen alles besser erhält, weil dann nichts kaputtgehen kann, liegt falsch. Durch Nichtstun wird man schlapp! Ein Gelenk muss durch Bewegung geschmiert werden, sonst wird es steif. Ein Muskel kann im Gipsverband nicht benutzt werden, dadurch baut er bekanntlich schnell ab. Vom Sitzen bekommt man eben kein Sitzfleisch im Sinne von Muskulatur! Das ist nur eine nette Umschreibung für eine energiegeladene Problemzone. Astronauten müssen nach längeren Weltraumaufenthalten zurück auf der Erde vorübergehend im Rollstuhl sitzen. Ohne die Einwirkung der Erdanziehung fehlt im Weltall der Trainingsreiz für den Bewegungsapparat. Muskeln, Sehnen und Gelenke werden schwächer, und man findet sogar einen Abbau der Knochensubstanz, eine Osteoporose.

Ohne Bewegung um 15 Jahre älter

Auch auf Erden haben Wissenschaftler Experimente gemacht und gesunde Menschen für einen Monat ins Bett gelegt. Von dieser Bettlägerigkeit haben Muskulatur, Herz und Kreislauf, Knochendichte und andere verglichene Werte innerhalb von nur 30 Tagen so viel abgebaut, dass diese Parameter durchschnittlich den Werten von 15 Jahre älteren Menschen gleichkamen.

Was folgt daraus? Bewegungsmangel ist viel gefährlicher als Älterwerden, durch Bewegung erhält man sich jung! Sportmediziner haben älteren Menschen bescheinigt, dass sie durch moderates Ausdauertraining die Fitness von 20 Jahre jüngeren Normalpersonen erreichen können – anders ausgedrückt, dass sie 20 Jahre lang biologisch 40 Jahre alt bleiben können. Dieser enorme Fitness-vorsprung gegenüber Gleichaltrigen ist natür-lich Lebensqualität pur!

Knackige Beine, stabile Knochen

Laufen formt die beteiligten Muskeln, z. B. schöne, knackige Beine und den Po. Bewegung aktiviert auch die Venenpumpe. Die arbeiten-den Muskeln pumpen das venöse Blut aus den Beinen zum Herz zurück, was beim Rumsit-zen sonst in den Beinen versacken würde. Mit Jogging beugen Sie z. B. Thrombosen oder Besenreisern vor und mildern Beschwerden

Weck das Lauftier in dir! Herbststimmung im Nadel-wald, Moos- und Pilzduft – und auch die Seele läuft mit.

bei Krampfadern. Ab 35 bauen nicht nur die Muskeln, sondern auch die Knochen unmerk-lich ab. Nichtstun fördert Osteoporose und Arthrose. Frauen sind durch die nachlassende Hormonproduktion dabei stärker gefährdet als Männer. Moderate Bewegung wie Wal-king und leichtes Jogging sind bei Verschleiß und Beschwerden am Bewegungsapparat in Absprache mit einem sporterfahrenen Arzt sogar zu empfehlen. Und auch eine Knochen-erweichung kann durch Bewegung und rich-tige Ernährung bereits im frühen Stadium auf-gehalten werden.

Laufen für Körper, Geist und Seele

Laufen kann noch mehr! Bestimmt hat Ihnen schon einmal irgendein Läufer erzählt, wie gut ihm Laufen tut und was sich alles in sei-nem Leben zum Positiven verändert hat. Für einen Nichtläufer zunächst kaum zu glauben. Aber warten Sie es ab. Wenn Sie den richtigen Einstieg finden und kontinuierlich weiterlau-fen, werden Sie bestimmt selbst bald zum Laufbotschafter werden!

Das Lauftier in dir

Wer draußen in der Natur läuft, setzt sich als Ausgleich zu den vielen in zentralbeheizten, voll klimatisierten Räumen verbrachten Stun-den wieder regelmäßig den Elementen Wind, Regen, Schnee und Sonne aus. Sie kommen

Ihrer eigenen Natur, dem Urmenschen und dem Lauftier in Ihnen wieder näher. Sie haben Spaß beim Sport in der freien Natur, bringen Körper, Geist und Seele in Balance. Ihr Körper wird Ihr Freund. Sie werden ganzheitlich besser drauf sein, wieder in den Spiegel schauen können und mit der Waage Frieden schließen. Die im Folgenden aufgezählten positiven Auswirkungen des Laufens beziehen sich weitestgehend auf den Bereich des sanften Fitnessjoggings. Ein Marathontraining brauchen Sie für Ihre Gesundheit nicht aufzunehmen!

Die ganzheitliche Reise

Sie brauchen Visionen? Gerne – und Sie werden sich wundern, was sich durch Laufen ganz nebenbei, »im Vorbeilaufen« alles verändern wird. Vielleicht wollten Sie zu Beginn nur abnehmen oder das Herz und den Kreislauf in Schwung bringen. Doch schon nach einigen Wochen regelmäßigen Laufens merken Sie, dass sich im Kopf und Körper noch viel mehr verändert. Ihr Wohlbefinden und die Psyche werden dabei positiv beeinflusst. Sie begeben sich auf eine lebenslängliche, ganzheitliche Reise zu sich selbst:

▶ Sie verbessern Ihre Ausdauer, also die Widerstandsfähigkeit gegen Ermüdung. Sie halten damit in Alltag und Beruf, in der Freizeit und beim Sport einfach länger durch.

▶ Ihr Gewicht sinkt durch den erhöhten Kalorienverbrauch beim Laufen (Arbeitsumsatz) sowie durch den dauerhaft erhöhten Grundumsatz. Sie erreichen und/oder erhalten Ihr

Ich bin dann mal weg. Rein in die Laufschuhe, raus in die Landschaft und an der frischen Luft die Freiheit genießen!

Normal-, Ideal- oder auch Wettkampfgewicht.

▶ Aktivierung des Fettstoffwechsels: Überschüssiges Fett wird beim ruhigen Laufen abgebaut, es kommt zum Muskelzuwachs. Die aktive Körpermasse nimmt prozentual zu, was wiederum den Grundumsatz erhöht.

▶ Laufen ist das optimale Training für Bauch, Beine und Po, denn gerade der aufrechte Gang des Menschen formt nicht nur straffere und knackige Beine, sondern insbesondere den prominenten Gesäßmuskel.

▶ Die Ernährung wird sich ganz natürlich umstellen. Läufer kennen sich in Ernährungsfragen überdurchschnittlich gut aus. Sie werden das Essen mehr genießen und auch mal sündigen können, da Sie am nächsten Tag die Kalorien wieder abtrainieren.

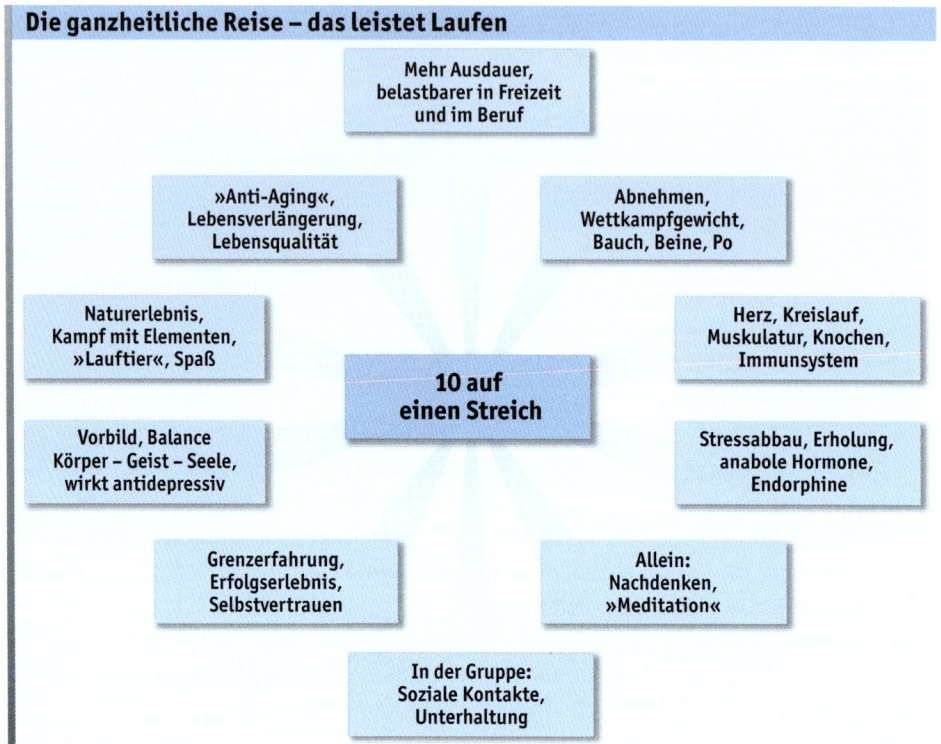

Die ganzheitliche Reise – das leistet Laufen

Mehr Ausdauer, belastbarer in Freizeit und im Beruf

»Anti-Aging«, Lebensverlängerung, Lebensqualität

Abnehmen, Wettkampfgewicht, Bauch, Beine, Po

Naturerlebnis, Kampf mit Elementen, »Lauftier«, Spaß

Herz, Kreislauf, Muskulatur, Knochen, Immunsystem

10 auf einen Streich

Vorbild, Balance Körper – Geist – Seele, wirkt antidepressiv

Stressabbau, Erholung, anabole Hormone, Endorphine

Grenzerfahrung, Erfolgserlebnis, Selbstvertrauen

Allein: Nachdenken, »Meditation«

In der Gruppe: Soziale Kontakte, Unterhaltung

▸ Ihr Herz-Kreislauf-System wird belastungsfähiger, die Gefäße werden elastischer, die Blutwerte verbessern sich.

▸ Das Immunsystem wird gestärkt, Sie werden weniger und schwächere Erkältungen und grippale Infekte haben, die zudem schneller ausheilen.

▸ Sehnen und Knochen werden stabiler, die Gelenke geschmiert.

▸ Sie bauen Stresshormone ab, haben weniger den Drang, mit Zigaretten, Naschen oder Alkohol zu kompensieren.

▸ Sie fühlen sich durch die Freisetzung des körpereigenen Glückshormons Serotonin sowie von Endorphinen wohl und werden weniger anfällig für Depressionen.

▸ Sie werden nach einem Lauf zunächst erst wieder wach und konzentriert sein, aber später besser schlafen.

▸ Wenn Sie allein joggen, haben Sie endlich eine ganz private Auszeit, können sich freilaufen, entspannen oder sogar meditieren.

▸ Sie können dann prima Kopfarbeit leisten, private und berufliche Probleme überdenken. Nicht selten sind die glasklaren Gedanken nach dem Laufen, ähnlich wie bei einem Traum, hinterher gleich wieder verschwunden. Nehmen Sie ein Diktiergerät mit!

▸ Beim Lauftreff finden Sie Geselligkeit und Kontakte unter Gleichgesinnten. Freuen Sie sich auf einen Laufplausch!

▸ Sie sind Vorbild für Ihre Kinder und andere. Nach den ersten Fortschritten und Erfolgserlebnissen wächst Ihr Selbstwertgefühl. Laufen wird zum Modell. Sie werden sich auch in anderen Lebensbereichen mehr zutrauen und Ihre Grenzen erweitern.

▸ Laufen ist seit Jahrmillionen das natürlichste Anti-Aging. Sie werden zunächst biologisch 15 bis 20 Jahre jünger, statistisch einige Jahre länger leben und vor allem eine viel höhere Lebensqualität im fortgeschrittenen Alter haben.

Sauerstoffdusche und Ganzkörpertraining

Zur Bestimmung der Ausdauerleistungsfähigkeit messen Sportwissenschaftler die maximale Sauerstoffaufnahme. Die ist bei Leistungssportlern rund doppelt so hoch wie bei wenig trainierten Normalpersonen. Sie hängt davon ab, wie gut Sie Sauerstoff über die Lunge aufnehmen, im Körper verteilen und verwerten können. Mit Laufen verbessern Sie also die Leistungsfähigkeit der Lunge, der Pumpe Herz und des Kreislaufs. Die Muskeln, der Stoffwechsel und der ganze Körper bekommen mehr Sauerstoff. Laufen ist ein Ganzkörpertraining, von dem fast alle Organe und Abläufe Ihres Körpers profitieren, vom Stoffwechsel der Leber bis zur vermehrten Fettverbrennung im Muskel.

Fitter im Alltag und beim Sex

Am einfachsten merken Sie natürlich die Verbesserungen beim Lauftraining. Nach einiger Zeit werden Sie immer länger und flotter unterwegs sein. Beim ersten Versuch mussten Sie vielleicht nach 500 Metern schon gehen, nach einem halben Jahr laufen Sie schon zehn Kilometer am Stück! Im Alltag machen Sie nicht so schnell schlapp. Sie gehen z. B. ein Liedchen pfeifend locker die Treppen hoch, während sich andere schnaufend am Geländer festhalten müssen. Sie werden auch weniger unter Wetterfühligkeit, Hitze, Schwüle oder Kälte leiden wie Normalpersonen. Der Aktivurlaub mit den Kindern oder ein Sprint zur Straßenbahn wird für Sie kein Problem mehr sein. Selbst Ihr Sexualleben wird davon profitieren: strafferer Körper, überall bessere Durchblutung, mehr Ausdauer, mehr Selbstwertgefühl. Kurzum, Sie sind einfach besser drauf!

Kardiofitness und Prävention

Mit einem Anteil von fast 50 % sind Herz-Kreislauf-Erkrankungen heute bei uns Todesursache Nummer eins! Früher, wie in der Dritten Welt noch heute, standen Todesfälle durch Infektionskrankheiten sowie Tod im frühen Kindesalter an erster Stelle. Als Ursachen für die

Zunahme von Herz-Kreislauf-Erkrankungen gelten die Risikofaktoren:

▸ Rauchen
▸ Zuckerkrankheit (Diabetes Typ 1 und 2)
▸ Zu hoher Blutdruck
▸ Zu hohe Cholesterinwerte
▸ Bewegungsmangel
▸ Übergewicht
▸ Stress

»Laufen ist eine Möglichkeit, sein gesundheitliches Vorstrafenregister zu löschen«, hat der Immunbiologe Professor Gerhard Uhlenbruck einmal treffend formuliert. Einige der angeführten Risiken sind teils angeboren,

können aber durch unser Verhalten vermindert werden. Ob wir rauchen oder nicht, wie wir mit Stress umgehen, haben wir selbst in der Hand. Dabei spielen Gene keine Rolle. Herz-Kreislauf-Beschwerden, Übergewicht, Diabetes, erhöhte Blutfette und Bluthochdruck sind vielmehr typische Zivilisationserkrankungen. Bequemlichkeit, falsche Ernährung und falsches Kompensationsverhalten sind hierfür hauptverantwortlich. Durch gesunde Lebensweise können wir diese Risiken vermindern oder sogar völlig ausschalten. Laufen stellt zusammen mit gesunder Ernährung den Blutzuckerspiegel, den Blutdruck und die Cholesterinwerte besser ein. Es senkt nicht nur den Gesamtcholesterinspiegel im Blut, sondern steigert auch den Anteil des schützenden HDL-Cholesterins.

Persönliches Risikoprofil erstellen

Bei den Risikofaktoren Rauchen, Bewegungsmangel, Übergewicht und Stress liegt es also in Ihren Händen, daran etwas zu ändern. Die wenigsten kennen ihr persönliches Risiko für Herz-Kreislauf-Erkrankungen, das man am besten zusammen mit einem Arzt erstellt. Erhöhte Cholesterin-, Zucker- oder Blutdruckwerte bemerken Sie nämlich nicht! Die müssen Sie messen lassen. Wenn Sie mehrere Risikofaktoren haben, dann verstärken sie sich gegenseitig. Ein Raucher, der starkes Übergewicht und erhöhte Cholesterinwerte besitzt, hat nicht etwa ein dreifach erhöhtes Risiko, sondern die Faktoren multiplizieren sich.

Info

Gesünder ohne Sportstress

Wer für die Gesundheit trainiert, muss keinesfalls durch die Gegend hetzen! Eine Teilnehmerin bei einem meiner Seminare berichtete mir im Nachgang, dass sich, seit sie das von mir empfohlene langsamere Lauftraining praktizierte, ihre Halbmarathon-Bestzeit verbessert hätte. Aber noch viel wichtiger: Ihr Gesamtcholesterin verminderte sich binnen einiger Monate bei einem gleichzeitig angestiegenen »guten« HDL-Wert von 242 auf 192 mg/dl. Dadurch konnte sie die verschriebenen Medikamente mit möglichen Nebenwirkungen absetzen. So gesehen war sie zuvor acht Jahre bei konstant hohem Cholesterinwert für die Gesundheit und Bestzeit viel zu schnell gelaufen. Ihre behandelnde Kardiologin war so begeistert, dass sie selbst mit Jogging begann.

Info

So wirkt moderates Laufen auf den Körper

System	Wirkung
Herz	Volumenzunahme, Senkung von Ruhe- und Arbeitspuls
Blutgefäße, Kreislauf	Bessere Durchblutung der Herzkranzgefäße, mehr feinste Haargefäße in den Geweben, dadurch bessere Sauerstoff- und Nährstoffzufuhr, bessere Temperaturregulation; höhere Elastizität der Gefäße, dadurch geringeres Thrombose- und Arterioskleroserisiko, Senkung des Blutdrucks, geringere Wetterfühligkeit
Blut	Senkung des schädlichen LDL-Cholesterins und der Triglyzeride, Erhöhung des schützenden HDL-Cholesterins, verbesserte Regulation des Blutzuckerspiegels, höhere Pufferkapazität, verbesserte Fließeigenschaften, Zunahme des Blutvolumens
Hormone	Schnellerer Abbau der Stresshormone Adrenalin, Noradrenalin und Kortisol, Freisetzung von natürlichen körpereigenen Opiaten (Endorphine) und des Glückshormons Serotonin, höherer Spiegel der aufbauenden (anabolen) und jung erhaltenden Hormone wie Testosteron und Wachstumshormon
Immunsystem	Verbesserte Infektabwehr, weniger Erkältungen, Abhärtung durch Wind und Wetter in der freien Natur, bei Sonne Vitamin-D-Produktion
Darm	Weniger Darmträgheit, Verstopfung und Darmblutungen
Lunge	Vermehrte Kapillarisierung (Durchsetzung mit Haargefäßen), bessere Sauerstoffausnutzung und Atemökonomie, weniger starke Asthmaanfälle
Muskeln	Straffung, erhöhte Ausdauerleistungsfähigkeit, verbesserte muskuläre Balance, größere Energie- und Sauerstoffspeicher (Myoglobin), verbesserter Fettstoffwechsel
Skelett	Höhere Dichte und Festigkeit der Knochen, weniger Rückenbeschwerden
Gelenke	Verbesserte Beweglichkeit, besser mit Gelenksflüssigkeit geschmiert, verlangsamte Degeneration

Die Wahrscheinlichkeit für einen Schlaganfall oder Herzinfarkt steigt immens. Höchste Zeit, mit moderatem Ausdauersport zu beginnen!

Für Laufen ist man nie zu alt

Für Laufen oder zu Beginn Walking ist man nie zu alt! Das Leistungsvermögen von Ausdauersportlern nimmt im Alter bei Weitem nicht so rasch ab wie bei Sprintern oder Hochspringern. Mit den Jahren werden Schnellkraft- und Spielsport zudem orthopädisch immer riskanter. Wer spät mit dem Laufen einsteigt, wird über die Jahre sogar immer fitter werden. Man dreht die biologische Uhr quasi zurück. Vielleicht wird man sogar so fit, wie man zuletzt vor 10 bis 20 Jahren war. Wer läuft, hat Zukunft – und die beginnt immer jetzt!

Info

12 faule Ausreden und 12 Lösungen

Faule Ausrede	Meine Antwort
Ich laufe den ganzen Tag im Büro oder Haushalt herum.	Sie »laufen« nicht, sondern gehen mit Pausen im Haus. Aber nur wenigstens eine halbe Stunde Training am Stück bei mittlerer Belastung verbessert den Kreislauf und verbrennt ausreichend Kalorien.
Ich habe schon genug Stress.	Laufen ist richtig betrieben kein Stress; wenn Sie es sanft betreiben, bauen Sie sogar Stress ab, es ist dann eine Oase der Entspannung.
Allein macht mir Laufen keinen Spaß, es ist mir zu langweilig.	Sie können mit Freunden oder gesellig beim Lauftreff joggen. Aber warum gönnen Sie sich nicht eine Auszeit mit sich selbst? Kommen Sie mit sich allein nicht klar?
Ich würde trainieren, wenn es ein Fitnesscenter gäbe.	Ihr Körper ist Ihr Fitnesscenter! Laufen können Sie auch ohne Fitnesscenter überall in der freien Natur – zu Hause und auch am Urlaubsort.
Es regnet, stürmt, schneit draußen.	Mit einer guten Funktionsbekleidung gibt es kein schlechtes Wetter mehr. Bei Regen ist die Luft sogar am saubersten!
Ist Laufen bei kalter Luft im Winter nicht zu gefährlich?	Die Frage haben Sie sich beim Skifahren bestimmt noch nie gestellt! Wer regelmäßig und ganzjährig läuft, gewöhnt sich auch an Kälte.
Ich komme im Winter nicht dazu, es ist immer so früh dunkel.	Am Wochenende ist es hell, sonst joggt man mit Freunden im beleuchteten Park oder entlang der Allee oder man kann ein Fahrradergometer oder Laufband im Fitnesscenter benutzen.
Ich habe Rücken-, Knieprobleme etc.	Wer Laufen richtig betreibt, wird seinen Bewegungsapparat sogar verstärken! Die meisten Menschen müssen zum Orthopäden, weil sie nichts tun.
Sport ist Mord, da verletzt man sich nur.	Fordern, aber nicht überfordern! Lassen Sie dem Körper Zeit für die notwendigen Anpassungen. Verletzungen treten bei Ungeduld, Übereifer und falschem Ehrgeiz auf.
Ich schone mich lieber, das hält mich gesund.	Biologische Strukturen und Funktionen, Knochen, Gelenke, Muskeln oder Ihr Herz brauchen einen Erhaltungsreiz. Vom Nichtstun werden sie abgebaut und verkümmern.
Habe keine Zeit!	Wer für Gesundheit keine Zeit hat, macht in seiner Lebensplanung etwas falsch! Laufen macht Sie ausgeglichener, Sie werden dadurch effizienter arbeiten, beim Laufen Kopfarbeit leisten, letztlich sogar Zeit gewinnen.
Nicht mehr in meinem Alter!	Jogging und Walking sind die naturgemäßeste Bewegungsform des Menschen, sie sind in jedem Alter möglich und sinnvoll.

Vor dem Einstieg ein Gesundheits-Check

Jetzt sind Sie vielleicht schon hoch motiviert und möchten am liebsten loslegen? Bevor Sie aber mit einem geregelten Gesundheitstraining anfangen, lassen Sie sich zunächst von Ihrem Hausarzt oder besser einem selbst sporttreibenden Arzt untersuchen. Dies ist umso wichtiger, wenn Sie über 35 sind und länger keinen regelmäßigen Sport mehr ausgeübt haben. Der Gang zum Arzt ist vor allem aber vonnöten, wenn Sie bereits orthopädische oder andere gesundheitliche Probleme haben oder einige Risikofaktoren wie Rauchen oder starkes Übergewicht hinzukommen. Neben der allgemeinen Untersuchung sollten Blutwerte analysiert sowie ein Belastungs-EKG auf einem Fahrradergometer oder Laufband vorgenommen werden.

Laufen ist zeiteffizient

Sie haben keine Zeit zum Laufen? Eine Redensart besagt: Der Fleißige hat immer Zeit! Man könnte auch sagen: Man hat nur die Zeit, die man sich nimmt. Machen wir eine kleine Rechnung: Die Woche hat 168 Stunden, davon werden etwa sieben mal sieben gleich 49 Stunden verschlafen. Es verbleiben noch 119 wache Stunden. Zieht man davon die Arbeitszeit von 40 bis 70 Stunden ab, so bleiben 79 bis 49 Stunden für sonstige Tätigkeiten in der Freizeit übrig. Der Zeitbedarf eines Joggingprogramms für die Gesundheit beträgt bei

drei Mal Laufen inklusive Gymnastik, Duschen und Umziehen aber nur rund fünf Stunden in der Woche. Das sind also nur 10 bis 6 % des Freizeitbudgets und nur 3 % der Gesamtwochenstunden für Ihre Gesundheit! Es entspricht etwa einem Abend in der Kneipe – und der macht Sie bestimmt nicht fit. Für andere empfehlenswerte Ausdauersportarten wie Rad fahren müssten Sie für denselben Kalorienverbrauch doppelt so lange trainieren oder wie beim Schwimmen oder Skilanglauf erst einmal zur Sportstätte hinkommen.

Info

So einfach und praktisch ist Laufen

▸ Keine komplizierte Technik, einfach (wieder) zu erlernen

▸ Auch im (höheren) Alter möglich und sinnvoll

▸ Vergleichsweise billige Ausrüstung

▸ Kostengünstig: keine Übungsstunden, Liftkarten, Platzmieten ...

▸ Zeitungebunden: keine Hallen- oder Platzbelegungspläne

▸ Allein oder in geselliger Runde möglich

▸ Geringer Zeitaufwand bei höchster Effizienz für das Herz-Kreislauf-System

▸ Hoher Kalorienverbrauch pro Zeiteinheit

▸ Ab der Haustüre oder auch im Urlaub vom Hotel aus möglich

▸ Ganzjährig bei jedem Wetter möglich

▸ Training in der freien Natur, stimuliert die Vitamin- und Hormonproduktion

▸ Umweltfreundlich: kein Lärm, keine Abgase, geringer Material- und Platzbedarf

Die Ausrüstung

▶ Das Wichtigste – der Laufschuh

▶ Das richtige Drunter und Drüber

▶ Praktisches Zubehör

▶ Lauftagebuch – Ihr treuer Begleiter

Gut gerüstet laufen

Funktional und bequem

Bevor Sie loslaufen, benötigen Sie Laufschuhe und geeignete Bekleidung. Zum Glück ist die Ausrüstung nicht sehr aufwendig. Laufen gehört zu den kostengünstigeren Sportarten. Aber gute Qualität mit fachlicher Beratung bekommt man auch nicht zum Schnäppchenpreis im Supermarkt.

Der richtige Laufschuh

Der Laufschuh ist mit Abstand das Wichtigste bei der Ausrüstung. Beginnen Sie auf keinen Fall mit alten Turnschuhen. Auch Aerobic- oder Tennisschuhe sind genauso ungeeignet wie irgendwelche Fitnessschuhe vom Wühltisch beim Discounter. Damit ruinieren Sie sich bestimmt die Knochen! Der richtig gewählte Laufschuh hilft, Verletzungen zu vermeiden. Auch wenn man nicht viel Geld in den ohnehin relativ billigen neuen Sport investieren möchte, sollte man nicht am falschen Ende, also beim Laufschuh sparen.

Dämpfen, Führen, Korrigieren

Laufschuhe müssen bei jedem Schritt je nach Tempo ein Mehrfaches Ihres Körpergewichts auffangen. Dabei muss der Schuh den Aufprall dämpfen, die Bewegung stabil und kontrolliert führen, das Abrollen gut ermöglichen und gegebenenfalls orthopädische Fehlstellungen korrigieren. Diesen Anforderungen werden nur spezielle Laufschuhe gerecht. Modische

Aspekte, Farbe oder Marke sind dabei die unwichtigsten Auswahlkriterien. Moderne Laufschuhe bestehen aus Kunststoffmaterialien wie Ethylenvenylazetat (EVA) oder Polyurethan (PU). Als Dämpfungselemente gibt es beispielsweise Kissen, die mit Luft oder Gel gefüllt sind. Diese können sich je nach Läufertyp im Rückfuß-, bei Ballenläufern auch im Vorfußbereich befinden. Die meisten Läufer landen auf der Ferse und benötigen daher insbesondere hinten mehr Dämpfung, was aber nicht heißt, dass der Schuh butterweich sein sollte. Auch darf der Fersenaufbau, die sogenannte Sprengung, nicht zu hoch sein. Das Obermaterial sollte atmungsaktiv sein. Achten Sie auch darauf, dass Ihre Schuhe Reflektoren haben, was Ihre Sicherheit bei Dunkelheit erhöht.

Das Maß aller Dinge – Ihr Fuß

Entscheidend ist, aus der großen Angebotspalette das für Sie persönlich am besten geeignete Modell herauszufinden. Der Topschuh Ihres Laufkollegen oder die Werbeaussagen irgendeines Laufstars können da also kein ausschlaggebendes Kriterium sein. Die Schuhe mögen für diese optimal sein, aber Ihre Füße sind vielleicht anders. Ein Eliteläufer wiegt weniger und kann daher viel dynamischere und leichtere Schuhe tragen. Ein Schuh, mit dem 80 % aller Läufer gut klarkommen, kann für Sie mangelhaft sein. Testberichte in Verbraucher- oder Laufmagazinen können also nur einen Anhaltspunkt oder eine Produktübersicht bieten. Gute Tipps zum Schuhkauf können Sie auch beim Walk- und Lauftreff oder von erfahrenen Sportkameraden bekommen.

Beratung im Fachgeschäft

Die richtige Schuhauswahl ist angesichts der Produktvielfalt gar nicht so einfach. Am besten lassen Sie sich vom geschulten Personal im Fachgeschäft weiterhelfen. Die Verkäufer sind fast immer selbst Läufer und beraten auch gerne Einsteiger.

Fachverkäufer können aus Ihren alten Sportschuhen eine Menge über Ihr Laufverhalten ablesen. Der Sohlenabrieb kann asymmetrisch sein, der Schuh schief stehen. Hieraus kann der Berater auf Fehlstellungen oder sogar Verletzungen schließen. Damit Sie nicht ganz hilflos auf die Suche gehen, im Folgenden einige allgemeingültige Empfehlungen. Und denken Sie daran: Das wichtigste Kriterium für die Kaufentscheidung sind Sie selbst, Ihr Fuß, Ihr Körpergewicht und das Gelände, in dem Sie trainieren wollen.

Das Schuhgewicht

Manche Zeitgenossen gehen zum Laufschuhkauf mit der Waage ins Fachgeschäft. Der Schuh sollte aber nicht so leicht wie möglich sein. Die Rechnung ist Folgende: Angenommen, man spart an einem Schuh 50 Gramm ein, ergibt sich bei 15 000 Schritten im Halbmarathon eine atemberaubende Gewichtsersparnis von 0,75 Tonnen! Das kann aber eine Milchmädchenrechnung sein. Wer nämlich übergewichtig oder von großer, kräftiger Statur ist, benötigt ein viel stabileres Schuhmodell als ein Spitzenläufer. Weltklasseläufer wiegen nur 55 bis 60 Kilogramm, ihre zierlichen Kolleginnen zwischen 45 und 50 Kilogramm. Natürlich brauchen diese Fliegengewichte

Für die richtige Laufschuhauswahl sind die Passform, Ihr Gewicht, eventuelle Fehlstellungen und der Untergrund die entscheidenden Kriterien.

Auf einem Laufband kann man im Fachgeschäft verschiedene Schuhmodelle mit Videokontrolle austesten und dabei Fehlstellungen aufdecken.

nicht so stabile Schuhe wie ein normal- oder übergewichtiger Freizeitläufer. Sollten Sie zu den Leichtgewichten gehören, kämen diese Schuhe für kürzere Rennen und Tempoläufe infrage. Nebenbei bemerkt: Olympiasieger Emil Zatopek hat sich Armeestiefel angezogen, um sein Training zu erschweren.

Die Gewichtsersparnis beim Laufschuh kommt durch Verzicht auf Stabilisations- und Dämpfungselemente zustande. Die Schläge bei Cityrennen oder Training auf Asphalt gehen dem schweren Normalläufer dann aber voll in die Knochen. Die Finger sollten Sie auch von leichten »dynamischen Schläppchen« lassen, wenn Sie eine Fußfehlstellung (siehe unten) haben! Es fehlen dann nämlich auch die härteren und

schwereren Konstruktionselemente, die diesen Fehlbewegungen entgegenwirken. Das belastet nicht nur die Gelenke, sondern durch die mangelnde Führung des Schuhs verpufft ein Teil der Energie.

Die Passform

Die Passform an Ihrem Fuß ist entscheidend. Wenn der Schuh irgendwo zwackt, vergessen Sie ihn. Damit der Schuh auch wirklich passt, sollten Sie ihn mit geeigneten Laufsocken anziehen. Das können im Winter etwas dickere als im Sommer sein. Für unterschiedliche Fußbreiten gibt es von einigen Firmen auch Schuhe mit verschiedenen Weiten. Manche Modelle werden in einer Herren- und einer Damenversion angeboten. Ein Mann mit schmalem Fuß sollte mal die »Ladyversion« anprobieren. Das Umgekehrte gilt für Damen mit breitem Fuß.
Der Vorfußbereich muss den Zehen genügend Spielraum für die freie Bewegung bieten. Einen Fingerbreit sollte vor der großen Zehe Platz sein. Im Schaftbereich sollte der Schuh eher fest sitzen, aber auch nicht an der Achillessehne reiben.

Fehlstellungen erkennen

Niemand sieht sich selbst beim Laufen. Ob man O- oder X-Beine hat, weiß man meist, aber wie sieht es mit einer Fußfehlstellung beim Abrollen aus? Hier hilft am besten eine Videoanalyse im Freien weiter. Manche Geschäfte oder Institute haben auch ein Laufband mit Videokamera, auf dem man das Bewegungsverhalten in verschiedenen Schuhen testen und anschließend am Monitor studieren kann. Jedoch laufen Einsteiger meist sehr unnatürlich auf dem ungewohnten Laufband, sodass das Laufverhalten hier nicht unbedingt dem auf Straße oder Waldboden entspricht. Doch ein guter Fachverkäufer sieht auch ohne Laufband Ihr Bewegungsverhalten, wenn Sie im Laden zum Ausprobieren auf und ab laufen. Kaufen Sie am besten nachmittags ein. Ihr Fußgewölbe sinkt im Lauf des Tages etwas ab,

der Fuß wird dadurch länger. Auch im Tagesverlauf und während des Laufens besonders bei Wärme schwillt der Fuß etwas an. Sie riskieren blaue Zehennägel oder Blasen, wenn Sie Ihre Schuhe morgens zu klein einkaufen.

Knick- und Normalfüßler

Beim Bodenkontakt und Abrollen des Fußes unterscheidet man drei Phasen: die Landephase, eine kurze Standphase während des Abrollens und die Abdruckphase. Wenn Sie während der Standphase mit dem Fuß nach

Fußfehlstellungen (oben: rechter Fuß von hinten gesehen)

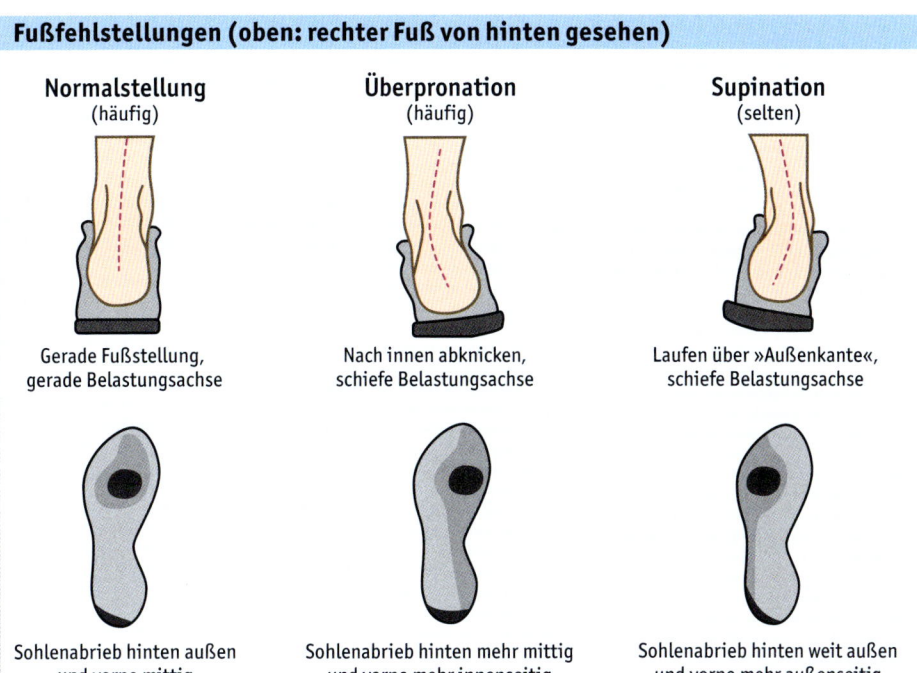

Normalstellung (häufig)	Überpronation (häufig)	Supination (selten)
Gerade Fußstellung, gerade Belastungsachse	Nach innen abknicken, schiefe Belastungsachse	Laufen über »Außenkante«, schiefe Belastungsachse
Sohlenabrieb hinten außen und vorne mittig	Sohlenabrieb hinten mehr mittig und vorne mehr innenseitig	Sohlenabrieb hinten weit außen und vorne mehr außenseitig

innen einknicken (siehe Grafik Seite 29), spricht man von Überpronation. Dann brauchen Sie einen anderen Schuh mit mehr Stütze auf der Innenseite, als wenn Sie gerade laufen. Überpronierer und Geradfüßler kommen recht häufig vor, daher gibt es für beide ein großes Schuhsortiment. Ohne Fehlstellung

So finden Sie den richtigen Laufschuh

▶ Laufen Sie nur in Laufschuhen – nicht in irgendwelchen Fitnessschuhen!

▶ Gehen Sie in ein Laufsportgeschäft mit Fachverkäufern.

▶ Bringen Sie zur Beratung Ihre alten Sport- oder Laufschuhe mit.

▶ Kaufen Sie Ihre Schuhe am Nachmittag ein.

▶ Tragen Sie zur Anprobe Laufsocken.

▶ Achten Sie bei Schuhgröße und Weite auf eine optimale Passform.

▶ Haben Sie eventuell eine Fußfehlstellung?

▶ Brauchen Sie Schuhe für Rückfuß- oder für Ballenlauf?

▶ Wählen Sie Profil und Dämpfung nach dem Untergrund, auf dem Sie laufen.

▶ Die Stabilität des Schuhs ist vor allem bei Übergewicht wichtiger als sein Gewicht.

▶ Bei Wettkampfschuhen Ihr Gewicht und eventuelle Fehlstellungen beachten.

▶ Unterschiedliche Schuhe im Wechsel getragen entlasten die Gelenke.

▶ Achten Sie auf atmungsaktives Obermaterial.

▶ Wählen Sie Schuhe mit Reflektoren für mehr Sicherheit im Dunkeln.

können Sie sogenannte Neutralschuhe wählen. Überpronierer sollten unbedingt Schuhe mit hohem und weichem Fersenaufbau meiden, denn das verstärkt die Kippbewegung.

Es kommt seltener vor, dass über die Außenkante des Fußes weiter gelaufen wird. Man bezeichnet das als Supination. Das kann mit O-Beinen kombiniert sein, muss aber nicht. Ein Supinierer benötigt eine stabile Fersenkappe und entsprechend in der Mittelsohle eher außen eine Verstärkung, die die Belastung der Außenkante vermindert und dadurch Verletzungen vorbeugt.

Kein Schuh hält ewig

Der Laufschuh ist ein Verbrauchsgegenstand! Manchen scheint der Schuh nicht nur an den Fuß, sondern auch so ans Herz gewachsen zu sein, dass sie sich von dem »ach so bequem eingelaufenen Schuh« einfach nicht trennen können. Nicht selten ist die Mittelsohle völlig weich geworden und stützt und dämpft nicht mehr. Das Obermaterial kann aber noch gut aussehen. Hat die Zwischensohle Ihres Laufschuhs von der Seite gesehen bereits Falten? Überprüfen Sie dies auch durch Druck mit dem Daumen und vergleichen Sie mit einem neuen Modell. Lassen Sie Ihre Fußbewegung von einem hinter Ihnen laufenden erfahrenen Sportkameraden begutachten. Stützt der Schuh noch genügend? Kippen Sie seitlich? Zögern Sie nicht, einen alten »Latschen« auszurangieren. Achillessehnen und Gelenke werden es Ihnen danken!

Ein guter Laufschuh sollte mindestens 500, besser 1000 Kilometer aushalten. Übergewichtige und Läufer mit Fehlstellungen werden die Treter allerdings früher verschleißen. Das wird auch bei schnellen Läufern der Fall sein, da diese mit größeren Schritten härter aufprallen.

Schuhe im Wechsel tragen

Für Einsteiger reicht zu Beginn vielleicht ein Paar, aber zur Verminderung des orthopädischen Risikos sollten fortgeschrittene Läufer im Idealfall abwechselnd mehrere Paar Schuhe von verschiedenen Marken parallel benutzen. Das ist zunächst zwar teurer, bietet aber eine Menge Vorteile. Mehrere Schuhe nebeneinander gelaufen halten natürlich auch länger. Jeder Schuh hat seine eigene Charakteristik und wirkt auf den Bewegungsapparat unterschiedlich ein. Man belastet dadurch nicht immer gleich. Wenige Millimeter Stellungsdifferenz wirken da manchmal Wunder, und man belastet Gelenke und Sehnen nicht immer im gleichen Winkel. Wechseln Sie einfach mal während eines längeren Laufs die Schuhe. Sie werden im neuen Schuh wieder viel lockerer und entspannter laufen. Außerdem haben Sie die Möglichkeit, sich Schuhe für unterschiedliches Gelände zuzulegen. Einen mit starkem griffigem Profil für Waldboden, Matsch und Schnee, den anderen breiter und besser gedämpft für Asphalt. Einen dritten, etwas leichteren Schuh gegebenenfalls für Tempoläufe und Wettkampf.

Info

Individuell angepasste Einlagen

Bei extremen Fehlstellungen, Plattfüßen oder Beinlängendifferenzen kommen zusätzlich zu einem stabilen Schuh Einlagen in Betracht. Versuchen Sie aber, Fehlbewegungen wie eine Überpronation zunächst über eine gute Schuhauswahl zu korrigieren. Eine gute Einlage nutzt wenig in einem zu weichen Wackelpuddingschuh. Erst wenn der Schuh nicht genügt, brauchen Sie Einlagen. Wer einen Knick-Senk-Fuß oder eine Beinlängendifferenz von einigen Zentimetern hat, wird sie bestimmt benötigen. Sogenannte Pelotten, kleine eingearbeitete Erhöhungen, verteilen und korrigieren die Druckverhältnisse im Fußquergewölbe bei Plattfüßen. Individuell nach Ihrem Fußbett angefertigte Einlagen aus leichtem Kunststoff bekommen Sie beim Orthopädieschuhmacher. Sie kosten etwa so viel wie Laufschuhe und halten ein bis zwei Jahre.

Spikes für Bahn- und Crosslauf

Echte Spezialisten werden Spikes benötigen. Das sind Wettkampfschuhe mit bis zu 18 Millimeter langen auswechselbaren Metalldornen. Sie sorgen für einen guten Griff auf matschigem Untergrund bei Crosslaufwettkämpfen im Gelände oder beim Tempotraining oder Rennen auf Kunststoffbahnen im Stadion.
Laufen in diesen Nagelschuhen ist sehr gewöhnungsbedürftig, und die Achillessehnen sind darin stark verletzungsgefährdet. Einen 10 000-Meter-Lauf im Stadion kann

man auch mit härteren, leichten Straßenlaufschuhen rennen. Das geht weniger in die Waden. Auf weichem Untergrund und Matsch wird man dagegen ohne Spikes im Wettkampf hoffnungslos hinterherrutschen. Für das Laufen auf eisigem Untergrund im Winter gibt es auch Trainingsschuhe mit kurzen Dornen. Mit solchen »Icebug-Laufschuhen« kann man im Winter auch auf Glatteis ohne auszurutschen weitertrainieren.

In schicker Funktionskleidung machen Sie zu jeder Jahreszeit und bei jedem Wetter eine gute Figur beim Laufen.

Unten ohne – Barfußlaufen

Die Füße von Naturvölkern, wie die der Kenianer oder Äthiopier, sind im Vergleich zu unseren wahre Pranken. Schon als Kleinkind wird unentwegt barfuß trainiert. Ihre Füße haben noch dicke, schützende Hornhäute, gut entwickelte Bindegewebspolster, ein stabiles Fußgewölbe und eine prächtig entwickelte Muskulatur. Das kann man bei uns im Erwachsenenalter nur noch bedingt aufholen. Aber wir können gelegentlich unseren in Schuhen eingepferchten Füßen einen Gefallen tun. Kürzere Barfußläufe auf Rasen oder am Strand, aber auch Gehen zu Hause auf Teppich sind eine wahre Wohltat, eine natürliche Kräftigung und Reflexzonenmassage und eine wichtige Maßnahme zur Vermeidung von Verletzungen. Auch gelegentliches Training in echten Barfußlaufschuhen, wie »Five Fingers«, ist empfehlenswert.

Funktionsbekleidung

Die Redensart »Es gibt kein schlechtes Wetter, sondern nur schlechte Bekleidung« trifft für Läufer absolut zu. Sicher kann man mit einem alten Trainingsanzug oder einem T-Shirt aus Baumwolle beginnen, aber bei Sporttextilien hat sich in den letzten 20 Jahren erheblich mehr getan als bei Laufschuhen. Gute Funktionsbekleidung ermöglicht nicht nur ganzjähriges Training, sondern erhöht auch Sicherheit, Spaß sowie Komfort – und sie verringert die Verletzungsanfälligkeit.

Der richtige Schnitt

Wählen Sie für Hosen, Westen und Jacken keinen zu weiten Schnitt. Bei Laufbeginn möchte man vielleicht noch Problemzonen verdecken. Nicht wenige laufen in weiten Parkas oder unfunktionellen Pluderhosen. Kaufen Sie besser gleich etwas enger, denn Sie werden ohnehin bestimmt noch abnehmen. Flatternde Jacken und Hosen behindern den Bewegungsablauf, Sie können die Arme nicht eng am Körper vorbeiführen, die Hosenbeine schlabbern gegeneinander. Fortgeschrittene tragen etwas enger anliegende Tights, elastische Hosen, die einen sauberen Bewegungsablauf der Beine gewährleisten.

Nicht zu warm kleiden

Kleiden Sie sich nicht zu warm, denn die Bewegung selbst macht warm! Spätestens nach zehn Minuten ist eine höhere Betriebstemperatur erreicht. Dann wird die Jacke ausgezogen und um die Hüfte gebunden, was wiederum die Armarbeit behindert. Sie kleiden sich für das Lauftraining, nicht für das Herumstehen! Auch bei Wettkämpfen ziehen sich viele, am Start leicht fröstelnd, zu warm für das Rennen an. Das mindert das Leistungsvermögen. Die von Radfahrern bekannten Ärmlinge leisten auch Läufern vor allem bei Wettkämpfen gute Dienste. Sie sind leicht und lassen sich schnell abstreifen. Bei Hitze tragen schnelle Läufer im Rennen kurze ärmellose Trikots und Netzhemden. Shirts und Trikots sollten

unter den Armen nicht zu knapp geschnitten sein, damit nichts scheuert. Das Gleiche kann auch zwischen den Oberschenkeln passieren, vor allem bei heißem Wetter, wenn man stark schwitzt. Die Salzkristalle scheuern beim Training auf der Haut, man läuft sich buchstäblich einen Wolf. Hier verhindern Passform und Vaseline das Schlimmste. Um unliebsamen Überraschungen vorzubeugen, sollte neue Kleidung vor einem Wettkampf immer getestet und gut eingelaufen sein.

Unfunktionelle Baumwolle

Das Material ist wichtig. Geeignete Kleidung kann Sportler vor Wind und Wetter schützen und gleichzeitig den Schweiß nach außen ableiten. Vor allem unter intensiven Ausdauerbelastungen stellt Schwitzen den wichtigsten Mechanismus zur Regulation der Körpertemperatur dar: Auf der Haut bildet sich ein Schweißfilm, der verdampft und so zur Abkühlung des Körpers führt. Funktionelle Sportkleidung unterstützt diese Temperaturregulation, nichtfunktionelle wie Baumwolle behindert sie. Die Baumwollfaser wird trocken zwar als angenehm empfunden, sie kann aber bis zu 40 % des Eigengewichts an Wasser aufnehmen. Konsequenz: Ein Baumwollshirt wird während des Laufens immer schwerer und klebt unangenehm auf der Haut. Die aufgequollenen Fasern behindern die Ventilation und Kühlung der Haut. Nach dem Training steht man nass herum, kann sich erkälten und die Muskulatur verkühlen.

Funktionelle Gewebe

Die Anforderungen an moderne Funktionsbekleidung: Das Kleidungsstück selbst soll
möglichst wenig Feuchtigkeit aufnehmen und
einen schnellen Feuchtigkeitstransport von
der Haut nach außen gewährleisten. Leichte
Materialien, die diese Voraussetzungen erfül-
len, sind meist Polyestergewebe wie Tactel,
Coolmax oder Biomesh, die nur wenige Prozent ihres Eigengewichts an Wasser aufneh-

Unter der Laufjacke muss das Shirt aus Funkti-
onsmaterial direkt auf der Haut getragen oder mit
Funktionsunterwäsche kombiniert werden, um den
Schweißtransport zu gewährleisten.

men. Sie haben dennoch einen angenehm
textilen Tragekomfort. Materialien wie Soft-
sensor, ein superweiches und leichtes Funkti-
onsfleece, eignen sich für alle Outdooraktivi-
täten, besonders in der Übergangszeit.
Als deutlich überlegen im Feuchtigkeitstransport haben sich im Trainingsalltag doppelflä-
chige Maschenwaren erwiesen. Dabei werden
zwei verschiedene Fasern so miteinander ver-
woben, dass ein Gewebe mit zwei unterschiedlichen Schichten entsteht. Die Innenseite zur
Haut hin besteht aus einer hydrophoben,
also die Feuchtigkeit wegleitenden Faser, die
Außenseite ist hydrophil, feuchtigkeitsanzie-
hend wie ein Löschblatt.
Dadurch wird der Schweiß von innen in die
äußere Schicht verlagert und dort großflä-
chig verteilt, sodass die Feuchtigkeit besser
verdampfen kann. Innen bleibt ähnlich wie
bei Daunenfedern der Gänse ein warmer Luft-
film auf der Haut.

Kleidung bei Kälte und Regen

Bei Regen, Kälte und Schneefall leisten Hand-
schuhe, Mützen und Stirnbänder aus Funkti-
onsmaterialien gute Dienste. Über Kopf und
Nacken kann man immerhin 40 % der Körperwärme verlieren!
Die oben genannten doppellagigen Funktionstextilien funktionieren auch bei Regen.
Selbst wenn einzelne Regentropfen kurzzeitig
zur Stoffinnenseite durchkommen, werden sie
sofort wieder hinausgesaugt, das hautseitige
Wärmepolster bleibt erhalten. Eine Tight oder

ein Oberteil hält so auch nach einem längeren Training im Regen noch warm.

Fußgerechte Laufsocken

Socken sollten ebenfalls nicht aus Baumwolle, sondern aus elastischen Synthetikfasern wie Polyester mit gutem Sitz sein. Es gibt anatomisch optimal angepasste Modelle mit speziellem Zuschnitt für den linken und rechten Fuß, die keine Falten werfen und so Blasen verhindern. Socken puffern die Reibung im Schuh und wärmen in der kalten Jahreszeit den Fuß. Man kann gegen Blasen die Füße zusätzlich dünn mit Vaseline einreiben.

Im Winter dürfen die Socken länger und dicker sein. Dadurch bleiben z. B. die Achillessehnen besser geschützt. Die neumodischen langen Stützsocken fördern sicher bei Durchblutungsstörungen den Blutrückfluss aus den Waden. Läufer haben aber in der Regel eher gesunde Beine, sodass ein Vorteil hier umstritten ist. Am besten, Sie probieren es selbst aus.

Spezielle Lauf-BHs

Im Fachgeschäft sollten Läuferinnen spezielle Sport-BHs ausprobieren. Längst gibt es für Läuferinnen gut stützende Modelle mit breiten, stufenlos verstellbaren und am Rücken gekreuzten Trägern für bequemen Sitz und guten Halt. Die Körbchen sollten vorgeformt und aus unelastischem Material sein. Der BH sollte einen breiten Bund aufweisen. Das stützt besser, der Brustgurt Ihres Pulsmessers hält gut darunter und verrutscht nicht. Die Materialien sollten wie bei der anderen Funktionswäsche ebenfalls aus Mikrofaser und Polyestergewebe sein.

Jacken bei Schmuddelwetter

Jacken und Westen müssen in der kühleren Jahreszeit Wind- und Wetterschutz bieten. Für die Übergangszeit sind Mikrofaserjacken oder -westen ideal. Diese sind zwar nicht vollkommen wasserdicht, aber atmungsaktiv. Durch die Faserstruktur wird mehr Feuchtigkeit von innen nach außen gelassen, als durch leichten Regen von außen nach innen kommt. Ein wasserdichtes Cape würde beim Laufen von innen wie ein Waschküchenfenster beschlagen. Sie baden völlig durchnässt im eigenen Schweiß. Die besten Jacken aus Mikrofaser sind leicht, extrem geschmeidig und geräuscharm. Bei richtigem Schmuddelwetter, sinkenden Temperaturen, Dauerregen und kaltem Wind ist aber mehr Schutz erforderlich. Dafür wurde spezielle Kleidung mit einer zwischen dem Ober- und Unterstoff eingearbeiteten Membran entwickelt. Sie ist winddicht, schützt vor Wärmeverlust, bietet aber optimale Wasserdampfdurchlässigkeit. Die mikrofeinen Wasserdampfmoleküle, die beim Schwitzen entstehen, werden von innen durchgelassen, aber die großen Regentropfen kommen von außen nicht durch. Verschweißte Nähte sorgen für weitere Wind- und Wasserdichtigkeit. Gute, nahezu wasserdichte Jacken aus Sympatex-Windmaster oder Goretex haben zusätz-

Die richtige Kombination macht's!

Die optimale Sportbekleidung richtet sich nach dem Wetter und dem persönlichen Empfinden. Während im Sommer ein T-Shirt mit kurzer Hose reicht, können im Winter schon mal bis zu drei Schichten zusammenkommen:

▸ Eine innerste Schicht direkt auf der Haut für Mikroklima, Tragekomfort und Schweißtransport
▸ Eine mittlere Schicht für Temperaturkontrolle, Wärmeisolation und Schweißtransport
▸ Eine äußere Schicht für Wind- und Wetterschutz: Jacken und Westen mit optimaler Wasserdampfdurchlässigkeit

lich einige Lüftungsklappen. Eine Feinregulierung der Luftzirkulation können Sie dann über den Reißverschluss vornehmen.

Sicher ist sicher

Jacken und Westen sollten eine verschließbare Tasche für Schlüssel, Handy und Geld oder Kreditkarte haben. Wählen Sie vor allem im Winter bei Jacken und Westen bunte oder helle Kleidung mit Reflektoren. Im gelegentlich zu durchquerenden Straßenverkehr und bei Dunkelheit werden Sie als ein ungewohnt schneller Fußgänger besser gesehen. Für Laufen bei Dunkelheit gibt es auch spezielle Reflektorwesten oder Leuchtbänder mit Lampen und Blinklichtern, die man über den Arm streifen kann. Eine Stirnlampe kann nachts ebenfalls gute Dienste leisten.

Schuh- und Textilpflege

Die richtige Pflege ist ein wichtiger Punkt für eine längere Lebensdauer hochwertiger Funktionstextilien. Sie werden mit Feinwaschmittel bei 30 oder 40 °C ohne Weichspüler in der Waschmaschine gewaschen. Beachten Sie bitte auch die Pflegehinweise auf den Etiketten. Im Urlaub können Sie die ohnehin pflegeleichte Synthetikwäsche auch handwarm im Waschbecken mit etwas Seife durchspülen. Am nächsten Morgen ist die Faser im Gegensatz zur Baumwolle bereits trocken und wieder einsatzbereit. Laufschuhe reinigt man am besten und schonendsten mit einer Bürste. In der Waschmaschine sind schon viele Schuhe kaputtgegangen. Wenn, dann bei niedriger Temperatur im Schongang und ohne Schleudern! Nasse Schuhe sollte man mit Zeitungspapier zum Trocknen ausstopfen.

Nützliche Laufaccessoires

Neben Laufschuhen und Funktionsbekleidung gibt es noch allerlei praktisches Zubehör – vom Herzfrequenzmesser bis zum Laufkinderwagen.

Herzfrequenzmesser

Mit einem Herzfrequenzmesser nach EKG-Methode kann man während des Trainings die Belastung steuern. Sie bestehen aus einem elastischen, in der Weite verstellbaren Brustgurt mit Sender und einer Empfängeruhr am Handgelenk. Die neuen Modelle mit einem Pulssensor werden zwar als Freiheit vom Brustgurt verkauft, viele Geräte sind aber derzeit noch nicht so genau wie die EKG-Methode. Die Elektroden auf der Innenseite des Gurts werden auf der Haut mittig unter der Brust getragen. Der Sender im Gurt funkt Ihre Herzfrequenz an den Empfänger, auf dessen Anzeige Sie dann während des Trainings Ihren Puls in Schlägen pro Minute ablesen und kontrollieren können. Man kann eine obere und untere Pulsgrenze einstellen, vor deren Über- bzw. Unterschreitung ein Piepston warnt. Angaben, wie lange Sie in verschiedenen Bereichen trainiert haben, Durchschnittspuls, Trainingsdauer oder höchster Puls beim Training sind praktisch. Eine Displaybeleuchtung und natürlich eine Uhr mit Stoppfunktion sind sinnvoll. Manche Geräte berechnen aus dem von Ihnen eingegebenen Maximalpuls sogar Ihre Trainingszonen in Prozent oder ermitteln mit speziellen Tests Ihre Tagesform und Ihren aktuellen Fitnesszustand. Topmodelle für Technikfreaks können darüber hinaus Daten speichern, die man zur Auswertung und zum Vergleich leider fast nur noch online am Computer oder Handy analysieren kann. Bei allen eingebauten Funktionen vergessen Sie aber nicht, dass das Ablesen der Pulsfrequenz das Wichtigste ist. Viele Freizeitsportler besitzen Herzfrequenzmesser, die mit Funktionen dermaßen überfrachtet sind, dass wichtige Grundfunktionen wie Pulsanzeige oder Abschalten des Signaltons nicht mehr gefunden werden.

Mit GPS-Herzfrequenzmessern ab 100 Euro kontrollieren Sie Trainingsdauer, Tempo, Puls und zurückgelegte Distanz.

Das führt dazu, dass die Geräte in der Schublade landen und die sinnvolle Herzfrequenzmessung nicht mehr benutzt wird. Wie man sein Training mit Pulskontrolle steuert, werden Sie ab Seite 90 erfahren.

Stoppuhr

Eine Stoppuhr ist sinnvollerweise im Herzfrequenzmesser integriert. Fortgeschrittene laufen damit zeitgesteuert Tempoläufe und Intervalltraining auf genau vermessenen Strecken und im Stadion. Selbstverständlich kontrollieren Ambitionierte in Rennen taktisch Zwischenzeiten und stoppen die Zeit im Ziel. Auch Freizeitläufer nutzen die Stoppuhr zum Protokollieren der Trainingsdauer, zur manuellen Pulskontrolle, des Erholungspulses oder zum Stoppen eines Kilometers auf einer vermessenen Strecke. So lässt sich überprüfen, welches Tempo man gerade läuft.

Die Displays mancher Uhren sind mit Funktionen und Icons überfrachtet. Achten Sie daher darauf, wie groß die Anzeige wichtiger Daten ist. Diese sollten auch in der Dämmerung und bei Dunkelheit gut ablesbar sein.

Laufen mit GPS

Zeitgemäß ist heute für Läufer die Möglichkeit, die zurückgelegte Laufstrecke, das Trainingstempo oder auch die gelaufenen Höhenmeter mit Hilfe von GPS, einem Satellitensignal zur Ortsbestimmung, zu ermitteln. Die Technik hat sich in den letzten Jahren rasant verbessert. Bei aktuellen Modellen ist der Empfänger in der Stoppuhr mit Herzfrequenzmesser integriert. Vorteil von GPS: Auch im unbekannten Gelände, z.B. im Urlaub, kann man unter optimalen Bedingungen Trainingsläufe exakt vermessen. Nachteile des Hightech-Geräts sind neben den derzeit noch teureren Anschaffungskosten ab rund hundert Euro auch der höhere Stromverbrauch. Für eine längere Trainingseinheit, Tageswanderung oder ausgedehnte Radtour muss der Akku vollgeladen sein. Man braucht des Öfteren Zugang zu einem Ladegerät oder einer Powerbank. Lästig: Vor dem Loslaufen muss man vor allem bei Standortwechsel manchmal Minuten warten, bis die Uhr das Signal endlich gefunden hat. Zudem erhält man lediglich bei freier Sicht zum Himmel einen ausreichenden Kontakt. In geschlossenen Wäldern oder engen Häuserschluchten, z.B. beim Citylauf, funktioniert GPS deutlich schlechter. Bleiben Sie dem Hightech-Gerät gegenüber misstrauisch. Laufen Sie eine sehr kurvenreiche Strecke im Wald, weichen die Messungen schon mal um 10 % ab. Damit werden auch die Trainingsdaten verfälscht. Auf offener Flur mit langen Geraden ist GPS hingegen sehr genau. Nach dem Training kann man Daten zur gelaufenen Distanz, Höhenmeter und Geschwindigkeit abrufen und auf Wunsch zusammen mit der Herzfrequenz am Computer analysieren. Echte Freaks können ihre Trainingsstrecken im Internet auf Landkarten übertragen, Höhenprofile erstellen und mit der Community teilen. Vergessen Sie aber über die vielen Auswertungsmöglichkeiten Ihr Training nicht!

Trinkflaschengürtel

Trinkgurte stören etwas beim Laufen, können aber für lange Wettkämpfe oder Training bei Hitze nützlich sein. Es gibt verschiedene Varianten: solche mit einer großen 0,5-Liter-Flasche und Modelle, die mit mehreren kleinen Fläschchen von jeweils 100 bis 200 Milliliter bestückt sind. Mehrere verteilte Minitrinkflaschen schlabbern nicht so stark am Gürtel. Weiterer Vorteil der kleinen Flaschen: Sie können sich, beispielsweise für einen Halbmarathon, unterschiedliche Mischungen für die Anfangs- und Endphase des Rennens abfüllen oder Konzentrate mitnehmen, die Sie unterwegs an Getränkestationen mit Wasser verdünnen. Die Gürtel haben in der Regel auch noch kleine Taschen für Geld, Schlüssel oder Sportriegel.

Familienausflug mit Babyjogger

Geländegängige Laufkinderwagen sind zusammenklappbar, haben einen leichten Alurahmen und extragroße, leicht laufende Räder für Waldwege. Es gibt sie auch als Zweisitzer. Man schiebt den Wagen mit einem Arm vor sich her, was den Laufstil natürlich ein wenig behindert.

Aquajogger

Der Aquajogger ist eine Auftriebshilfe für das Laufen im Wasser, die entweder in einer teureren Version als Weste angezogen oder – günstiger – als Gurt aus geschäumtem Kunststoff um die Hüfte geschnürt wird. Bei Verletzungen oder als zusätzliches Training läuft man damit frei hängend im Wasser gegen den Wasserwiderstand. Das ist orthopädisch schonend und ein prima Training der Kraftausdauer in einer laufartigen Bewegung.

Lauftagebuch

In einem Lauftagebuch sollten Sie Ihr Training und Ihre Fitnessdaten festhalten. Es ist für den Leistungsläufer eine notwendige Methode, die Ausführung eines Trainingsplans systematisch und übersichtlich zu erfassen, und für den Einsteiger eine prima Motivationshilfe, um Regelmäßigkeit und Fortschritte zu kontrollieren. Machen Sie Ihr Lauftagebuch zu einem Dialogpartner und nutzen Sie die Ein-

tragungen zur exakten und selbstkritischen Erfassung Ihres Trainings. Wer sorgfältig Protokoll führt, kann Fehler analysieren oder ein bewährtes Konzept wiederholen.

Hightechläufer speichern und werten ihr Training mit spezieller Software aus, die meist online zu den Top-Herzfrequenzmessgeräten angeboten wird. Mit ein wenig Computerkenntnis geht das auch offline mit einem normalen Programm für Tabellenkalkulation.

Tipp

Optimal Buch führen

Sie sollten in Ihr Lauftagebuch den morgendlichen Ruhepuls sowie Ihr Gewicht vor dem Frühstück notieren. Eine Spalte sollte das Training selbst erfassen. Wo sind Sie gelaufen und was haben Sie genau gemacht? Neben dem Programm sollten der Belastungspuls und subjektive Kommentare vermerkt werden, wie Sie sich gefühlt haben. Auch Wetter, Kleidung und Laufschuh können protokolliert werden. Notieren Sie die gelaufene Nettozeit, also ohne Pausen, und die Kilometer. Notieren oder schätzen Sie mittels Ihnen bekannter Streckenabschnitte Ihr Lauftempo in Zeit pro Kilometer. Wochen- oder Monatssummen für die Dauer und Kilometer sollen Ihnen einen schnellen Überblick über den Umfang Ihres Laufpensums verschaffen. Ein Wochenkommentar dient einer nachträglichen Analyse. Haben Sie Ihr Wochenziel geschafft? Gab es Probleme mit der Gesundheit, hinderte beruflicher Stress? Waren Sie nachlässig oder überfleißig? Formulieren Sie vielleicht ein Ziel für die Folgewoche.

Loslaufen

▶ **Ihre Laufzukunft beginnt heute!**

▶ **Weniger ist am Anfang mehr**

▶ **Vom Walken zum Joggen zum Laufen**

▶ **Ihr optimaler Trainingsplan**

So gelingt **der Einstieg**
Schritt für Schritt zum Läuferglück

Sie haben sich gute Laufschuhe und schicke Bekleidung geleistet, sind hoch motiviert und möchten am liebsten gleich loslaufen? Super! Doch bevor Sie losrennen, machen wir uns Gedanken, wie und wo Sie eigentlich einsteigen sollten, damit Ihre Laufkarriere gut startet.

Der Weg ist das Ziel

Eigentlich ist Ausdauersport für die Gesundheit und Fitness der wichtigste Aspekt beim Laufen. Vielleicht landen Sie letztendlich doch bei einer Wettkampfteilnahme, möglicherweise sogar mal bei einem Marathon. Aber das ist lediglich die Kür. Wenn es Ihnen nur um Ihre Gesundheit geht, dann müssen Sie an keinem Rennen teilnehmen. Man ist durchaus auch Läufer, ohne Marathon gerannt zu sein.

Für ein gesundes Herz-Kreislauf-System sollten Sie als Einsteiger anstreben, mittelfristig drei bis vier Stunden in der Woche zu laufen, wofür man ungefähr jeden zweiten Tag aktiv sein sollte. Bei diesem Pensum tun Sie alles, was Ihr Herz für sich und seine Gesundheit begehrt. Beim Fitnesstraining ist der Weg noch das Ziel, kommt Erlebnis vor Ergebnis, Spaß und Gesundheit stehen im Vordergrund. Wer mehr trainiert oder sogar Wettkämpfe vorbereitet, wird zwar immer fitter, aber nicht unbedingt gesünder. Das Gegenteil kann sogar der Fall sein.

Rennen und Risiko

Mit höherem Trainingsaufwand, insbesondere bei sehr langen oder schnellen Läufen, steigt für Wettkampfläufer das orthopädische Risiko sogar, und das Immunsystem kann geschwächt werden. Für mehr Fitness bis hin zu Wettkampfteilnahmen steigt der Trainingsaufwand im Verhältnis zum Leistungszuwachs überproportional an.

Viele Wettkampfläufer merken erst bei einer Verletzung, wenn Laufen dann nicht mehr möglich ist, wie wichtig es eigentlich für das alltägliche Wohlbefinden war. Man wird auf Rennen verzichten können, aber kaum darauf, wenigstens wieder eine halbe Stunde für Fitness, Gesundheit und Entspannung laufen zu können. Für Fitnesstraining muss man zum Glück nicht so hoch greifen.

Die wirksame Reizdichte

Dreimal in der Woche Laufen erscheint zunächst vielleicht viel, aber bedenken Sie, dass es noch nicht lange her ist, dass unsere

Info

Lächeln statt hecheln

Ein Dutzend Gründe für langsames Laufen als Gesundheitstraining:

▶ Wirksamer Trainingsbereich für Herz und Kreislauf

▶ Vermindertes orthopädisches Risiko

▶ Stabilisierung des passiven Bewegungsapparats

▶ Kürzere Regenerationsdauer

▶ Verbesserte Durchblutung und Kapillarisierung

▶ Zunahme der Sauerstoffspeicher im Muskel (Myoglobin)

▶ Stärkung des Immunsystems

▶ Vermehrung und Vergrößerung der Mitochondrien (»Kraftwerke« der Zelle)

▶ Kalorienverbrauch mit einem hohen Anteil Fettverbrennung

▶ Entspannung vom Alltagsstress in der Natur statt erneuter Hetze

▶ Sauerstoffüberschuss zum Nachdenken oder für eine Unterhaltung

▶ ... und fast unglaublich: Sie werden dabei trotzdem schneller!

Eltern, bestimmt aber unsere Großeltern noch täglich körperlich sehr aktiv waren. Auf dem Weg zur Arbeit oder sogar im Job selbst. Wenn Sie nur einmal pro Woche laufen, dann nimmt der Körper das Programm noch nicht richtig ernst. Die Pausen dazwischen sind zu lange. Selbst bei zweimal Jogging in der Woche wäre die Reizdichte noch zu gering. Als Laufeinsteiger erreichen Sie das beste Verhältnis zwi-

schen Aufwand und Fitnesszuwachs, wenn Sie mit dreimal in der Woche beginnen und dabei wenigstens eine halbe Stunde Lauftraining anstreben. Das Tempo sollte etwa 70 bis 80 % vom Maximalpuls (siehe Seite 93) betragen. Sie sollten sich wohlfühlen, dabei nicht außer Atem kommen und sich prima unterhalten können.

Zu Beginn tiefstapeln

Beim ersten Mal rennen die meisten viel zu schnell los. Aber woher wissen Sie eigentlich, dass Sie gleich zu Beginn schon laufen können? Weil Ihre Kollegin läuft, Ihnen seit Monaten damit in den Ohren liegt und Sie sich sagen: »Dann kann es ja nicht so schwer sein«? Weil Sie früher vielleicht mal ein

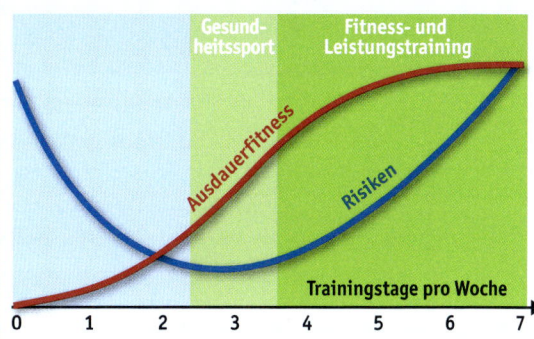

Leistungszuwachs und Trainingsaufwand

Dreimal Training in der Woche reicht für die Gesundheit. Beim Leistungssport steigt mit dem Trainingsaufwand das orthopädische und immunologische Risiko wieder an.

Supersportler waren? Aber bedenken Sie: Was nicht benutzt wurde, hat längst abgebaut. Erwarten Sie zu Beginn also kein Wunder, sondern steigen Sie am besten ganz demütig ein. Wer auf einen hohen Berg klettern will, beginnt ganz unten! Ganz am Anfang ist Understatement kein schlechter Ratgeber.

Natürlich reagieren nicht wenige Übergewichtige etwas enttäuscht, wenn ich zu Beginn zunächst Walking oder Laufen mit Gehpausen empfehle. So wird man sich auf keinen Fall überfordern und geduldig weiter übend an der Aufgabe wachsen. Viele Läuferkarrieren enden schon nach wenigen viel zu hoch dosierten Versuchen mit starkem Muskelkater oder Knieschmerzen. Man bestätigt sich dann vielleicht noch sein Vorurteil: »Wusste ich's doch, Laufen ist Quälerei!« Besser wäre es gewesen, mit dem einzusteigen, was man zunächst gut kann – und dann langsam zu steigern.

Problemlos einsteigen

Beim Laufen ist es nicht so einfach herauszufinden, mit welchem Programm Sie einsteigen sollten. Manche nehmen sich gleich hart ran und meinen, sich bestrafen zu müssen für jahrelangen Müßiggang. Andere glauben, dass Sport wehtun muss, um Fortschritte zu machen. Sie überfordern sich auf jeden Fall, wenn Sie außer Atem sind, sich quälen und starken Muskelkater bekommen.

Es liegt also nicht am Laufen, wenn man sich überfordert, man hat es nur falsch angepackt. Ausdauersport ist eben nicht wie Sprint oder

---

Info

Puls 145 beim Spaziergang

An einem meiner Managementseminare nahm die sehr erfolgreiche Chefin einer großen Handelskette teil, eine lebenslustige Dame, die reichlich trank und wie ein Schlot rauchte. Zu allem Überfluss hatte sie ein Gewicht von über 134 Kilogramm, einen zu hohen Blutdruck und überhöhte Cholesterinwerte. Ein Lehrbuchbeispiel für eine Risikokandidatin! Es war für sie in Ordnung, dass ich ihre Mannschaft fit machte, aber sie selbst wollte auf keinen Fall laufen. »Laufen?«, fragte ich sie, »wer spricht denn vom Laufen?« Klar, dass sie sich nicht vor ihrer Belegschaft blamieren wollte, und so legte ich ihr im Einzeltraining einen Herzfrequenzmesser an und drehte mit ihr eine separate Runde. Sie ergab sich in ihr Schicksal und wollte gleich losjoggen. Aber ich bremste sie und schlug vor, uns erst einmal warm zu gehen. Natürlich hatte sie dabei schon einen Puls von 145, was für ein Fitnesstraining vollkommen ausreichend war. Sie hatte vorher überhaupt keinen Sport betrieben, noch nicht einmal Spaziergänge. Nach einiger Zeit sinnierte sie: »Wenn das schon ausreicht, dann könnte ich ja meinen Hund Gassi führen?« Richtig – und der Dogsitter wurde dadurch arbeitslos. Sie hatte Angst vor Sport, aber keine Ahnung, dass ihr richtiger Einstieg eigentlich zunächst ein gut machbarer Spaziergang war.

Gewichtheben intensiv, sondern viel sanfter, aber dafür kontinuierlich und länger. Man bleibt im grünen Bereich, also im Sauerstoffüberschuss. Schwätzen ist also besser als hetzen! Das kann zu Beginn auch heißen: Walking statt Jogging. Genau genommen weiß nur Ihr Kopf, ob Sie laufen oder gehen. Dem Herz-Kreislauf-System, dem Blutdruck und Cholesterinwert ist es vollkommen egal, ob Sie mit Gehen oder Laufen fit und gesund bleiben oder werden.

Jogging und Walking – kein Gegensatz

Laufen und Walking haben viel mehr Gemeinsamkeiten, als manche wahrhaben möchten. Laufen boomt zwar gewaltig, aber auch die Schwestersportarten Walking und Nordic Walking haben seit der Jahrtausendwende zu Recht enorme Zuwachsraten. Warum? Zwar hat die Laufbewegung bei uns schon Millionen erfasst. Die meisten sind aber noch inaktiv. Und gerade für diese kam mit Walking das sanfte Bindeglied zwischen Nichtstun und Laufen hinzu. Aus jahrzehntelanger Erfahrung als Trainer weiß ich: Für viele ist Laufen zu Beginn einfach noch zu schwierig. Zwar kann man für ein fittes Herz-Kreislauf-System auch andere Ausdauersportarten wie Schwimmen und Rad fahren betreiben, aber Jogging und Walking sind besonders unaufwendig. Walking oder sehr langsames Joggen mit Gehpausen eignen sich zu Beginn oder als Lebenssportart insbesondere für:

Erst gehen, dann laufen lernen: Walking oder Nordic Walking kann für viele der optimale Einstieg in ihre Laufkarriere sein.

▶ Fitnesseinsteiger
▶ Ältere Menschen
▶ Orthopädisch anfällige Personen
▶ Übergewichtige
▶ Schwangere
▶ Verletzte Sportler während der Genesung oder Reha
▶ Risikopatienten, beispielsweise nach einem Herzinfarkt

Mehr über Walking erfahren Sie in meinem Buch »Walking« – ebenfalls im Südwest Verlag erschienen.

Laufen bei Übergewicht?

Bei Übergewicht ist Walking beim Einstieg meist sinnvoll, denn beim Laufen geht das Gewicht etwa doppelt so stark auf die Knochen. Berechnen Sie Ihren Body-Mass-Index (BMI). Dividieren Sie dazu Ihr Körpergewicht in Kilogramm durch das Quadrat Ihrer Größe in Metern. Beispiel: 80 kg : 1,8 m x 1,8 m = 24,7. Liegt der BMI unter 18,5, ist man untergewichtig; das ist für leistungsorientiertes Laufen in Grenzfällen noch günstig, aber es sollte keine Erkrankung, Magersucht oder Bulimie dafür verantwortlich sein. Liegt Ihr BMI bei 18,5 bis 25, sind Sie normalgewichtig; es gibt vom Gewicht her keine Laufeinschränkung. Liegt der BMI über 25, hat man Übergewicht. Walking wäre zu Beginn besser als Laufen; falls Sie doch mit Jogging einsteigen, dann zunächst sehr langsam oder mit Gehpausen! Mit einem BMI über 30 gilt man als fettsüchtig oder adipös. Spazieren gehen und Walking sind als Einstieg ratsam, Laufen ist orthopädisch sehr riskant. Sie sollten auf jeden Fall zuerst einen sporterfahrenen Arzt konsultieren. Sollte das »Übergewicht« bei einer schwangeren Läuferin nur vorübergehend bestehen, kann sie nach Rücksprache mit einem Arzt zu Beginn vielleicht noch joggen, später aber eher walken und spazieren gehen.

Info

Der optimale Laufeinstieg

▶ Machen Sie einen Gesundheits-Check beim sporterfahrenen Arzt.
▶ Besorgen Sie sich gute Laufschuhe im Fachgeschäft.
▶ Mit guter Funktionskleidung gibt es kein schlechtes Wetter.
▶ Suchen Sie sich Gleichgesinnte im Bekanntenkreis oder beim Lauftreff.
▶ Beginnen Sie auf einer flachen Strecke mit Naturboden.
▶ Rollen Sie über den ganzen Fuß ab.
▶ Laufen Sie aufrecht und ohne künstlich große Schritte.
▶ Pendeln Sie locker mit den Armen neben dem Körper nach vorne.
▶ Atmen Sie frei und ungezwungen durch den Mund.
▶ Stapeln Sie tief, joggen Sie zu Beginn ganz langsam dreimal pro Woche für je 30 Minuten.
▶ Lassen Sie Ihrem Körper Zeit, in die neue Belastung hineinzuwachsen.
▶ Laufen Sie zunächst öfter oder länger, bevor Sie schneller rennen.
▶ Trinken Sie reichlich Mineralwasser und Fruchtsaftschorlen.
▶ Essen Sie vor dem Laufen etwas Leichtes wie eine Banane.
▶ Ergänzen Sie das Training mit Dehnungs- und Kräftigungsübungen.
▶ Führen Sie von Beginn an ein Trainingstagebuch.

30-Minuten-Test nach Steffny

Damit Sie zu Beginn Ihr Leistungsvermögen richtig einschätzen können, habe ich einen einfachen Test entwickelt. Die Fragen auf Seite 48 sollen Ihnen weiterhelfen, die für Sie optimale Belastung und den passenden Einstieg ins Laufen zu finden. Dafür probieren Sie zunächst für eine halbe Stunde, was Sie gut schaffen. Das kann Walking oder Jogging sein. Was fühlt sich machbar an, und womit kommen Sie auch nach einer halben Stunde nicht außer Atem? Sollten Sie bereits einen Herzfrequenzmesser besitzen, können Sie neben dem Körpergefühl auch die Pulswerte beobachten.

Wie beim Test starten?

Schätzen Sie vor dem Start des Tests ehrlich Ihr sportliches Leistungsvermögen ein. Was können Sie wirklich? Welchen Sport haben Sie in den letzten zwei Monaten betrieben?

▶ Sie betreiben gar keinen Ausdauersport bzw. machen nie Spaziergänge und haben Übergewicht, orthopädische Beschwerden sowie andere Risikofaktoren wie erhöhtes Cholesterin oder erhöhten Blutdruck? Dann gehen Sie vor dem Test zunächst zu einem sporterfahrenen Arzt.

▶ Sie betreiben gar keinen Ausdauersport bzw. machen nie Spaziergänge, haben aber keine Risikofaktoren? Dann führen Sie den Test zunächst mit flottem Gehen durch.

▶ Sie spazieren regelmäßig ohne Mühe zusammenhängend über 60 Minuten? Dann testen Sie mit sehr flottem Gehen mit Armeinsatz, also Powerwalking.

▶ Sie betreiben bereits über 30 Minuten zusammenhängend flottes Walking? Dann können Sie sich mit sehr langsamem Jogging testen.

▶ Sie joggen bereits gelegentlich oder betreiben andere Ausdauersportarten wie Rad fahren regelmäßig? Dann testen Sie mit lockerem Jogging.

So läuft der Test

Suchen Sie sich eine flache Strecke, lang genug, um nach genau 15 Minuten an einem Wendepunkt zum Start zurückzukehren. Sie brauchen also zur Überprüfung auch eine Stoppuhr. Hinterher beantworten Sie ehrlich das Abfrageschema auf Seite 48 und protokollieren das Resultat in Ihrem Trainingstagebuch.

Bei diesem Test kommt es überhaupt nicht darauf an, wie schnell Sie sind, sondern lediglich darauf, wie Sie Ihre Kräfte über eine halbe Stunde einteilen und wie Sie sich dabei fühlen. Die ersten Minuten fallen zunächst leicht und verführen zum Losrennen, aber halten Sie das Tempo auch eine halbe Stunde durch? Zu Beginn des Ausdauertrainings haben Sie eben noch keine Ausdauer! Um einen frustrierenden Einbruch am Ende zu vermeiden, steigen Sie also im Zweifelsfall lieber eine Stufe langsamer ein.

Test

30-Minuten-Test nach Steffny für Laufeinsteiger

Wie lange waren Sie für die erste und die zweite Hälfte sowie insgesamt unterwegs?

Erste Hälfte _____ Zweite Hälfte _____ Insgesamt _____

Wie war Ihr Befinden? Wie war das Training?

❶ Kinderleicht

❷ Ziemlich leicht

❸ Locker, kein Problem

❹ Schon fordernd, aber gut geschafft

❺ Anstrengend

❻ Sehr anstrengend, unangenehm, quälend

Wie war die Atmung?

❶ Atmung überhaupt nicht gespürt

❷ Atmung kaum gespürt, Unterhaltung locker möglich

❸ Atmung gespürt, Unterhaltung möglich

❹ Atmung deutlich spürbar, Unterhaltung mit Atempausen

❺ Atmung unangenehm, Unterhaltung kaum möglich

❻ Atmung am Anschlag, hastig und überschlagend, Unterhaltung unmöglich

Bekamen Sie danach Muskelkater?

☐ Keinen   ☐ Nur ganz leicht   ☐ Mäßig   ☐ Stark

Bekamen Sie beim Training oder danach orthopädische Beschwerden?

_____

_____

_____

Falls Sie einen Pulsmesser verwendet haben:
Wie hoch war der Puls nach der Hälfte, am Ende, und wo lag der geschätzte Mittelwert?

Puls nach der Hälfte der Strecke _____ Schläge/Min.

Puls am Ende der Strecke _____ Schläge/Min.

Geschätzter Mittelwert _____ Schläge/Min.

Wie verhielt sich der Puls auf dem Rückweg?

❶ Ging nach unten

❷ Blieb nahezu gleich

❸ Ging etwa 10 Schläge/Min. nach oben

❹ Ging 20 Schläge und mehr nach oben

Auswertung des 30-Minuten-Tests

War die zweite Hälfte der Strecke zeitlich deutlich länger und auch viel schwieriger zu bewältigen? Kamen Sie außer Atem, oder tat Ihnen sogar etwas weh? Ging der Puls auf dem Rückweg stark nach oben? Haben Sie für Befinden und Atmung jeweils Bewertungen von 5 oder 6 vergeben oder bekamen Sie nach dem Training starken Muskelkater?

▸ Dann sind Sie jeweils viel zu schnell gestartet, haben viel zu hoch belastet und sich damit stark überfordert!

▸ Wiederholen Sie den Test zwei Tage später auf einer deutlich niedrigeren Stufe. Das kann bedeuten, noch langsamer zu laufen oder zunächst doch mit Walking zu beginnen.

Befinden und Atmung bei 4 oder mäßiger Muskelkater.

▸ Das ist grenzwertig. Sie sollten sich etwas ruhiger belasten.

Bewertungen von 2 und 3 bei Befinden, Atmung und Puls sowie kaum Muskelkater.

▸ Genau richtig! Sie haben Ihre ideale Belastungszone gefunden.

Bei Befinden, Atmung und Puls auf dem Rückweg haben Sie jeweils die Bewertung 1 vergeben.

▸ Das Tempo ist vielleicht doch etwas zu gering für Sie gewesen. Sie dürfen eine Stufe höher testen.

Sie hatten orthopädische Beschwerden bei der gewählten Intensität.

▸ Unabhängig von Atmung oder Puls haben Sie sich in jedem Fall überfordert. Pausieren Sie einige Tage und versuchen Sie es schmerzfrei noch einmal, aber langsamer. Treten Schmerzen erneut auf oder verschwinden diese nach einigen Tagen nicht, gehen Sie unbedingt zum sporterfahrenen Arzt!

Training für Laufeinsteiger

Nachdem Sie den 30-Minuten-Test durchgeführt haben, können Sie nun für sich den passenden Trainingsplan für den richtigen Einstieg aussuchen. Die Pläne in diesem Buch bauen aufeinander auf, vielleicht für Sie sogar bis zum Halbmarathon?
Sie sollten sich aber Zeit lassen und die einzelnen Stufen nicht überspringen. Umso sicherer wird Ihr langer Weg verletzungs- und überforderungsfrei vom Erfolg gekrönt werden. Mit den nachfolgenden Plänen können Sie zunächst Ihr Leistungsvermögen steigern und über Wochen und Monate zum fitten Spaß- und Genussläufer werden.

Welchen Plan nehmen?

Was war Ihr Ergebnis beim 30-Minuten-Test – oder was können Sie zurzeit regelmäßig mindestens zweimal pro Woche ohne orthopädische Beschwerden, ohne außer Atem zu geraten und ohne sich zu quälen? Suchen Sie das am ehesten zu Ihnen passende Programm heraus. Noch mal: Wählen Sie zu Beginn im Zweifelsfall lieber eine niedrige Belastung für den optimalen Einstieg! Ziel der ersten Trainingspläne ist es, zunächst über Walking oder Laufen mit Gehpausen fitter zu werden bzw. laufen zu lernen. Wenn Sie das schon können, baut der letzte Plan »Vom Jogging zum Fitnesslaufen« auf Seite 56/57 darauf auf.

Sie gehen bereits 30 bis 60 Minuten zusammenhängend spazieren:
Wählen Sie Plan 1 – »Einstieg mit Walking«.
Sie betreiben bereits sportliches Walking und möchten jetzt laufen lernen:
Wählen Sie Plan 2 – »Vom Walking zum Jogging«.
Sie können bereits über 30 Minuten mit einigen Gehpausen langsam joggen:
Wählen Sie Plan 2 (ab der 5. Woche) – »Joggen mit Gehpausen«.
Sie können bereits ohne Gehpause 30 Minuten am Stück langsam joggen:
Wählen Sie Plan 3 – »Vom Jogging zum Fitnesslaufen«.

Pläne einhalten und verstehen

Die Pläne gehen davon aus, dass Sie wenig Zeit haben, unter der Woche arbeiten und daher wochentags – besonders in der dunklen Jahreszeit – weniger trainieren können. Im Winter wird es morgens bzw. wenn Sie von der Arbeit zurückkommen bereits dunkel sein. Daher habe ich Samstag und Sonntag zwei Tage hintereinander ein Training eingeplant. Dafür haben Sie vorher und nachher jeweils zwei Ruhetage. Sollte es Ihnen beruflich möglich sein, verschieben Sie die samstägliche Einheit auf Freitagnachmittag. Das wäre für die Erholung natürlich besser, als an beiden Wochenendtagen ohne Pause zu trainieren. Sollten Sie noch mehr Zeit haben, so spricht auch nichts dagegen, nach ein bis zwei Monaten Training ein viertes lockeres Training einzuschieben, also viermal pro Woche zu üben. Ihre Trainingstage könnten dann beispielsweise Dienstag und Donnerstag sowie Samstag und Sonntag sein.

Plan 1 – Einstieg mit Walking

Mit diesem Plan lernen Sie über sechs Wochen erst einmal, durch Walking oder auch Nordic Walking fitter zu werden, also durch flottes Gehen mit betontem Armeinsatz oder Stöcken. Zunächst trainieren Sie dreimal pro Woche 40 Minuten. Ab der zweiten Woche wird sonntags eine etwas längere Walkingeinheit eingeführt. Nach sechs Wochen sollten Sie bereits über eine Stunde trainieren können. Ab der dritten Woche wird das Training durch flotteres Powerwalking einmal pro Woche samstags variabler. Nach rund sechs Wochen beherrschen Sie ein sehr effizientes Mischtraining für Walker und könnten in den nächsten Plan mit Jogging einsteigen oder durch Verlängerung einzelner Einheiten bzw. durch einen vierten Trainingstag lebenslänglich mit Walking fit bleiben.

Plan 1 – Einstieg mit Walking in 6 Wochen

1. Woche				2. Woche		
Tag	**Training**	**Ca. km**		**Tag**	**Training**	**Ca. km**
Mo	–	–		Mo	–	–
Di	–	–		Di	–	–
Mi	Walking 40 Min. (65–75 % mHf)	4–5		Mi	Walking 40 Min. (65–75 % mHf)	4–5
Do	–	–		Do	–	–
Fr	–	–		Fr	–	–
Sa	Walking 40 Min. (65–75 % mHf)	4–5		Sa	Walking 40 Min. (65–75 % mHf)	4–5
So	Walking 40 Min. (65–75 % mHf)	4–5		So	Walking 50 Min. (65–75 % mHf)	6

3. Woche				4. Woche		
Tag	**Training**	**Ca. km**		**Tag**	**Training**	**Ca. km**
Mo	–	–		Mo	–	–
Di	–	–		Di	–	–
Mi	Walking 40 Min. (65–75 % mHf)	4–5		Mi	Walking 40 Min. (65–75 % mHf)	4–5
Do	–	–		Do	–	–
Fr	–	–		Fr	–	–
Sa	Walking 40 Min., darin 15 Min. flott bei 75–80 % mHf	5		Sa	Walking 40 Min., darin 15 Min. flott bei 75–80 % mHf	5
So	Walking 50 Min. (65–75 % mHf)	6		So	Walking 60 Min. (65–70 % mHf)	6–7

5. Woche				6. Woche		
Tag	**Training**	**Ca. km**		**Tag**	**Training**	**Ca. km**
Mo	–	–		Mo	–	–
Di	–	–		Di	–	–
Mi	Walking 45 Min. (65–75 % mHf)	5		Mi	Walking 45 Min. (70–75 % mHf)	5
Do	–	–		Do	–	–
Fr	–	–		Fr	–	–
Sa	Walking 45 Min., darin 20 Min. flott bei 80 % mHf	5–6		Sa	Walking 50 Min., darin 25 Min. flott bei 80–85 % mHf	6
So	Walking 60 Min. (70 % mHf)	6–7		So	Walking 70 Min. (70 % mHf)	8

% mHf = Prozent der maximalen Herzfrequenz

Plan 2 – vom Walking zum Jogging

Nun werden in die Walkingeinheiten immer mehr langsame Joggingabschnitte eingestreut. In den folgenden Wochen wird Gehen mehr und mehr durch Laufen ersetzt. Ab der achten Woche überwiegen insgesamt die Jogginganteile. Bei den Laufabschnitten sollten Sie nicht außer Atem kommen, also unterhalb der anaeroben Schwelle bleiben. Wichtig: die ersten fünf bis zehn Minuten warm gehen, auch am Ende einige Minuten locker ausgehen und mit Dehnungsübungen abschließen. Die Gesamtdauer des Trainings wird wegen der höheren orthopädischen Belastung des Laufens kürzer. Ziel ist es, lediglich am Ende 30 Minuten zusammenhängend und beschwerdefrei laufen zu können. Die Laufabschnitte sind jeweils in Gehpausen von rund zwei Minuten zur Erholung eingebettet.

Plan 2 – vom Walking zum Jogging in 10 Wochen

1. Woche			2. Woche		
Tag	**Training**	**Ca. km**	**Tag**	**Training**	**Ca. km**
Mo	–	–	Mo	–	–
Di	–	–	Di	–	–
Mi	Walking 40 Min., darin 5 x 2 Min. Jogging bis 80 % mHf	5	Mi	Walking 40 Min., darin 5 x 2 Min. Jogging bis 80 % mHf	5
Do	–	–	Do	–	–
Fr	–	–	Fr	–	–
Sa	Walking 45 Min., darin 5 x 2 Min. Jogging bis 80 % mHf	5–6	Sa	Walking 45 Min., darin 4 x 3 Min. Jogging bis 80 % mHf	5–6
So	Walking 60 Min., darin 5 x 2 Min. Jogging bis 80 % mHf	7–8	So	Walking 60 Min., darin 5 x 2 Min. Jogging bis 80 % mHf	7–8

3. Woche			4. Woche		
Tag	**Training**	**Ca. km**	**Tag**	**Training**	**Ca. km**
Mo	–	–	Mo	–	–
Di	–	–	Di	–	–
Mi	Walking 40 Min., darin 4 x 3 Min. Jogging bis 80 % mHf	5	Mi	Walking 40 Min., darin 4 x 3 Min. Jogging bis 80 % mHf	5
Do	–	–	Do	–	–
Fr	–	–	Fr	–	–
Sa	Walking 45 Min., darin 3 x 5 Min. Jogging bis 80 % mHf	5–6	Sa	Walking 45 Min., darin 3 x 5 Min. Jogging bis 80 % mHf	5–6
So	Walking 60 Min., darin 4 x 3 Min. Jogging bis 80 % mHf	7–8	So	Walking 50 Min., darin 3 x 5 Min. Jogging bis 80 % mHf	7

% **mHf** = Prozent der maximalen Herzfrequenz
Wenn Sie mit diesem Plan die zehn Wochen absolviert haben, können Sie mit Plan 3 weitertrainieren.

© Herbert Steffny: Optimales Lauftraining, Südwest Verlag 2018

Plan 2 – vom Walking zum Jogging in 10 Wochen

5. Woche		
Tag	**Training**	**Ca. km**
Mo	–	–
Di	–	–
Mi	Walking 40 Min., darin 4 x 3 Min. Jogging bis 80 % mHf	5
Do	–	–
Fr	–	–
Sa	Walking 45 Min., darin 3 x 5 Min. Jogging bis 80 % mHf	5–6
So	Walking 50 Min., darin 3 x 5 Min. Jogging bis 80 % mHf	6–7

6. Woche		
Tag	**Training**	**Ca. km**
Mo	–	–
Di	–	–
Mi	Walking 45 Min., darin 2 x 8 Min. Jogging bis 80 % mHf	5–6
Do	–	–
Fr	–	–
Sa	Walking 45 Min., darin 2 x 8 Min. Jogging bis 80 % mHf	5–6
So	Walking 45 Min., darin 4 x 5 Min. Jogging bis 80 % mHf	5–6

7. Woche		
Tag	**Training**	**Ca. km**
Mo	–	–
Di	–	–
Mi	Walking 45 Min., darin 4 x 5 Min. Jogging bis 80 % mHf	5–6
Do	–	–
Fr	–	–
Sa	Walking 45 Min., darin 2 x 8 Min. Jogging bis 80 % mHf	5–6
So	Walking 45 Min., darin 3 x 8 Min. Jogging bis 80 % mHf	5–6

8. Woche		
Tag	**Training**	**Ca. km**
Mo	–	–
Di	–	–
Mi	Walking 45 Min., darin 3 x 10 Min. Jogging bis 80 % mHf	6
Do	–	–
Fr	–	–
Sa	Walking 45 Min., darin 3 x 8 Min. Jogging bis 80 % mHf	5–6
So	Walking 45 Min., darin 2 x 15 Min. Jogging bis 80 % mHf	6

9. Woche		
Tag	**Training**	**Ca. km**
Mo	–	–
Di	–	–
Mi	Walking 45 Min., darin 3 x 10 Min. Jogging bis 80 % mHf	6
Do	–	–
Fr	–	–
Sa	Walking 45 Min., darin 3 x 10 Min. Jogging bis 80 % mHf	6
So	Walking 45 Min., darin 30 Min. Jogging bis 80 % mHf	6

10. Woche		
Tag	**Training**	**Ca. km**
Mo	–	–
Di	–	–
Mi	Walking 45 Min., darin 2 x 15 Min. Jogging bis 80 % mHf	6
Do	–	–
Fr	–	–
Sa	Walking 45 Min., darin 2 x 15 Min. Jogging bis 80 % mHf	6
So	Walking 45 Min., darin 30 Min. Jogging bis 80 % mHf	6

% mHf = Prozent der maximalen Herzfrequenz
Wenn Sie mit diesem Plan die zehn Wochen absolviert haben, können Sie mit Plan 3 weitertrainieren.

Info

Wichtige Trainingsregeln

▸ Haben Sie Geduld! Biologische Anpassungsprozesse brauchen Zeit. Der Kopf will oft viel zu schnell Dinge erreichen, die der Körper noch nicht kann.

▸ Laufen Sie Ihr geplantes Tempo und lassen Sie sich in einer Gruppe von niemandem zu einer intensiveren Belastung verführen. Sie sind nicht der Sparringspartner für jemand anderen.

▸ Steigern Sie den Umfang Ihres Trainings pro Woche nie um mehr als 20 %. Eine typische Situation wäre im Urlaub. Plötzlich hat man Zeit und übertreibt hoch motiviert. Achten Sie also frühzeitig auf die Signale Ihres Körpers.

▸ Steigern Sie beim Trainingsaufbau nicht drastisch jede Woche Ihr Pensum, sondern wiederholen mal einen Wochenzyklus oder bestimmte Trainingsformen, bevor Sie ein weiteres Eisen auflegen. Die langen Einheiten am Sonntag steigern Sie nicht immer wöchentlich.

▸ Überspringen Sie nicht einzelne Wochen in den Plänen. Je sanfter und geduldiger Sie die Trainingsreize zu Beginn steigern, desto stabiler wird sich Ihr Körper anpassen.

▸ Vertauschen Sie nicht beliebig die Einheiten des Plans über die Woche. Intensives Training sollte immer vor langen Einheiten sein. Auf Belastungstage sollten immer Regenerationstage folgen.

▸ Sollten Sie sich in einer Woche deutlich überfordert fühlen, stufen Sie sich wieder einen 14-Tages-Zyklus tiefer ein.

▸ Üben Sie regelmäßig! Wenn Sie eine Woche lang fleißig sind und dann das Training ausfallen lassen, bedeutet das immer einen Rückgang Ihrer Fitness und einen mühsamen Wiederaufbau.

Bei einem Trainingsausfall oder einer Erkrankung von einigen Tagen sollten Sie die vorhergehende Woche noch einmal wiederholen. War Ihre Pause länger als eine Woche, sollten Sie sich doppelt so lange im Trainingsplan zurückstufen, wie die Unterbrechung gedauert hat.

Der vielfache Weltrekordler Haile Gebrselassie fliegt durch Berlin.

Training für Fitnessläufer

Sie können bereits regelmäßig eine halbe Stunde mühelos am Stück laufen oder haben es durch den vorhergehenden Plan gelernt. Nun sollten Sie Ihr Laufprogramm vorsichtig weitersteigern. In dem folgenden Zwölf-Wochen- Plan mit dreimal Training pro Woche werden Sie in der letzten Woche etwa 30 Kilometer zurücklegen. Das ist je nach Körpergewicht ein Verbrauch von rund 2000 bis 3000 Kilokalorien. Hinzu kommen die Sportkalorien der Kräftigungsgymnastik und der erhöhte Grundstoffwechsel durch Muskelaufbau. Insgesamt erreichen Sie somit die gesundheitliche Vorgabe, rund 2500 Kilokalorien pro Woche durch Sport zu verbrennen. Sie müssen für Ihre Fitness und Ihr Wohlbefinden keineswegs täglich laufen. Es spricht aber nichts dagegen, wenn Sie Spaß am Laufen gefunden haben und die Zeit dazu aufbringen können, noch mehr zu tun. Sie werden noch fitter und verbrennen mehr Kalorien.

Plan 3 – vom Jogging zum Fitnesslaufen

Dieser Plan wird Sie über zwölf Wochen zu einem Laufprogramm führen, das Sie lebenslänglich fortführen sollten. Sie müssten dazu lediglich nahezu ganzjährig das Training der elften und zwölften Woche alternierend beibehalten. Der zeitliche Aufwand bei diesem Plan wird bei dreimal Laufen pro Woche bleiben, aber Sie werden länger und zunehmend variabler trainieren, um noch mehr aus diesen drei Trainingseinheiten herauszuholen. Am Sonntag wird zunächst ein längerer, aber langsamer Lauf eingeführt, der bei 70 % der maximalen Herzfrequenz gelaufen wird. Nach elf Wochen schaffen Sie bereits ganz locker 90 Minuten. Ab der neunten Woche kommt eine etwas anstrengendere Einheit am Samstag hinzu, die alle 14 Tage alternierend entweder als Tempodauerlauf, als Belastungswechsel auf bergiger Strecke oder in einem Fahrtspiel durchgeführt wird.

Joggen geht überall. Zur Not läuft man seine Trainingsrunde um den Häuserblock.

Plan 3 – vom Jogging zum Fitnesslaufen in 12 Wochen

1. Woche		
Tag	**Training**	**Ca. km**
Mo	–	–
Di	–	–
Mi	Ruhiger DL 30 Min. (70–80 % mHf)	4–5
Do	–	–
Fr	–	–
Sa	Ruhiger DL 30 Min. (70–80 % mHf)	4–5
So	Ruhiger DL 30 Min. (70–80 % mHf)	4–5

2. Woche		
Tag	**Training**	**Ca. km**
Mo	–	–
Di	–	–
Mi	Ruhiger DL 30 Min. (70–80 % mHf)	4–5
Do	–	–
Fr	–	–
Sa	Ruhiger DL 30 Min. (70–80 % mHf)	4–5
So	40 Min. langsamer DL (70 % mHf)	6

3. Woche		
Tag	**Training**	**Ca. km**
Mo	–	–
Di	–	–
Mi	Ruhiger DL 30 Min. (70–80 % mHf)	4–5
Do	–	–
Fr	–	–
Sa	Ruhiger DL 30 Min. (70–80 % mHf)	4–5
So	45 Min. langsamer DL (70 % mHf)	6–7

4. Woche		
Tag	**Training**	**Ca. km**
Mo	–	–
Di	–	–
Mi	Ruhiger DL 30 Min. (70–80 % mHf)	4–5
Do	–	–
Fr	–	–
Sa	Ruhiger DL 30 Min. (70–80 % mHf)	4–5
So	50 Min. langsamer DL (70 % mHf)	7

5. Woche		
Tag	**Training**	**Ca. km**
Mo	–	–
Di	–	–
Mi	Ruhiger DL 40 Min. (70–80 % mHf)	6
Do	–	–
Fr	–	–
Sa	Ruhiger DL 30 Min. (70–80 % mHf)	4–5
So	60 Min. langsamer DL (70 % mHf)	8–9

6. Woche		
Tag	**Training**	**Ca. km**
Mo	–	–
Di	–	–
Mi	Ruhiger DL 40 Min. (70–80 % mHf)	6
Do	–	–
Fr	–	–
Sa	Ruhiger DL 35 Min. (70–80 % mHf)	5
So	70 Min. langsamer DL (70 % mHf)	10

% mHf = Prozent der maximalen Herzfrequenz, **DL** = Dauerlauf

© Herbert Steffny: Optimales Lauftraining. Südwest Verlag 2018

Plan 3 – vom Jogging zum Fitnesslaufen in 12 Wochen

7. Woche		
Tag	**Training**	**Ca. km**
Mo	–	–
Di	–	–
Mi	Ruhiger DL 40 Min. (70–80 % mHf)	6
Do	–	–
Fr	–	–
Sa	Ruhiger DL 40 Min. (70–80 % mHf)	6
So	70 Min. langsamer DL (70 % mHf)	10

8. Woche		
Tag	**Training**	**Ca. km**
Mo	–	–
Di	–	–
Mi	Ruhiger DL 40 Min. (70–80 % mHf)	6
Do	–	–
Fr	–	–
Sa	Ruhiger DL 40 Min. (70–80 % mHf)	6
So	80 Min. langsamer DL (70 % mHf)	11–12

9. Woche		
Tag	**Training**	**Ca. km**
Mo	–	–
Di	–	–
Mi	Ruhiger DL 40 Min. (70–80 % mHf)	6
Do	–	–
Fr	–	–
Sa	DL 45 Min., bergiges Gelände (70–90 % mHf)	6–7
So	80 Min. langsamer DL (70 % mHf)	11–12

10. Woche		
Tag	**Training**	**Ca. km**
Mo	–	–
Di	–	–
Mi	Ruhiger DL 40 Min. (70–80 % mHf)	6
Do	–	–
Fr	–	–
Sa	Tempo-DL 45 Min., darin 20 Min. flott (80–85 % mHf)	7
So	80 Min. langsamer DL (70 % mHf)	11–12

11. Woche		
Tag	**Training**	**Ca. km**
Mo	–	–
Di	–	–
Mi	Ruhiger DL 45 Min. (70–80 % mHf)	7
Do	–	–
Fr	–	–
Sa	50 Min. Fahrtspiel (Tempowechsel, 70–90 % mHf)	8
So	90 Min. langsamer DL (70 % mHf)	13

12. Woche		
Tag	**Training**	**Ca. km**
Mo	–	–
Di	–	–
Mi	Ruhiger DL 45 Min. (70–80 % mHf)	7
Do	–	–
Fr	–	–
Sa	Tempo-DL 50 Min., darin 30 Min. flott (80–85 % mHf)	8
So	90 Min. langsamer DL (70 % mHf)	13

% mHf = Prozent der maximalen Herzfrequenz, **DL** = Dauerlauf

Fahrtspiel ist ein Spiel mit dem Tempo im wechselnden Geländeprofil und auf unterschiedlichem Untergrund.

Der flotte Dauerlauf

Das Training wird effizienter, wenn Sie vielseitiger trainieren. Der Bewegungsapparat sollte nach einigen Monaten Lauftraining stabil genug sein, um schnellere Dauerläufe bei 80 bis 85 % ohne Risiko zu verkraften. Dieses Tempo ist nicht etwa »volle Kanne«, sondern eher »locker-flott und unverkrampft«. Es ist noch nicht im roten Bereich, Sie sind dabei also noch nicht japsend außer Atem! Läufe über 90 % des Maximalpulses sind beim Fitness- und Gesundheitstraining gar nicht nötig. Selbst bei Wettkampfläufern machen sie nie mehr als 5 bis 10 % des Trainings aus. Die Tempoeinheit sollte immer samstags oder wenn möglich freitags, aber vor dem langen Lauf am Sonntag sein. Nach einer wenigstens 10- bis 15-minütigen Aufwärmphase mit langsamem Jogging laufen Sie kontinuierlich zunächst 20, zwei Wochen später bereits 30 Minuten flott am Stück. Zum Abschluss des schnellen Teils laufen Sie sich zehn Minuten langsam aus und machen Dehnungsübungen. Diesen Tempodauerlauf alternieren Sie alle 14 Tage mit dem nachfolgenden Belastungswechsellauf.

Alle Tempoeinheiten sollten Sie im Winter bei Frost wegen der Verletzungsgefahr durch einen Dauerlauf ersetzen. Alternativ könnten sie auch auf einem Laufband durchgeführt werden.

Fahrtspiel als Tempospritze

Einen Belastungswechsel können Sie als Fahrtspiel durchführen oder indem Sie im bergigen Gelände laufen. Das Fahrtspiel in der elften Woche könnten Sie nach Körpergefühl, Lust und Laune abwechselnd mit flotten und langsamen Tempoabschnitten gestalten. Wenn Sie feste Vorgaben brauchen, können Sie es etwas schematischer folgendermaßen durchführen:

▸ 10 bis 15 Minuten warmlaufen, gegen Ende 4 Steigerungen, und dann:
▸ 2 Minuten flott, bis 90 % Maximalpuls
▸ 2 Minuten traben bei 65 % Maximalpuls
▸ 4 Minuten flott, bis 90 % Maximalpuls
▸ 3 Minuten traben bei 65 % Maximalpuls
▸ 7 Minuten flott bei 85 % Maximalpuls
▸ 4 Minuten traben bei 65 % Maximalpuls
▸ 4 Minuten flott, bis 90 % Maximalpuls
▸ 3 Minuten traben bei 65 % Maximalpuls
▸ 2 Minuten flott, bis 90 % Maximalpuls
▸ 5 bis 10 Minuten ganz langsam auslaufen und Dehnungsübungen

Belastungswechsel am Berg

Auch ein Dauerlauf in einem bergig-welligen Gelände wie in der neunten Woche ist ein empfehlenswerter, spielerischer Belastungswechsel und daher ähnlich wie ein Fahrtspiel.

Sollten Sie kein bergiges Gelände zur Verfügung haben, können Sie diese Einheit auch auf einem Laufband mit wechselnder Steigung durchführen. Wenn Sie bei kurzen Anstiegen bergan das Tempo etwas verschärfen, können Sie kurzfristig sogar leicht in den roten Bereich über 90 % des Maximalpulses gelangen. Bei längeren Anstiegen sollten Sie aber immer darunter laufen. Am Berg trainiert man auch prima die Kraftausdauer (siehe Seite 111).

Noch fitter werden

Für ein Gesundheitstraining wäre auch ein gemischter Plan mit Crosstraining möglich, z. B. mit Laufen, Rad fahren und Schwimmen (Beispiel siehe Seite 114ff.). Der Zeitaufwand ist zwar größer, dafür trainieren Sie aber optimal neben der Ausdauer noch variabler mit verschiedenen Muskelgruppen.

Ob triathlonartiges Mischtraining oder reines Laufen – noch fitter werden Sie, wenn Sie Ihr Training auf viermal pro Woche ausbauen. Es käme ein weiterer Dauerlauf bei 70 bis 80 % hinzu. Dann wäre je ein ruhiger Dauerlauf von 45 Minuten am Dienstag und Donnerstag einzuplanen. Wenn Sie so weit gekommen sind, könnte Ihnen vielleicht der Appetit auf Wettkämpfe kommen. An Plan 3 könnten Sie die später folgenden Pläne ab Seite 131 anschließen. Der letzte 14-Tage-Zyklus des Plans auf Seite 57 ist auch ein gutes Basistraining zwischen den Wettkampfplänen und kann als Grundschema für das Wintertraining dienen.

Know-how für Profis

▸ **Power für Kreislauf und Lunge**

▸ **Was das Läuferherz begehrt**

▸ **Muskeln – use it or lose it!**

▸ **Woher kommt die Energie?**

▸ **Den Körper mit System reizen & regenerieren – schneller werden!**

Sportbiologie – **die Basics**
Mit Köpfchen in Topform

Wer unsystematisch drauflos rennt, wird bald an seine biologischen Grenzen stoßen, stagnieren oder scheitern. Wer dagegen mit Know-how den physiologischen Trainingsprozess versteht, kann planmäßig steuern und bald sein eigener Trainer werden.

Kreislauf- und Lungenpower

Während das Hirn immer mit Sauerstoff versorgt werden muss, kann die Muskulatur auch kurzzeitig ohne, also anaerob arbeiten. Ausdauer bedeutet Ermüdungswiderstandsfähigkeit – und die hängt bei längerer Belastung von der Sauerstoffversorgung, dem aeroben Energiestoffwechsel ab. Beim Ausdauertraining kommt es daher zu zahlreichen Verbesserungen im Bereich der sauerstoffaufnehmenden und transportierenden Systeme Lunge, Blut, Herz und Kreislauf. Durch weitere Optimierungen im Zellstoffwechsel der Muskeln, wie vermehrte Enzyme für den sauerstoffverbrauchenden, aeroben Energiestoffwechsel, verbessert sich die Ausdauer, die man durch Ermittlung der maximalen Sauerstoffaufnahme messen kann.

Maximale Sauerstoffaufnahme

Die maximale Sauerstoffaufnahme, abgekürzt VO_2max, ist das Maß für die maximale aerobe Leistungsfähigkeit. Sie gibt an, wie viel Milliliter Sauerstoff pro Kilogramm Körpergewicht in der Minute aufgenommen werden können. Die VO_2max ist zum Großteil genetisch bedingt, aber auch durch Training zu optimieren. Zudem ist sie gewichtsbezogen; mit einer Gewichtszunahme verschlechtert sie sich. Spitzenläufer, aber auch Radrennfahrer und andere Ausdauersportler auf Weltklasseniveau erreichen in Topform Werte von über 80 Millilitern Sauerstoff pro Kilogramm Körpergewicht. Normalbürger haben dagegen nur Werte von 30 bis 40. Gute Freizeitläufer liegen um 50 bis 60. Bei Frauen ist die maximale Sauerstoffaufnahme infolge des höheren Fettanteils und der dadurch bedingten geringeren aktiven Körpermasse rund 10 % niedriger. Bei gleicher Wettkampfleistung entspricht sie aber den Werten der Männer.

Die Höhe der VO_2max korreliert grob mit der Wettkampfleistung. Allerdings muss der Läufer mit der höchsten VO_2max im Rennen nicht der schnellste sein. Zudem gilt sie nur sportartspezifisch. Lance Armstrong, gesegnet mit einer VO_2max über 80 im Radfahren, quälte sich beim New York Marathon 2006, um mit

2:59:36 Stunden unter 3 Stunden zu bleiben. Der siebenfache Toursieger wurde hier nur 869-ter. Die Tabelle rechts gibt die ungefähre maximale Sauerstoffaufnahme in Relation zur Zehn-Kilometer-Laufleistung an.

Sauerstoffaufnahme verbessern

Eine Erhöhung des Trainingsumfangs mit ruhigen Dauerläufen erhöht die maximale Sauerstoffaufnahme. Um sie auf Basis dieser verbesserten Grundlagenausdauer weiter zu optimieren, sind kurzzeitige intensive Belastungen wie beim Intervalltraining oder längere Tempodauerläufe notwendig.

Je nach Trainingsziel Halbmarathon oder 5000-Meter-Training sollten diese schnellen Einheiten 10 bis 20 % des Gesamttrainingsumfangs nicht überschreiten. Die Mischung macht's. Wer ausschließlich langsam joggt, hat zwar eine gute Grundlagenausdauer, wird aber im Wettkampf nicht sein volles Potenzial erreichen. Umgekehrt: Wer im Training nur bolzt und die langsamen Regenerations- und Grundlagenausdauerläufe vernachlässigt, wird trotz bzw. wegen harten Trainings erstaunlich schlecht laufen, sich übertrainieren oder sogar verletzen.

Ausdauertraining optimiert auch die Sauerstoffversorgung: Die Atemtiefe verbessert sich, die Atemfrequenz wird niedriger, die Lungengefäße erweitern sich, die Feindurchblutung (Kapillarisierung) erhöht sich, die Atemmuskulatur wird kräftiger. Das bei intensiver Ein- und Ausatmung beförderte Luftvo-

Info

Maximale Sauerstoffaufnahme

Diese Tabelle zeigt Ihnen die Beziehung von 10-Kilometer-Wettkampfleistung und maximaler Sauerstoffaufnahme:

10-Kilometer-Wettkampfzeit (Min.: Sek.)	ml O_2/kg Körpergewicht x Min.
27:30	82
30:00	77
35:00	68
40:00	62
45:00	57
50:00	53
55:00	49
60:00	46

lumen, die Vitalkapazität, kann bei Läufern sechs, im Extremfall bis neun Liter betragen.

Leistungsfähigeres Herz

Sah man früher ein vergrößertes Herz als krankhaft an, so weiß man seit den 1960er-Jahren durch radiologische Untersuchungen des Freiburger Professors Herbert Reindell, dass es sich beim hypertrophierten Sportherz um ein gesundes, besonders leistungsfähiges Organ handelt. Ein solches Herz hat ein erheblich größeres Volumen, je nach Körpergröße bis zu 1400 Milliliter (bei Frauen rund 10 bis 15 % niedriger), sowie ein erhöhtes Schlagvolumen. Man bezieht sinnvollerweise das Herzvolumen auf das Körpergewicht. Normalbürger haben nur eine Größe von rund 10, Elitesportler erreichen dagegen 17 bis 20 Milliliter Volumen pro Kilogramm Körpergewicht. Die höhere Leistungsfähigkeit des ausdauertrainierten Herzens ist nicht nur durch die Volumenzunahme, sondern auch durch eine ökonomischere Arbeitsweise bedingt.

Mehr Kapillaren

Die Herzgröße wird eher durch intensives Training angeregt, die für Ausdauer aber entscheidende Feindurchblutung der peripheren Organe eher durch ruhigere Läufe. Auch hier zeigt sich die Bedeutung eines Mischtrainings. Die Durchblutung und damit die Nähr- und Sauerstoffversorgung aller beteiligten Organe gewährleisten feine Haargefäße, die Kapillaren, deren Anzahl im Ausdauertraining ansteigt. Das betrifft nicht nur die Muskeln und die Lunge, sondern auch andere Organe.

Info

Sportlerblut und Scheinanämie

Im Blut von Ausdauersportlern misst man oft eine relative Blutarmut (Anämie): Die Zahl der roten Blutkörperchen ist pro Volumeneinheit geringer als bei untrainierten Vergleichspersonen. Das liegt jedoch lediglich daran, dass das Blutvolumen durch Erhöhung des flüssigen Anteils, des Blutplasmas um einiges größer geworden ist. Die absolute Zahl der roten Blutkörperchen ist dennoch höher als bei nichttrainierten Personen. Man nennt dies daher Scheinanämie.

So wird auch die Haut vermehrt durchblutet, was bei der Regulierung des Wärmehaushalts durch Schwitzen und Abstrahlung beim Hitzelauf von Nutzen ist. Ausdauertrainierte weisen eine etwa 40 % höhere Kapillarisierung auf. Sprinttraining fördert diese feine Durchblutung nicht, der einzelne Trainingsreiz ist dafür zu kurz. Es bedarf jedoch beim Ausdauerläufer mindestens zwei Jahre kontinuierlichen Trainings, ehe die Kapillarisierung maximal ausgeprägt ist.

Mehr und dünneres Blut

Auch die Zusammensetzung des Blutes wird durch Ausdauersport positiv beeinflusst: Beim Läufer wird das Blut dünnflüssiger. Das bedeutet einen schnelleren Durchfluss in den engen Kapillaren, was wiederum eine bessere Sauerstoffversorgung und einen beschleunigten Abtransport von Stoffwechselendprodukten gewährleistet. Ausdauersportler haben zudem mit rund sechs Litern ein erhöhtes Blutvolumen, und das Blut selbst besitzt eine bessere Pufferkapazität, kann also z. B. eine Übersäuerung mit Laktat schneller neutralisieren.

Anpassung der Muskulatur

Die rund 700 Muskeln sind in ihrer Gesamtheit das größte Organ in unserem Körper. Eine Frau mit 1,70 Meter und 66 Kilogramm hat rund 20 Kilogramm Muskulatur, ein Mann mit 1,80 Meter und 78 Kilogramm etwa 6 Kilogramm mehr. Je nach Art des Trainings passt sich die Muskulatur unterschiedlich an.

Die Muskelfasertypen

Muskulatur muss trainiert werden, sonst baut sie ab: Bereits nach rund zehn Tagen Trainingspause bilden sich Anpassungen der Muskeln deutlich zurück. Bei der Zusammensetzung der Muskulatur unterscheidet man verschiedene Fasertypen. Es gibt die schnell kontrahierenden FT-Fasern, nach dem englischen Begriff fast twitch fibers, und die

Biologische Systeme brauchen nach dem Einstieg Monate bis Jahre zur Anpassung. Nach Trainingsabbruch erfolgt ein dramatischer Rückgang.

langsamer zusammenzuckenden ST-Fasern, slow twitch fibers. Bei ruhigem Tempo werden die ST-Fasern aktiviert und erst bei intensivem Training die schnellen FT-Fasern dazugeschaltet. Schnelles oder langsames Training spricht zwar die verschiedenen Fasern spezifisch an, ändert aber kaum das angeborene Verteilungsmuster. Während Normalpersonen von beiden Typen etwa gleich viel besitzen, haben Spitzenmarathon- oder -skilangläufer 80 % und mehr von den ST-Fasern, deren Stoffwechsel und Eigenschaften für aerobe Ausdauerleistungen wie geschaffen sind. Mittelstreckler weisen immerhin noch 70 % ST-Fasern und 30 % FT-Fasern auf. Weltklassesprinter haben dagegen 60 bis 70 % FT-Fasern.

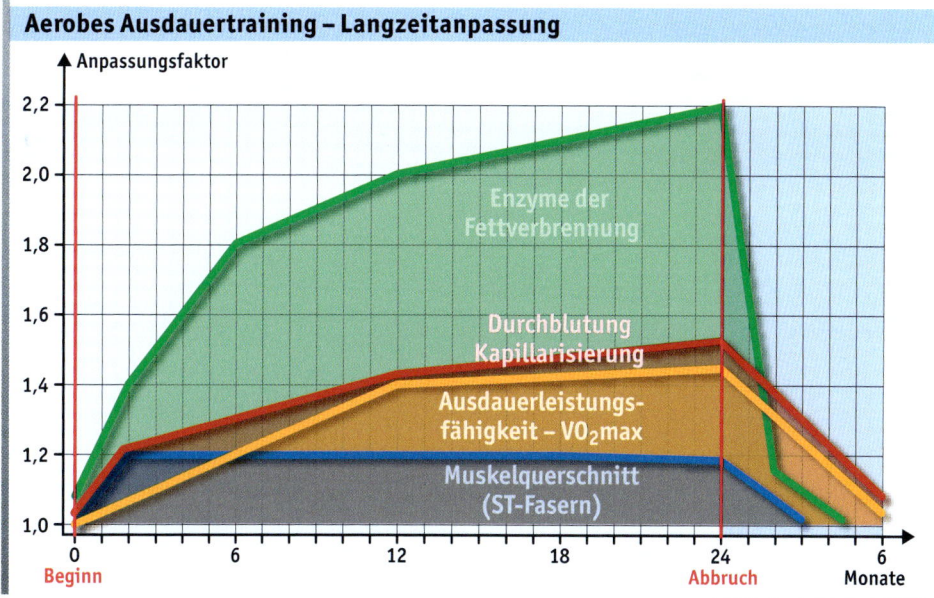

Aerobes Ausdauertraining – Langzeitanpassung

(verändert nach: McArdle et al. 1994)

Mehr Mitochondrien, größere Energiespeicher

Die ST-Fasern sind für Ausdauerleistungen prädestiniert, was sich durch Training noch weiter verbessern lässt: Sie können Ihren Enzymbestand für Kohlenhydrat- und Fettverbrennung mit Sauerstoff mehr als verdoppeln. Dieser aerobe Energiestoffwechsel läuft in den Kraftwerken der Zellen, den Mitochondrien, ab. Diese werden größer, und ihre Zahl kann sich über Jahre bis zu verdreifachen.

Die in den Muskeln in Form von Glykogen eingelagerten Kohlenhydratvorräte können sich je nach Muskelmasse von rund 300 auf nahezu 600 Gramm vergrößern. Auch der muskeleigene Sauerstoffspeicher, das Myoglobin, kann sich durch regelmäßiges Ausdauertraining fast verdoppeln.

Energiestoffwechsel

Zum Laufen, aber auch für den Aufbau von Körpersubstanz und zur Aufrechterhaltung der Körpertemperatur brauchen wir Energie. Grundlegende Kenntnisse zum Energiestoffwechsel helfen beim Verständnis der Trainings- und Ernährungslehre. Wer abnehmen oder Halbmarathon laufen möchte, sollte wissen, wie sich der Fettstoffwechsel optimal aktivieren lässt.

Das Auto hat nur einen Sprittank. Unser Körper ist da vielseitiger. Je nach Art der Beanspruchung kann er verschiedene Energiequellen einsetzen:

▶ Adenosintriphosphat (ATP) und seine Speicherform Kreatinphosphat
▶ Kohlenhydrate, als Glykogen überwiegend in Leber und Muskulatur gespeichert

Info

Muskelfasertypen und ihre Eigenschaften

	ST-Faser (Ausdauertypus)	FT-Faser (Sprintertypus)
Kontraktion	Langsam (110 Millisek.)	Schnell (50 Millisek.)
Ermüdung	Spät	Früh
Kapillarisierung	4,8 Kap./Faser	2,9 Kap./Faser
Mitochondrien	Bis zu 3-mal mehr, größer	Weniger, kleiner
Myoglobin	Sehr viel	Mittel
Durchmesser	Dünner	Dicker
Energiestoffwechsel	Vor allem aerob	Vor allem anaerob
Energiespeicher	Fett, Glykogen	Glykogen, Kreatinphosphat
Glykogen (g/100 g Muskel)	2,2	1,4
Kreatin (mmol/kg Muskel)	25	31

▶ Eiweiße, also funktionelle Körpersubstanz, und freie Aminosäuren

▶ Das Fettdepot, ein riesiger Energiespeicher, der bei Normalgewicht für viele Marathons ausreichen würde

ATP – für schnelle Energie

Adenosintriphosphat, abgekürzt ATP, ist sozusagen das schnelle Kleingeld im Energiestoffwechsel. Durch Abspaltung eines Phosphatrests wird es zu Adenosindiphosphat (ADP) und liefert dabei gleichzeitig die Energie für die Muskelkontraktion. Das geschieht so lange, bis der ATP-Vorrat erschöpft ist, was nur für einige Sekunden maximale Arbeit, etwa für einen kurzen Sprint oder für einen Weitsprung, reicht. Die ATP-Vorräte können für weitere rund 10 bis 20 Sekunden durch den muskulären Speicher Kreatinphosphat regeneriert werden. Für diese kurzfristige Energiegewinnung aus ATP und Kreatinphosphat ist kein Sauerstoff nötig. Bei längeren Belastungen muss ATP aber im Energiestoffwechsel durch Fett- und Kohlenhydratabbau unter Verbrauch von Sauerstoff neu synthetisiert werden. Dabei ist die ATP-Umbaurate gewaltig: Pro Tag setzt ein Erwachsener nahezu unglaubliche 85 Kilogramm ATP um.

Kohlenhydrate – das Superbenzin

Kohlenhydrate werden in Form von Glykogen in der Muskulatur und in der Leber gespeichert. Glykogen besteht aus Glukoseeinheiten, die zu einem langkettigen Molekül verknüpft sind. Daneben ist eine kleine Menge Kohlenhydrate als freier Blutzucker verfügbar. Der Leberglykogenvorrat reguliert den Blutzuckerspiegel, das Muskelglykogen steht für Bewegung und Sport zur Verfügung. Durch monatelanges Training mit langen oder schnellen Läufen, die die Speicher entleeren, und anschließender kohlenhydratreicher Ernährung kann das Muskelglykogen von durchschnittlich rund 300 auf bis zu über 500 Gramm vergrößert werden. Auch das Leberglykogen optimiert sich dabei von 80 auf 120 Gramm. Aus Kohlenhydraten wird hauptsächlich mit Sauerstoff (aerob) Energie gewonnen. Dabei entstehen als Abbauprodukte Kohlendioxid und Wasser. Die Energie wird teils als ATP gespeichert (siehe oben) und steht dann für Synthesen oder Bewegung zur Verfügung. Ein Großteil wird aber als Körperwärme freigesetzt, denn bekanntlich macht Bewegung warm.

Anaerobe Glykolyse und Laktat

Kohlenhydrate können auch ohne Sauerstoff, also anaerob, zur kurzfristigen Energiegewinnung – etwa für einen längeren Endspurt – eingesetzt werden. Dieser Stoffwechselweg, die sogenannte anaerobe Glykolyse, ist schneller als der aerobe Kohlenhydratabbau und erfolgt bevorzugt in den FT-Fasern (siehe oben). Dabei entsteht als Zwischenprodukt je nach Belastungshöhe mehr oder weniger Milchsäure bzw. Laktat. Da hierin im Vergleich zum vollständigen aeroben Abbau von Kohlenhydraten noch viel Energie steckt, geht dieser Weg mit den Glykogenvorräten sehr verschwenderisch um.

Auch in Ruhe läuft dieser Stoffwechselweg parallel zu der aeroben Energiegewinnung mit. Das dabei messbare Basislaktat erreicht aber nur Werte von einem Millimol pro Liter Blut oder weniger. Unproblematisch geringe Laktatmengen (0,7 bis 2 Millimol pro Liter) entstehen auch beim Jogging oder ruhigen Dauerlauf, sie werden jedoch gleichzeitig überwiegend in der Leber, aber auch in Nieren, Herz und nicht beanspruchter Muskulatur ständig wieder abgebaut.

Laktat und Sauerstoffschuld beim Rennen

Erst bei höherer Geschwindigkeit wie bei einem kurzen Wettkampf kommt es zur Laktatanhäufung im Blut, weil die Sauerstoffzufuhr nicht mehr ausreicht. Hohe Laktatwerte beim Endspurt oder bei kurzen harten Intervalleinheiten führen nach ein bis zwei Minuten zum Leistungseinbruch, wenn im Blut der pH-Wert, das Maß für die Übersäuerung, vom Normalwert von 7,3 auf unter 6,4 abfällt.

Ein Halbmarathonläufer ist gut beraten, während des Rennens das Tempo so zu gestalten, dass sein Blutlaktatwert nicht über vier Millimol pro Liter Blut, der anaeroben Schwelle, steigt. Er bleibt damit gerade noch im grünen Bereich. Ein 5000- oder 10 000-Meter-Läufer kommt selbst bei optimalem gleichmäßigem

Renntempo im Lauf des Wettkampfs in den roten Bereich. In der zweiten Hälfte, spätestens beim Endspurt wird er außer Atem sein. Sein Laktatwert liegt in der Endphase weit über der anaeroben Schwelle. Ein 400-Meter-Läufer erreicht dagegen kurzfristig extreme Konzentrationen von bis zu 25 Millimol Laktat pro Liter Blut. Dabei geht er eine sehr hohe Sauerstoffschuld ein. Mit Sauerstoffschuld wird die Menge an Sauerstoff bezeichnet, die nach einer körperlichen Anstrengung nachgeatmet werden muss, um die Laktatwerte wieder zu normalisieren. Das kann eine halbe Stunde dauern. Ein 400-Meter-Läufer ist nach 10 Minuten noch außer Atem, der Halbmarathonläufer gibt im Ziel gleich ein Interview.

Eiweiß – für Energie zu schade

Die Eiweiße, fachsprachlich Proteine, und ihre Bausteine, die Aminosäuren, sind im Körper überwiegend in Körpersubstanz wie Muskulatur und Bindegewebe »verbaut«. Sie sind auch Hauptbestandteil vieler funktioneller Strukturen und Moleküle wie Blutkörperchen, Antikörper, Hormone und Enzyme. Auf einem Stoffwechselnebenweg, der Glukoseneubildung (Glukoneogenese), kann, wenn die begrenzten Kohlenhydratvorräte als Energiequelle zur Neige gehen, auch aus Proteinen Glukose erzeugt werden. Während die Muskulatur dann auch Fette heranziehen kann, verbraucht das Gehirn ständig weiter Glukose, die nun durch die Glukoneogenese bereitgestellt wird. Diese Notlösung geschieht zunächst unter Verwendung der freien Aminosäuren, geht aber bei längerem Kohlenhydratmangel auch mit einem Abbau von Muskulatur sowie von Blutproteinen oder Antikörpern einher. Diese ungünstige Verstoffwechslung geschieht z. B. beim Hungern, kohlenhydratfreien Diäten, bei langen Läufen oder in der Endphase eines Marathons.

Fett – der Dieselkraftstoff

Fett ist eine im Verhältnis zum Energiegehalt sehr leichte Spritquelle. Im Gegensatz zu den begrenzten Kohlenhydratspeichern sind Fettreserven riesig. Sie sind mehr oder weniger sichtbar im Unterhautfettgewebe und innen im Bauchraum gespeichert. Bei gut Ausdau-

Info

Biologische Anpassung beim Läufer

	Normalperson untrainiert	Ausdauersportler bis Eliteläufer
Herzvolumen (ml)	750–850	950–1200
Herzvolumen (ml/kg)	9–12	15–20
Herzschlagvolumen (ml)	55–110	100–220
Ruhepuls (Schläge/Min.)	60–80	50–30
Max. Sauerstoffaufnahme (ml/kg x Min.)	30–40	55–85
Blutvolumen Mann (l)	4,7–5,6	6,0–7,4
Gesamthämoglobin		20 % höher
Blutdruck in Ruhe (mmHg)	135/78	120/65
Lungenvitalkapazität (l)	5,8	6,2
Atemminutenvolumen (l/Min.)	120	240
Myoglobingehalt der Muskeln		75–80 % höher
Leberglykogen (g)	80–100	120
Muskelglykogen (g)	300	500–600
Anteil ST-Fasern (%)	50	60–85
Muskelkapillaren (Anzahl/mm^2)	200–300	300–500
Mitochondrienzahl		Bis 3-mal so viel
Aerobe Enzymkapazität		2- bis 3-fach erhöht
Körperfettanteil Männer (%)	15–25	6–13
Körperfettanteil Frauen (%)	25–33	10–23

ertrainierten stehen sie zusätzlich als schneller verfügbare Lipidtröpfchen (Fetttröpfchen) direkt in den Muskelzellen für ihren Einsatz als Energielieferant bereit. Der Abbau der Fette (Lipolyse) erfolgt durch Abspaltung der Fettsäuren vom Glyzerinanteil des Fettmoleküls. Körpereigenes Karnitin fördert die Einschleusung der langkettigen Fettsäuren in die Mitochondrien. Dort werden sie mit Sauerstoff unter Freisetzung von Energie oxidiert.

Fette werden nur bei Sauerstoffüberschuss, also im grünen Bereich, wenn man sich noch unterhalten kann, abgebaut. Bei mehrstündigen Belastungen kann der Energiebedarf bis zu 90 % aus dem Fettabbau gedeckt werden. Es ist gewissermaßen der Dieselkraft-

stoff der Muskulatur. Doch müssen für eine reibungslose Energiegewinnung aus Fetten gleichzeitig auch Kohlenhydrate vorhanden sein. Glukose ist im zentralen Stoffwechselweg der Energiegewinnung, im Citratzyklus, unverzichtbar (siehe Grafik). Man sagt auch: »Fette verbrennen im Feuer der Kohlenhydrate.«

Parallele Energiegewinnung

Laufen Sie langsam, verbrennen Sie von Beginn an Fette. Sie werden im Sauerstoffüberschuss herangezogen. Beim schnellen Laufen, wenn man außer Atem gerät, schaltet die Muskulatur zunehmend auf die sauerstoff-

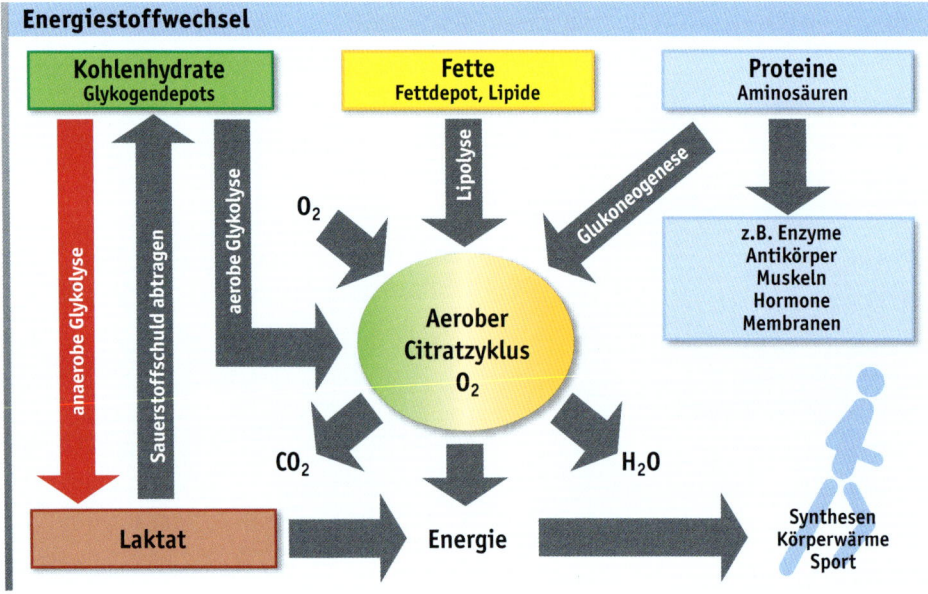

Energetische Irrtümer

Hartnäckig haben sich einige Irrtümer in der Fitnessgemeinde eingenistet. Vielleicht haben Sie schon mal gehört: Erst werden Kohlenhydrate verbrannt, danach die Fette. Oder: Der Fettstoffwechsel beginnt erst nach einer halben Stunde. Beides ist falsch! Die verschiedenen Wege der Energiegewinnung laufen parallel ab. Ob Kohlenhydrat oder Fett als Spritquelle angezapft wird, ist weitgehend vom Füllungszustand der Glykogenspeicher und dem Lauftempo abhängig und trainierbar.

effizientere Kohlenhydratverbrennung zurück. Starten Sie also beim Training oder Wettkampf zu schnell, ohne sich langsam warm zu laufen, dann ist nicht nur der Puls zu Beginn erstaunlich hoch, sondern auch der Anteil der Fettverbrennung nur gering. Im roten Bereich über vier Millimol pro Liter Laktat findet fast keine Fettverbrennung mehr statt. Je nachdem, was für einen Wettkampf Sie vorbereiten, müssen Sie also im Training auch das richtige Energiesystem ansprechen.

Der Erfolg beim Halbmarathon und noch mehr beim Marathon hängt wesentlich vom aeroben Kohlenhydrat- und Fettstoffwechsel ab, die bei unterschiedlichem Tempo trainiert werden müssen. Für ein 5000- oder 10 000-Meter-Rennen spielt die Fettverbrennung kaum eine Rolle; dagegen müssen der aerobe, aber auch der anaerobe Kohlenhydratstoffwechsel, die Laktattoleranz, geübt werden.

Trainingsreize und Anpassung

Wer fitter werden will, muss etwas verändern. Man wird die Komfortzone, das Sofa, verlassen und den Körper mit anspruchsvolleren Aufgaben, einem neuen Reiz wie z. B. Joggen konfrontieren. Auch beim Leistungssport funktionieren die elementaren Prozesse der Leistungssteigerung durch neue Trainingsreize, die bestimmten Gesetzmäßigkeiten folgen. Ein grundlegendes Kennzeichen des Lebens ist, dass der Organismus auf Außenreize mit Anpassungen reagiert. Biologische Systeme benötigen zu ihrer Erhaltung oder Verbesserung im Gegensatz zu technischen Systemen einen entsprechenden Stimulus oder Trainingsreiz. Ein Gelenk wird nur durch Bewegung ständig geschmiert und dadurch nicht steif. Ein Muskel muss bewegt werden, im Gipsverband baut er schnell ab.

Reizstärke, -dauer und -dichte

Training besteht aus ständiger Be- und Entlastung biologischer Systeme, die auf einen entsprechenden Trainingsreiz mit einer Erhaltung, Anpassung und Verbesserung von Funktionen und Strukturen auf zellulärer Ebene reagieren. Effizienz und somit Qualität des Trainings hängen wesentlich von der richtigen Dosierung und der zeitlichen Abfolge der Trainingsreize ab. Diese wirken also über:

▸ Reizstärke, z. B. Tempo oder Anstrengungsgrad

▶ Reizdauer, z. B. Länge des Dauerlaufs oder Intervalls

▶ Reizdichte, z. B. Zahl der Einheiten pro Woche oder Wiederholungen beim Intervalltraining

Reiz und Regeneration

Schnellkraftsportler müssen intensive Reize setzen, Reizdauer und -dichte sind dagegen im Ausdauertraining wichtiger. Jede Belastung muss unbedingt in einen ausreichenden Erholungsprozess eingebettet sein, denn die Anpassungen und Veränderungen sind Wachstumsprozesse, die Zeit brauchen. Jeder Trainingsreiz wirkt also nur so gut, wie er vor- und nachbereitet wird! Hierin liegt die eigentliche Kunst, erfolgreiche Trainingspläne zu schreiben. Ist ein Rahmentrainingsplan erstellt, ist der nächste Schritt die Individualisierung, denn jeder Körper reagiert aufgrund unterschiedlicher genetischer Ausstattung, Alter und Lebensumstände ein wenig anders.

Adaptation oder Superkompensation

Ein Trainingsreiz muss überschwellig sein, also beim betreffenden System eine Alarmreaktion auslösen. Das kann eine Erschöpfung von Energiereserven, Verbrauch von Enzymen oder Zerstörung von Strukturen wie Muskelfasern und Zellmembranen sein. Locker formuliert könnte der Körper dem Kopf nach einem ungewohnt langen Lauf mit Muskel-

kater sagen: »Nanu? So etwas hast du noch nie von mir verlangt. Also gut, ich verstehe, dann werde ich das verbessern, aber bitte, lieber Kopf, lass mir dafür ein wenig Zeit!« Er wird sich anschließend aus den in den Chromosomen enthaltenen Erbinformationen die Programme zur Reparatur und Verbesserung der Muskulatur, Lunge und Kreislauf holen. Das Modell der biologischen Adaptation oder Superkompensation beschreibt die zeitliche Abfolge der Reizantwort des Körpers auf den Stressfaktor Trainingsreiz.

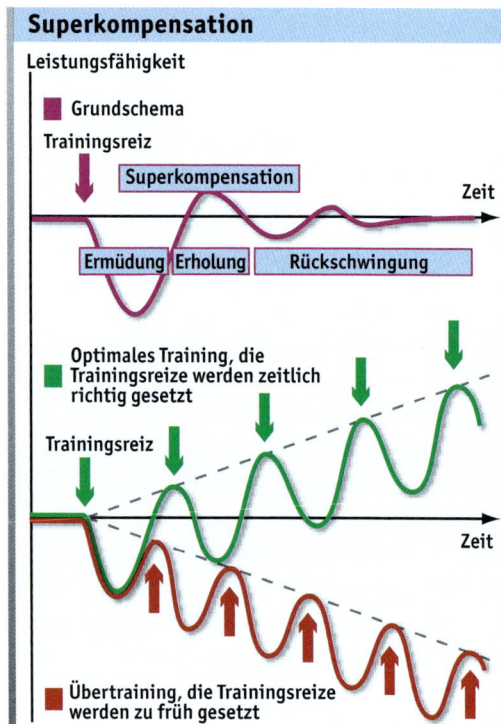

Ermüdung, Erholung und Leistungszuwachs

Der gewünschte Trainingseffekt ist die Verbesserung des Ausgangsniveaus auf einen höheren Leistungsstand. Der Anpassungsprozess läuft folgendermaßen ab: Schon während des Trainings, dem eigentlichen Reiz, beginnt die erste Phase der Ermüdung. Die Form geht also sozusagen erst mal in den Keller. Nach dem Lauf starten nun in der Kompensations- oder Erholungsphase Wiederherstellung und Reparaturbetrieb im Körper. Die lädierten Systeme werden aber über das ursprüngliche, vor dem Trainingsreiz vorhandene Leistungsvermögen verbessert. Man nennt diese Anpassung auf erhöhtem Niveau Superkompensation. Sollte der Trainingsreiz also nochmals auftreten, wäre der Körper besser gewappnet. Das kann eine Vergrößerung der Energiespeicher, eine effizientere oder vermehrte Enzymausstattung, Umstrukturierungen in den Muskelfasern oder z. B. eine verstärkte Hornhaut am Fuß bedeuten. Je nachdem, wie hart oder ungewohnt ein Reiz war, dauert diese Anpassung länger oder kürzer. Ein starker Muskelkater ist Zeichen einer Überforderung. Leichte Spannung in den Muskeln ist dagegen Zeichen eines richtig dosierten Trainings.

Unterforderung und Übertraining

War ein Trainingsreiz zu lasch, also unterschwellig, sagt sich der Körper: »Kalter Kaffee, das kann ich doch schon!« Das wäre für

Regeneration oder Erhaltungstraining allerdings in Ordnung. Erfolgt innerhalb eines bestimmten Zeitraums kein Reiz mehr, geht die verbesserte Anpassung wieder verloren. Die Systeme schwingen auf das Ausgangsniveau zurück. Der Körper sagt sich dabei: »War wohl doch nur falscher Alarm!« Das ist z. B. dann der Fall, wenn Sie zwei Wochen trainieren, anschließend aber wieder zwei Wochen pausieren.

Treffen ähnlich gelagerte harte Reize in einem optimalen Abstand, d. h. weder zu früh noch zu spät, auf den ausgeruhten Körper, ist der Leistungszuwachs optimal. Werden dieselben Reize allerdings zu dicht und/oder zu intensiv gesetzt, kommt der Körper mit der Reparatur und Anpassung nicht hinterher. Man ist von der Tempobolzerei übertrainiert, die Leistungsfähigkeit nimmt ab. Viele »Trainingsweltmeister« zwingt oft erst eine Verletzung oder ein Infekt zur Ruhe. Der Körper holt sich gewissermaßen seine Pause, wenn es der Kopf nicht verstehen will. Geduld hätte geholfen, denn je besser die Grundlagenausdauer eines Athleten ist, desto besser wird er später auch vermehrte intensive Reize wegstecken. Scheinbare Umwege können hier sogar Abkürzungen sein!

Fortschritt durch Regeneration

Es kann nicht deutlich genug gesagt werden, dass der eigentliche Trainingsfortschritt, der Aufbau, nicht etwa beim Trainingslauf, sondern erst in der Erholungsphase hinterher geschieht. Wer sich über eine gelungene Tempoeinheit freut, muss sich bewusst sein, dass der Trainingseffekt nun entscheidend davon abhängt, wie er die Regeneration danach gestaltet. Wie lange es dauert, bis ein Trainingsreiz verdaut ist, hängt von folgenden Faktoren ab:

▸ Der genetischen Konstitution
▸ Dem (Trainings-)Alter
▸ Dem Trainingszustand
▸ Der Reizstärke, -dauer und -dichte
▸ Dem geforderten biologischen System
▸ Den Regenerationsmaßnahmen

Was für einen Fitnessläufer ein Tempolauf ist, kann für einen Eliteläufer ein leichtes Jogging sein. Ein 55-Jähriger wird sich mit dem Verdauen von harten Intervalleinheiten sicherlich schwerer tun als ein 25-Jähriger. Allerdings wäre er durch seinen Trainingszustand einem untrainierten Mittzwanziger sicherlich weit überlegen.

Unterschiedliche Regenerationszeit

Das muskuläre Glykogendepot braucht bei vollständiger Entleerung bis zu drei Tage zur Wiederauffüllung. Die Reparatur von Eiweißstrukturen benötigt noch ein paar Tage länger. Ein heftiger Muskelkater hält manchmal bis zu einer Woche an. Der Wasser- oder Elektrolythaushalt des Körpers ist dagegen bereits

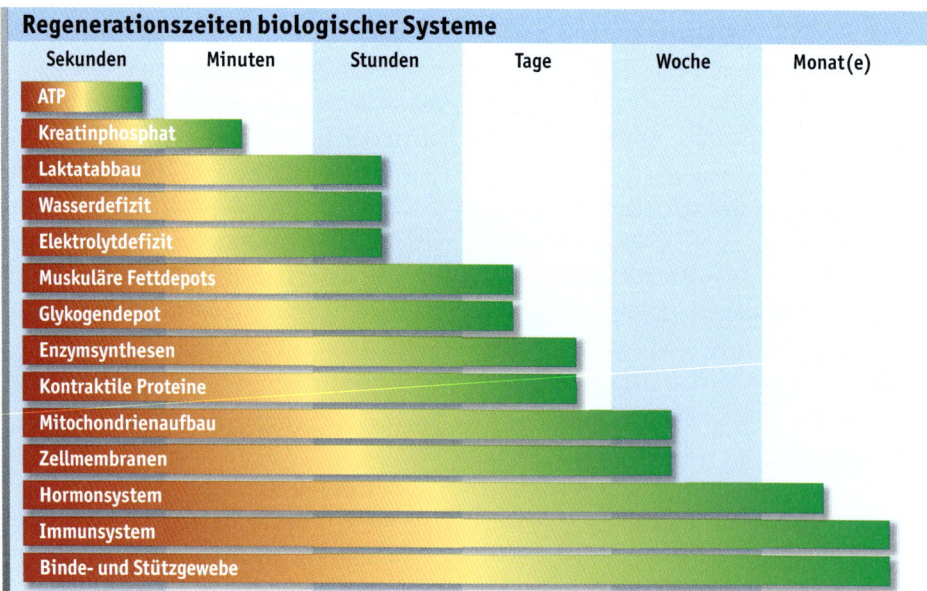

Regenerationszeiten biologischer Systeme

Sekunden	Minuten	Stunden	Tage	Woche	Monat(e)

ATP
Kreatinphosphat
Laktatabbau
Wasserdefizit
Elektrolytdefizit
Muskuläre Fettdepots
Glykogendepot
Enzymsynthesen
Kontraktile Proteine
Mitochondrienaufbau
Zellmembranen
Hormonsystem
Immunsystem
Binde- und Stützgewebe

nach einigen Stunden wieder ausgeglichen. Die längsten Regenerationszeiten haben aber das Hormon- und Immunsystem und der passive Bewegungsapparat mit Sehnen, Knorpeln, Gelenken und Knochen. Die gut durchbluteten Muskeln passen sich dagegen viel schneller an.

Das Training nur über Muskelparameter wie Laktat- oder Herzfrequenzmessung zu steuern, wäre daher ein Fehler, denn zieht ein schon zu starker Muskel an einer noch zu schwachen Sehne, können sich die Ansatzstellen am Knochen entzünden. Man muss also im Trainingsprozess unbedingt immer auf das langsamste Glied in der Kette warten. Das ist beispielsweise auch der Sinn der sehr ruhigen Dauerläufe zwischen den belastenden Einheiten in meinen Plänen beim Leistungsläufer.

Genauso sinnvoll ist es darum auch, nach zwei bis drei Wochen Trainingssteigerung eine ruhigere Zwischenwoche einzuschieben, die effizient mit einem Wettkampf abgeschlossen werden kann.

Regeln für die Praxis

In Kenntnis der sportbiologischen Grundlagen und der Reizanpassung lassen sich für die Trainings- und Wettkampfpraxis Regeln ableiten, die für den Trainingsalltag und die -planung von großer Bedeutung sind. Meist wurden sie empirisch von Athleten und Trainern aufgestellt.

One day hard – one day easy

Eine einfache Körperregel für die Regenerationsdauer bis zur nächsten Tempoeinheit besagt: Solange die Beine noch schmerzen, kein Tempo laufen, sondern locker joggen! Ein erholtes System ist viel empfänglicher für neue Trainingsreize als eine angeschlagene Struktur oder Funktion. Man baut das nächste Stockwerk schließlich erst, wenn beim unteren der Mörtel trocken ist. Eine der einfachsten Trainingsregeln lautet daher: »One day hard, one day easy!« Auf einen Belastungstag folgt ein Erholungstag, ohne Sport als Ruhetag beim Einsteiger oder mit lockerem bzw. vollkommen anders geartetem Training beim Profi. Zwischentage mit sanftem Jogging bedeuten aktive Erholung, Luxusdurchblutung ohne Stress! Ein weitverbreiteter Fehler ist, gerade diese regenerativen Läufe zu schnell zu rennen. Der Athlet behauptet zwar, mehr »Qualität« in sein Training gebracht zu haben, in Wirklichkeit hat er die Erholung von den entscheidenden Wocheneinheiten aber verzögert. Ein weiterer Fehler ist es, zweimal hintereinander dieselbe harte Belastung durchzuführen. Man haut sozusagen zweimal in dieselbe Kerbe und überlastet das System.

Foster-Regel nach Wettkämpfen

Der neuseeländische Marathonläufer Jack Foster gewann 1974 sensationell im Alter von immerhin schon 41 Jahren in 2:11:19 Stunden bei den Commonwealth Games die Silber-

An Regenerationstagen kann ein Läufer auch mal die Sportart wechseln und auf Radfahren oder Schwimmen umsteigen.

medaille. Er war kein Sportwissenschaftler, stellte aber eine empirische Regel auf, wie lange man aus seiner Sicht nach einem auf Anschlag gelaufenen Wettkampf auf Tempoeinheiten verzichten sollte: Nämlich so viele Tage, wie der Wettkampf in Meilen lang ist, sollte danach nur ruhig trainiert werden. Nach einem Rennen über zehn Kilometer, was gut sechs Meilen entspricht, wäre also für fast eine Woche hartes Tempo nicht angebracht. So lange dauern auch die Reparatur der Muskelzellen und die Wiederherstellung der Fasern und Enzymsysteme.

Nach einem auf Bestzeit gelaufenen Halbmarathon, der 13 Meilen lang ist, kann für 10 bis 14 Tage auf Intervalltraining verzichtet werden. Nach einer langen Wettkampfsaison sind der passive Bewegungsapparat, das Immun- und Hormonsystem des Körpers angeschlagen. Der Spätherbst ist dann in aller Regel die beste Gelegenheit für eine mehrwöchige Saisonpause mit vermindertem Training.

Ich kann aus eigener Erfahrung diese Empfehlungen insbesondere für ältere Läufer nur bestätigen. Sie werden daher die von mir so benannte Foster-Regel in meinen Plänen in diesem Buch berücksichtigt finden. Wer seine Karriere als Wettkampfläufer langfristig anlegen möchte, der sollte sich daran halten!

Variablere Trainingsreize

Monotones, einseitiges Training stumpft den Körper ab. Man stagniert auf einem Niveau. In einem effizienteren Plan mit variableren Trainingseinheiten werden vielfältigere Trainingsreize gesetzt. Das System Belastung und Erholung lässt sich dabei leicht integrieren. Ein Gesundheitsläufer wird zunächst vielleicht froh sein, dreimal die Woche überhaupt einen Dauerlauf zu schaffen. Der nächste Schritt für ihn, um noch fitter zu werden, wäre, neue Trainingsformen einzuführen. Ein Lauf am Wochenende würde immer länger, dafür aber langsam gelaufen. Eine weitere Trainingseinheit in der Woche würde als schneller Tempo- oder Tempowechsellauf gestaltet. So kann man aus drei Einheiten noch mehr rausholen. Während sich ein System gerade erholt, knöpft man sich überlappend ein anderes vor.

Übertraining vermeiden

Wer den Trainingsumfang zu schnell steigert, zu intensiv läuft, Warm- und Auslaufen und die Regeneration nicht richtig ernst nimmt, kommt leicht in einen Zustand des Übertrainings. Natürlich gibt es chronisch beratungsresistente Athleten, aber ins Übertraining kann man z. B. auch in einem Trainingslager leicht durch Übermotivation geraten. Ausgelutscht ist auch, wer zu viele Wettkämpfe läuft oder wenn man als schwächerer Läufer in einer Trainingsgruppe nur den überforderten Sparringspartner der Schnelleren darstellt. Das kommt bei Lauftreffs häufig vor: Man möchte mit der Profitruppe mithalten, trainiert aber dadurch ständig am Anschlag. Typische Kennzeichen des Übertrainings sind Trainingsunlust und Schlappheit, Infekt- und Verletzungsanfälligkeit, stark verspannte Muskeln, schwere Beine und chronisch erhöhter morgendlicher Ruhepuls. Es kommt zum Proteinabbau, zentralnervösen und hormonellen Umstellungen, die den Körper ausbremsen und somit eigentlich schützen sollen. Übertrainingszustände und zu hohe Belastungen lassen sich auch durch Messung bestimmter Blutparameter wie Kreatinkinase (CK-Wert) oder Harnstoff nachweisen. Bei einem leichten Übertraining können einige Tage Entlastung Wunder wirken. Ist man aber in einen starken Zustand des Übertrainings geraten, braucht man manchmal Wochen oder sogar Monate Geduld.

Tipps

Das hilft bei Übertraining

▶ Weniger laufen
▶ Langsamer laufen
▶ Rad fahren oder Schwimmen statt Laufen
▶ Dehnen nach dem Laufen
▶ Ausreichend Schlaf
▶ Vollwertige Ernährung
▶ Genügend trinken
▶ Weniger beruflicher oder privater Stress
▶ Entspannungsübungen
▶ Physiotherapie wie z. B. warmes Wannenbad, Massage, Sauna

Der eigene Trainer werden

▶ **Ausdauer, Kraft, Schnelligkeit, Beweglichkeit & Koordination nach Plan**

▶ **Die acht goldenen Trainingsprinzipien**

▶ **Trainings- und Wettkampfsteuerung – von Atmung bis Zeitkontrolle**

▶ **Systematisch Daten erfassen – Fehler vermeiden**

Kondition mit **Kopf & Körper**
Die Theorie zum praktischen Erfolg

Ich möchte, dass Sie Ihr Personal Trainer werden! Wem die theoretischen Grundlagen der Trainingsplanung und -steuerung vertraut sind, der wird erfolgreicher laufen. Wer die Spielregeln kennt, kann auch eigene Trainingsrezepte entwickeln.

Effektiv laufen nach Plan

Alle kurz- oder langfristigen Maßnahmen eines Trainings zur Steigerung oder zum Erhalt der Leistungsfähigkeit lassen sich in einem Trainingsplan optimal abstimmen und steuern. Wie Sie schon erfahren haben, müssen die Belastungsreize Umfang, Dauer, Häufigkeit und Intensität gut dosiert und sinnvoll so aufeinander abgestimmt sein, dass sie eine Anpassung des Körpers durch Vergrößerung und Mobilisierung der Leistungsreserven bewirken. Dies geschieht nicht nur auf physischer, sondern auch auf psychischer Ebene. Während ein Stubenhocker willentlich maximal 70 % seiner Leistungsreserven ausschöpft, kann ein jahrelang trainierter Topathlet viel weiter an seine Grenzen gehen und 90 bis 95 % mobilisieren. Das mag ihm auch im Beruf nutzen. Die restlichen 5 bis 10 % sind sogenannte autonom geschützte Reserven, auf die etwa bei Todesangst zurückgegriffen wird. Durch physische, aber auch psychische Stimuli verbessern Sie Ihre Kondition. Unter Kondition versteht man die Summe aus:

▸ Körperlichen Fähigkeiten
▸ Technischer Umsetzung
▸ Persönlichkeitseigenschaften wie Willensstärke und Motivation

Schwachstellen optimieren

Wettkampfläufer sind Grenzgänger. Sie müssen für eine Leistungsverbesserung im Rahmen der genetischen Voraussetzungen daher auf allen Ebenen optimieren. Die mir oft gestellte Frage »Wie werde ich schneller?« hat daher viele Antworten. Es gilt Fehler und Mängel zu finden, denn ein wirklich guter Athlet trainiert auch seine Schwachstellen! Als Trainer würde ich also nicht nur Plan, Umfang, Intensität oder regenerative Maßnahmen überprüfen, sondern genauso Laufstil, Gymnastikprogramm, Körpergewicht, Schuhe, Wettkampfkleidung und Ernährung. Entscheidend ist ebenfalls, was im Kopf abläuft. Stimmen Zielvorstellung, Motivation und Renntaktik? Die Kunst, An- und Entspannung zu beherrschen, gilt sowohl für körperliches als auch für mentales Training. Da kommt oft ein ganzes Maßnahmenbündel zusammen, das auf physiologischer, biomechanischer und psychologischer Ebene ansetzt.

Training der körperlichen Fähigkeiten

Bei den körperlichen Voraussetzungen unterscheidet man in der Trainingslehre je nach motorischer Beanspruchung fünf Fähigkeiten, die mehr oder weniger ineinander übergreifen und teils angeboren, teils auch trainierbar sind. Sie spielen für den Läufer eine unterschiedliche Rolle:

▶ Ausdauer
▶ Kraft
▶ Schnelligkeit
▶ Beweglichkeit
▶ Koordination

Ausdauer

Unter Ausdauer versteht man die Widerstandsfähigkeit gegenüber Ermüdung, also die Fähigkeit, eine optimale Belastungsintensität über eine möglichst lange Zeit aufrechtzuerhalten. Ausdauertraining steht für den Fitness- oder Wettkampfläufer, aber auch für Radfahrer, Ruderer oder Triathleten natürlich im Vordergrund. Neben psychischen Faktoren sind für die Ausdauer insbesondere Anpassungen beim Energiestoffwechsel und bei den sauerstofftransportierenden Systemen entscheidend. Ausdauertraining hilft auch

in anderen Sportarten wie Fußball, Belastungsspitzen schon während des Spiels besser wegzustecken sowie hinterher schneller zu regenerieren. Dazu gehört der Abbau von Stoffwechselendprodukten ebenso wie das schnellere Auffüllen von Energiespeichern.
Eine gute Grundlagenausdauer ist die Voraussetzung für Wettkampfläufer im fortgeschrittenen Training, um hartes Tempo- und Intervalltraining zu verkraften. Man unterscheidet je nach Art der Energiebereitstellung, Anteil der eingesetzten Muskulatur, Zeitdauer der Beanspruchung, Arbeitsweise und Spezifität verschiedene Formen der Ausdauer – siehe dazu die Tabelle auf Seite 82.

Kraft

Für jede Leistung muss ein Muskel Kraftarbeit verrichten. Physikalisch ist Kraft das Produkt aus Masse und Beschleunigung, biologisch ist es die Fähigkeit des Muskels, Widerstände zu überwinden (konzentrische Arbeit), ihnen entgegenzuwirken (exzentrische Arbeit) oder sie zu halten (statische Arbeit). Dieser Widerstand kann das eigene Körpergewicht wie beim Laufen, die Kraft eines Gegners (z. B. beim Ringen), ein Gegenstand (z. B. Kugelstoßen), der Widerstand eines Mediums wie Wasser (z. B. Schwimmen) oder die elastischen Kräfte eines Gummibands sein.
Die Maximalkraft ist für Langstreckenläufer nicht so ausschlaggebend wie die Kraftausdauer. Kraftausdauertraining geschieht im intensiveren aeroben Bereich und steht

Info

Die verschieden Formen der Ausdauer

Art der Klassifizierung	Bezeichnung und Kurzbeschreibung
Art der überwiegenden Energiebereitstellung	**Aerobe Ausdauer** Die Energiebereitstellung geschieht im Bereich des Sauerstoffüberschusses (Beispiel Jogging oder Dauerlauf)
	Anaerobe Ausdauer Die Energiebereitstellung geschieht fast ohne Beteiligung von Sauerstoff (Beispiel 400-Meter-Wettkampf)
Anteil der beteiligten Körpermuskulatur	**Allgemeine Ausdauer** Größere Anteile (über 1/6) der Körpermuskulatur werden eingesetzt (Beispiel Laufen, Schwimmen)
	Lokale Ausdauer Kleinere Anteile (unter 1/6) der Körpermuskulatur werden eingesetzt (Beispiel Fingerhakeln)
Zeitdauer der maximalen Beanspruchung	**Kurzzeitausdauer** Die Wettkampfdauer liegt unter 2 Minuten (Beispiel: 400- bis 800-Meter-Lauf)
	Mittelzeitausdauer Die Wettkampfdauer liegt zwischen 2 und 10 Minuten (Beispiel: 1500- bis 3000-Meter-Lauf)
	Langzeitausdauer Die Wettkampfdauer liegt über 10 Minuten (Beispiel Zehn-Kilometer-Lauf, Marathon)
Arbeitsweise der Muskulatur	**Statische Ausdauer** Die Muskeln leisten andauernde Haltearbeit unter Dauerspannung (Beispiel Tauziehen, Armdrücken)
	Dynamische Ausdauer Die Muskeln leisten andauernde Bewegungsarbeit mit Wechsel von Anspannung und Entspannung (Beispiel Laufen)
Bedeutung für das sportartspezifische Leistungsvermögen	**Allgemeine Grundlagenausdauer** Sportartunabhängiges Gesundheits- und Fitnesstraining im aeroben Bereich für Herz-Kreislauf-System, Lunge, Fettverbrennung (ist für Läufer z. B. auch mit Rad fahren, Skilanglauf oder Schwimmen möglich)
	Spezifische Grundlagenausdauer Sportartabhängiges Training der für die sportartspezifische Bewegungsform typischen Muskulatur im aerob-anaeroben Bereich (ein Läufer muss dafür laufen, ein Schwimmer schwimmen)
	Spezielle Ausdauer Sportartspezifisches Training in der wettkampfspezifischen Belastungsintensität (z. B. 5 x 1000 Meter im geplanten Zehn-Kilometer-Renntempo)

zwischen Kraft und Ausdauer. Sie spielt für Läufer beim Training der Rumpfmuskulatur und beim Berg-, Hindernis- oder auch Crosslauf eine wichtige Rolle. Läufer können ihre Kraftausdauer beispielsweise im Winter mit Skilanglauf und im Sommer auf dem Rennrad, Mountainbike oder bei längeren Bergläufen entwickeln.

Schnelligkeit

Physikalisch betrachtet ist Schnelligkeit der zurückgelegte Weg pro Zeiteinheit. Sportwissenschaftler verstehen unter Schnelligkeit, eine maximale Reaktions- und Bewegungsgeschwindigkeit mit höchster Willenskraft sowie mit dem neuromuskulären System zu erzielen. Die Schnelligkeit ist durch die Muskelfaserzusammensetzung stark genetisch bestimmt. Sie beruht im Wesentlichen auf Kraftzuwachs, Verbesserung der schnellen anaeroben Energiesysteme und der Koordination des Nerv-Muskel-Zusammenspiels. Sie erfordert zudem eine optimale Technik und gute Beweglichkeit.

Das Training der Schnelligkeit sollte in der Jugend nicht vernachlässigt werden. Sie geht im Alter früher als die Ausdauer verloren und ist dann auch nicht mehr so gut trainierbar. Schnelligkeitstraining ist verletzungsanfällig, da mit hohen Intensitäten geübt werden muss. Es ist essenziell für Sprinter, für Langstreckenläufer aber nur eine Nebenkomponente. Schnelligkeit entscheidet allerdings beim kurzen Endspurt eines Fünf- oder Zehn-Kilometer-Laufs über Sieg und Niederlage.

Beweglichkeit

Die Beweglichkeit ist eine motorische Fähigkeit und gekennzeichnet durch die Amplitude, die ein Gelenk mit eigener Kraft oder fremder Hilfe in der Endstellung erreichen kann. Sie ist Voraussetzung für gute Koordination und effizienten Laufstil und senkt die Verletzungsanfälligkeit. Die willkürliche Flexibilität und Beweglichkeit in einem Gelenk werden durch Muskulatur, Sehnen und Bandapparat bestimmt. Sie ist beim Kind am größten. Der Abbau der Beweglichkeit mit zunehmendem Alter wird mit Abnahme der Zellzahl, der elastischen Fasern und einem Wasserverlust im Muskel begründet.

Intensive oder lang andauernde Belastungen im Training und Wettkampf führen zu einer Verspannung mit Steifheit und sogar Schmerzgefühlen. Warmlaufen, Dehnen, hohe äußere Temperaturen und Massage, ein warmes Wannenbad oder mentales Training erhöhen die Beweglichkeit.

Koordination

Koordination ist Voraussetzung für ein optimales, ökonomisches Zusammenspiel zwischen dem Nervensystem und allen für den Bewegungsablauf notwendigen Muskelgruppen. Koordination wird schon in frühester Kindheit erlernt und in einem motorischen Gedächtnis gespeichert: Die durch häufiges Wiederholen einmal erlernten Bewegungsabläufe sind daher später automatisiert. Zur Koordination gehören z. B. Reaktionsfähigkeit, Gewandtheit, Gefühl für Gleichgewicht, Rhythmus und Orientierung im Raum. Koordination ist stark von der Beweglichkeit der Muskulatur abhängig. Sie wird für Läufer mit dem Lauf-ABC bzw. Koordinationsläufen geübt (siehe Seite 203).

Trainingsprinzipien

Wenn Sie die Trainingspläne in diesem Buch verstehen, sinnvoll abändern oder auf deren Basis eigene schreiben wollen, sollten Sie bestimmte Regeln kennen und natürlich auch einhalten. Unter Training versteht man allgemein die Gesamtheit aller Maßnahmen zur Steigerung oder Erhaltung der sportlichen Leistungsfähigkeit. Die Qualität eines Trainings ist ein sehr komplexer Prozess und keineswegs mit einem erhöhten Anteil der Intensität gleichzusetzen, wie es bisweilen falsch verstanden wird. So kann selbstverständlich auch ein langsamer Regenerationslauf zum richtigen Zeitpunkt die Leistungsfähigkeit steigern.

Einer effektiven und sinnvollen Trainingsplanung und -gestaltung liegen acht allgemeingültige und nachfolgend besprochene Trainingsprinzipien zugrunde, die überwiegend in biologischen Gesetzmäßigkeiten begründet sind, die aber meist zuerst empirisch von Trainern und Athleten gefunden worden sind:

▸ Das Prinzip des wirksamen Trainingsreizes
▸ Das Prinzip der progressiven Belastungssteigerung
▸ Das Prinzip der Variation der Trainingsbelastung
▸ Das Prinzip der optimalen Gestaltung von Belastung und Erholung
▸ Das Prinzip der Wiederholung und Dauerhaftigkeit
▸ Das Prinzip der Periodisierung und Zyklisierung
▸ Das Prinzip der Individualität und Altersgemäßheit
▸ Das Prinzip der zunehmenden Spezialisierung

Wirksamer Trainingsreiz

Trainingsreize müssen, wie Sie bereits erfahren haben, eine bestimmte Reizschwelle überschreiten, um eine Leistungsverbesserung hervorzurufen. Man muss also die Komfortzone verlassen und dem Körper eine ungewohnte neue Aufgabe stellen. Unterschwellige Reize bleiben wirkungslos, schwach überschwellige Reize erhalten das Leistungsniveau, richtig gesetzte überschwellige Reize führen zu einer physiologischen und strukturellen Anpassung an die erhöhte Anforderung. Zu stark gesetzte Reize dagegen zerstören die Strukturen und Funktionen. Das Niveau der Reizschwelle hängt vom Trainingszustand des Sportlers ab, es steigt mit dem Training und sinkt bei vermindertem Training wieder ab.

Progressive Belastungssteigerung

Nach erfolgter Trainingsanpassung verschiebt sich die Reizschwelle weiter nach oben: Dasselbe Training ist nach einiger Zeit nicht mehr so wirkungsvoll. Die Belastung muss daher – in Abhängigkeit vom Lebens- und Trainingsalter und dem erworbenen Fitnesszustand – allmählich und moderat gesteigert werden. Sinnvoll ist zur Steigerung der Trainingsreize beim Lauftraining diese Reihenfolge:

▸ Erst die Erhöhung der Häufigkeit des Trainings

▸ Dann die Verlängerung der Dauer einzelner Einheiten

▸ Steigerung der Wiederholungszahl bei Intervalleinheiten

▸ Verkürzung der Pausen bei Intervalleinheiten

▸ Zuletzt die Steigerung des Tempos von Trainingsläufen

Natürlich folgen meine Trainingspläne in diesem Buch über Wochen dem Prinzip der progressiven Belastungssteigerung. Beispiele wären die Verlängerung der langen Dauerläufe oder die Erhöhung der Wiederholungszahl oder Streckenlänge beim Intervalltraining. Tritt auf hohem Trainingsniveau nach einigen Jahren mit einer Belastungssteigerung in kleinen Schritten keine weitere Verbesserung mehr ein, kann man das Training auch sprunghaft verändern oder mit neuen Trainingsmitteln und Intensitäten experimentieren.

Variation der Belastung

Monotonie und ständig gleichartige Stimulierung lassen das sympathische vegetative Nervensystem abstumpfen, der Leistungszuwachs stagniert. Variable Trainingsreize sorgen für eine ständig neue Stimulationslage und effizientere Überlagerung der nun unterschiedlich gestalteten Belastungs- und Regenerationsprozesse. Beim Zwölf-Wochen-Plan »Vom Jogging zum Fitnesslaufen« (siehe Seite 55ff.) wurde z. B. über Wochen bei unverändert drei Einheiten nicht nur länger, sondern auch sportartspezifisch immer variabler gelaufen. So wurden etwa ein flotter Tempodauerlauf und ein deutlich längerer, aber langsamer Dauerlauf eingeführt. 14-täglich alterniert der flotte Dauerlauf mit einem Tempowechsellauf. Abwechslung bringen Sie neben unterschiedlicher Geschwindigkeit und Dauer auch durch flache oder bergige Trainingsstrecken ins Training.

Ein Bergpfad mit welligem Profil sorgt für ständig neue koordinative Reize.

Optimale Gestaltung von Belastung und Erholung

Die Anpassung erfolgt nach der Belastung in der Regenerationsphase. Ohne Erholung ist Training nicht wirksam. Verschiedene biologische Systeme regenerieren unterschiedlich schnell. In der Praxis ist es nicht immer ganz leicht herauszufinden, wann die nächste ähnlich gelagerte Belastung gesetzt werden kann, da dies stark von individuellen Eigenschaften und dem Trainingszustand des Athleten abhängt. Auch andere Einflussfaktoren wie Ernährung, Schlafverhalten, Regenerationsmaßnahmen und soziales Umfeld spielen eine Rolle. Genau genommen liegen hier das Geschick einer guten Zusammenarbeit zwischen Trainer und Athlet und die Kunst, erfolgreiche und individualisierte Trainingspläne zu schreiben.

Wiederholung und Dauerhaftigkeit

Trainingsreize müssen mehrfach über längere Zeit wiederholt werden, um eine stabile und optimale Anpassung zu erzielen. Ein einziges Intervalltraining oder ein langer Lauf gewöhnen den Körper noch nicht an die neue Anforderung. An neue Geschwindigkeiten oder Bewegungsabläufe müssen sich nicht nur die Muskeln, sondern auch das Enzym-, Hormon-, Nervensystem und der passive Bewegungsapparat anpassen. Enzymsysteme haben sich an ein neues Trainingsniveau nach rund 14 Tagen

angepasst, Sehnen und Knorpel brauchen einige Wochen länger, die Steuerungs- und Regelzentrale der Bewegungen, das zentrale Nervensystem sogar Monate. Die vollständige Kapillarisierung der Muskulatur benötigt sogar Jahre! Schlussfolgerung für die Praxis: Für das Erreichen eines hohen Leistungsniveaus und einer persönlichen Bestzeit ist jahrelanges kontinuierliches Training nötig!

Periodisierung und Zyklisierung

Für das Saisonziel, die Bestzeit, sollte man auf den Punkt fit werden. Zudem sind Wettkämpfe Grenzgänge, deshalb können leistungsorientierte Läufer nicht das ganze Jahr über auf höchstem Niveau trainieren und Topleistungen erbringen. Verletzungen und Übertraining wären schnell die Folge. Daher werden im Jahresverlauf Belastungswechsel eingeplant, die zwar regenerative Phasen mit vermindertem Leistungsvermögen vorsehen, aber aus dieser Reserve letztlich sogar höhere Leistungsspitzen zum Saisonhöhepunkt erlauben. Idealerweise wird daher auf eine aufbauende Vorbereitungsphase eine stabilisierende Wettkampf- und danach eine Übergangsperiode mit vermindertem Training folgen. Jede dieser monatelangen Phasen, die auch Makrozyklen genannt werden, ist wiederum in kürzere Abschnitte unterteilt, Mesozyklen von einigen Wochen und Mikrozyklen, die sieben bis zehn Tage dauern. So sind z. B. in den Sechs-Wochen-Plänen für Halbmarathon Mikrozyklen mit mehr Intensität und Umfang oder Regeneration vor dem Zehn-Kilometer-Testrennen eingeplant. Dadurch kommt insgesamt ein optimaler Belastungswechsel zustande. Die Trainingseinheit ist der kleinste Baustein im Trainingssystem. Je nach Talent, Leistungsvermögen, Zeitpunkt in der Saison oder Zielsetzung kann sie dreimal in der Woche oder in der Weltspitze sogar dreimal am Tag eingeplant sein. Sie gliedert sich in einen Aufwärm-, Haupt- und Auslaufteil.

Individualität und Alter

Aufgrund genetischer Unterschiede reagiert jedes Individuum etwas anders auf Trainingsreize. Auch die maximale Anpassungsfähigkeit ist genetisch begrenzt. Jeder kann allerdings im Rahmen der anlagebedingten Vorgaben durch Training für sich versuchen, das Optimale herauszuholen. Ein Sprintertyp mit angeboren vielen FT-Fasern wird für einen Zehn-Kilometer-Wettkampf mehr an seiner Ausdauer als am Endspurt arbeiten müssen. Der geborene Ausdauerathlet wird wahrscheinlich seine Stärke mehr beim langen Lauf oder Halbmarathon spüren und sich beim Kurzintervalltraining deutlich schwerer tun. In bestimmten Altersphasen lassen sich bestimmte Fähigkeiten besonders gut trainieren, z. B. Koordination und Schnelligkeit in der Jugend. Ein 16-Jähriger sollte sich nicht vorzeitig nur auf Ausdauersport konzentrieren, sondern seine Schnelligkeit in diesem dafür günstigen Lebensabschnitt unbedingt üben, da dies später nur noch eingeschränkt

möglich ist. Ein 50-jähriger Altersklassenläufer wird für einen Halbmarathon mehr von Tempodauerläufen im grünen Bereich profitieren als vom Intervalltraining in der roten Zone. Mehr zum Thema »Seniorenlaufen« finden Sie in meinem »Großen Laufbuch«, ebenfalls im Südwest Verlag erschienen.

Zunehmende Spezialisierung

Grundlagenausdauer kann man sich in allen Ausdauersportarten antrainieren. Läufern, Radrennfahrern, Schwimmern und Skilangläufern ist allen ein gut trainiertes Herz-Kreislauf-System, eine hohe Sauerstoffaufnahme und eine gute Lungenfunktion gemeinsam. Daher kann ein Läufer im Verletzungsfall z. B. mit Rad fahren überbrücken. In den sportartspezifisch eingesetzten Muskelgruppen und der Technik unterscheiden sich diese Sportler aber deutlich. Die wettkampfspezifische Ausdauer kann sich ein Läufer nur durch Laufen antrainieren, ein Schwimmer nur mit Schwimmen. Die Anteile des wettkampfspezifischen Trainings und die Einübung einer sportartbezogenen Technik und Taktik nehmen daher nach dem allgemeineren Grundlagentraining im Aufbau- und Wettkampftraining entsprechend zu. In das Wintertraining kann ein Läufer auch Skilanglaufen oder Hallentraining mit Spielsportarten integrieren. Je näher der Saisonhöhepunkt kommt, desto mehr wird er aber laufen, er wird die Zahl der schnellen Einheiten im Wettkampftempo erhöhen und Aufbaurennen bestreiten.

Trainings**steuerung**

Belastung, Intensität & Umfang – aber richtig!

Zur effizienten und objektiven Kontrolle des Lauftrainings und natürlich auch eines möglichen Wettkampfs sollte man sich mit den verschiedenen Methoden und Werkzeugen praktisch auskennen.

Die Belastung kontrollieren

Wie lässt sich die richtige Belastung im Training und beim Wettkampf ermitteln? Wie behält man die Kontrolle über Intensität, Geschwindigkeit und Kilometerumfang, um sein Training planmäßig durchzuführen und systematisch zu erfassen? Welche Methoden helfen in Rennen, die Kräfte richtig einzuteilen? Dazu stehen verschiedene Möglichkeiten zur Verfügung:

▸ Körpergefühl und Atmung
▸ Herzfrequenzmessung
▸ Leistungsdiagnostik
▸ Wettkampftest

Körpergefühl und Atmung

Wer nicht wie die afrikanischen Wunderläufer schon in frühester Kindheit regelmäßig auf den Beinen war, dem fehlt meist das richtige Körpergefühl, um eine längere Belastung optimal einzuteilen. Viele Läufer, vor allem

die »Späteinsteiger«, haben das rechte natürliche Maß für »locker« und »anstrengend« nie richtig gelernt. Die wenigsten legten in ihrer Jugend kilometerlange Schulwege zu Fuß zurück. Man vergreift sich entsprechend oft im Trainingstempo und trainiert zu hart oder zu gleichförmig. Höchste Zeit, in den Körper hineinzuhorchen.

Schwätzen statt hetzen

In meinen Kursen habe ich beim ersten Lauftreff nicht selten heftig schnaufende Läufer begleitet, die mir erzählten, dass das von ihnen vorgelegte Tempo für sie »locker« sei und dass sie immer so laufen würden. Gemeint haben sie vielleicht, dass sie sich noch mehr quälen könnten. Die anaerobe Schwelle ist natürlich auch da weit überschritten, wo stilistisch locker-flottes Laufen in verkrampftes »Prügeln« mit überschlagender hastiger Atmung und rotem Kopf übergeht. Was »locker« beim normalen Dauerlauf wirklich heißt, müssen viele scheinbar erst neu lernen. Es gibt aber einige ganz einfache Merksätze, die sich an Körpersignalen orientieren und davor bewahren sollen, im Training zu übertreiben:

▸ Laufen ohne Schnaufen
▸ Reden ist Gold, Schweigen ist Silber
▸ Schwätzen statt hetzen
▸ Lächeln statt hecheln

Diese Regeln beziehen sich auf das Körpersignal Atmung und Unterhaltung. Immer dann, wenn Sie außer Atem sind, ein Gespräch nur mühsam möglich, ist das Tempo für einen normalen Dauerlauf zu intensiv. Sie befinden sich im roten Bereich, wo die immer heftiger arbeitende Muskulatur nicht mehr genügend Sauerstoff nachgeliefert bekommt. Es ist keine Luft für eine Unterhaltung mehr übrig.

Der Engadiner Sommerlauf ist ein herrlicher Landschaftslauf bei St. Moritz.

Nicht unterfordern

Die zur Trainingssteuerung über die Atmungsintensität genannten Merksätze geben einen Hinweis auf die obere Grenze eines Gesundheitstrainings, denn zu schnelles Laufen ist der häufigste Fehler. Natürlich kann man auch zu niedrig trainieren. Denn Sie könnten sich bei einem Spaziergang ohne zu schnaufen prima unterhalten und lächeln. Das wäre für geübte Läufer wohl zu wenig. Ein Weg, um die richtige mittlere Belastung zu finden, besteht darin, Ihr Tempo langsam so zu steigern, bis die Atmung deutlich spürbar ist und die Sätze bei einer Unterhaltung immer kürzer werden. Sie befinden sich nun im Bereich der anaeroben Schwelle. Die richtige Belastung wäre dann, ein wenig langsamer zu laufen.

Atemrhythmus

Zur Atemtechnik gibt es die abenteuerlichsten Empfehlungen. Richtiges Atmen lernen Sie, wenn Sie der Natur freien Lauf lassen und nicht zu viel darüber nachdenken! Oft ergibt sich zwischen Atmung und Laufschritt ein Rhythmus, nach dem man sein Tempo steuern kann. Gut ist es, wenn Sie auf jeden vierten Schritt ein- bzw. ausatmen. Dann sind Sie im grünen, aeroben Bereich, gut für einen lockeren Dauerlauf. Wenn Sie schneller laufen und mehr Sauerstoff benötigen, werden Sie vielleicht auf jeden dritten Schritt ein- und ausatmen. Jetzt läuft man im Bereich der anaeroben Schwelle. Bergan sollten Sie höchstens im Dreierrhythmus laufen. Wenn Sie auf jeden zweiten Schritt oder hastiger atmen müssen, sind Sie bereits im leicht bzw. tiefroten Bereich. Das kommt beim harten Intervalltraining oder im Fünf- bzw. Zehn-Kilometer-Wettkampf in der Endphase und beim Spurt vor. Die Trainingssteuerung nach Vierer-, Dreier- oder Zweierschrittrhythmus ist in der Ebene oder bei konstanter Steigung recht gut anwendbar. Aber sobald Sie im hügeligen Gelände laufen, wird sich der Takt mit dem Geländeprofil laufend ändern.

Herzfrequenzmessung

Das Herz schlägt als Pumpe für die Blut- und Sauerstoffverteilung im Körper mit ansteigender Belastung immer schneller und ist daher als Indikator zur Intensitätssteuerung gut geeignet. Herz und Kreislauf passen sich im Lauf eines Ausdauertrainings an und spiegeln durch die bei gleichem Tempo veränderten Herzfrequenzen Trainingsfortschritte, aber auch einen Rückgang der Fitness wider. Die Herzfrequenzmessung kann dazu beitragen, das Körpergefühl wiederzuerlangen.

Manuelle Herzfrequenzmessung

Wenn Sie im Training oder nach einem Wettkampf stehen bleiben und sofort die Hand aufs Herz legen oder die Pulsadern am Handgelenk ertasten und für zehn Sekunden konzentriert die bereits langsamer werdenden Schläge zählen und mit Sechs multiplizieren, kommen Sie auf die Zahl der Schläge pro Minute. Die manuell gemessene Puls- bzw. Herzfrequenz ist zwar etwas zu niedrig; die Methode ist aber praktikabel, um die Größenordnung der Belastung einzustufen. Wenn Sie immer dasselbe Verfahren verwenden, ist es auch zum Vergleichen von Trainingsläufen und Ihren individuellen Fortschritten geeignet. Nachteil: Man muss den Lauf kurz unterbrechen und kann daher nur Stichproben vornehmen.

Herzfrequenzmessung mit Uhr

Genauer und bequemer funktioniert die Kontrolle der Herzfrequenz mit Herzfrequenzcomputern mit Brustgurt, die nach EKG-Methode arbeiten. Der Brustgurt registriert die elektrischen Impulse, die Ihr Herz zum Kontrahieren bringen, und funkt sie auf den Empfänger am Handgelenk. Die kontinuierliche Pulsanzeige ermöglicht es, das Training innerhalb bestimmter Grenzen zu gestalten und daher die Belastung genau zu dosieren. Voraussetzung einer sinnvollen Trainingssteuerung nach Herzfrequenzen sind natürlich individualisierte Vorgaben für die einzelnen Bereiche, ein einwandfrei funktionierendes Gerät und der richtige Umgang mit dem Messcomputer.

Ruhepuls und seine Bedeutung

Die Messung des Ruhepulses kann Aufschluss über Gesundheits- und Trainingszustand geben. Man misst morgens im Bett vor dem Aufstehen. Zählen Sie für eine Minute die Herzschläge. Die Normalwerte von Untrainierten liegen zwischen 60 und 80. Gut trainierte Ausdauersportler zählen 50 bis 40 und darunter. Ein plötzlich erhöhter Ruhepuls kann auf harte Belastungen am Vortag, eine aufkommende Erkrankung, zu wenig Schlaf und zu viel Alkohol am Vorabend hinweisen. Ein anhaltend erhöhter oder langsam ansteigender Ruhepuls deutet auf chronisches Übertraining oder eine sich wieder verschlechternde Anpassung im Herz-Kreislauf-Bereich hin. Ist der Puls morgens um zehn Schläge erhöht und finden Sie zunächst keine Erklärung dafür, sollten Sie an diesem Tag besonders beim intensiven Training vorsichtiger laufen. Vielleicht ist es das erste Anzeichen einer Grippe. Meist merkt man einen Infekt auch an einem erhöhten Belastungspuls beim Training.

Info

Fehlerquellen bei der Herzfrequenzmessung

Bei der Verwendung von Herzfrequenzmessern kommt es immer wieder zu Verunsicherungen. Sollte Ihr Puls, wenn Sie allein im Flachen laufen, ständig z. B. 10 bis 15 Schläge hin- und herspringen, sind vielleicht die Batterien zu schwach. Oder der Pulssensor sitzt zu locker am Handgelenk. Der Gurt muss auf der bloßen Haut mittig direkt unter der Brust getragen werden. Wer eine Trichterbrust hat, kann den Sender auch auf dem Rücken tragen. Die zur Innenseite gerichteten Elektroden kann man etwas anfeuchten, um die Anzeige der Herzfrequenz zu beschleunigen. Weitere Ursachen für unrealistische Werte sind störende elektrische Felder in der näheren Umgebung. Das können Viehzäune, Bahnoberleitungen, Starkstromkabel oder Mitläufer sein, die ebenfalls einen Herzfrequenzmesser tragen. Wenn Sie sich nicht sicher sind, laufen Sie für 20 Sekunden in drei Metern Abstand zu Ihrem Partner – dann sollte jeder seinen eigenen Puls ablesen können. Leistungsfähigere Herzfrequenzmesser senden übrigens mit einer individuellen Kodierung und sind weniger störanfällig. Das ist natürlich besonders im Wettkampf für eine pulskontrollierte Steuerung sinnvoll. Leider geben viele Herzfrequenzmesser nach dem Training neben Durchschnittspuls auch einen sogenannten Maximalpuls aus. Gemeint ist damit der höchste Puls im Training. Dieser »Höchstpuls« ist mit dem für die Leistungsdiagnostik wichtigen echten Maximalpuls nicht zu verwechseln!

Trainingsfortschritt und Puls

Vergleicht man in regelmäßigen Abständen die Herzfrequenz bei ähnlicher Belastung, kann man Fortschritte sehr gut im Trainingstagebuch dokumentieren. Versuchen Sie dazu, auf einer flachen Standardstrecke, die Sie öfter laufen, möglichst gleichmäßig ohne Zwischenspurts zu laufen. So können Sie einen mittleren Herzfrequenzwert im Kopf abschätzen oder mit der Uhr ermitteln. Geeignet wäre dazu der Tempodauerlauf. Die Wetterverhältnisse sollten vergleichbar sein. Bei Hitze geht der Puls natürlich bei gleichem Tempo weiter nach oben. Auf Ihrer Standardrunde werden Sie feststellen, dass Sie bei Formverbesserung diese Strecke bei gleichem Puls im Verlauf von Monaten immer schneller laufen können bzw.

dass Sie bei gleicher Laufzeit einen immer niedrigeren Puls haben. Das gilt natürlich bei Formrückgang auch umgekehrt.

Erholungspuls

Nach einer standardisierten Belastung sollten Fortgeschrittene auch die Erholungswerte der Herzfrequenz in Minutenabständen protokollieren. Man notiert sich den Belastungspuls am Ende und die Werte nach einer, zwei oder ausführlicher zusätzlich nach drei und fünf Minuten. Manche Herzfrequenzmessgeräte haben eine Automatik, bei der man diese Werte nach dem Training abrufen kann. Je schneller die Herzfrequenz eine Minute nach der Belastung runtergeht, desto besser ist Ihre Form. Achten Sie auch hier wieder

Info

Pulsformeln sind zu ungenau

In der Fitnessliteratur finden Sie oft Formeln zum Bestimmen der Trainingszonen. Einen ersten Hinweis, wo Ihre Herzfrequenz beim normalen Dauerlauf liegen könnte, gibt die simple Formel: Trainingspuls ist gleich 180 minus Lebensalter plus/minus zehn Schläge. Ein 40-Jähriger sollte also seinen Dauerlauf zwischen 130 und 150 Schlägen pro Minute durchführen. Ebenso können Sie Ihren Maximalpuls nach einer weiteren Formel grob abschätzen: 220 minus Ihr Lebensalter ergibt den mutmaßlichen Maximalpuls. Der 40-Jährige hätte also einen Maximalpuls von 180. Diese Formeln entstammen dem Mittelwert größerer untersuchter Kollektive. Sie treffen auch auf einen Großteil der Läufer zu, aber Sie können nie wissen, ob Sie nicht stark davon abweichen. Viele einfache Herzfrequenzmesser arbeiten beispielsweise stur nach diesen Formeln. Für nicht wenige sind dadurch falsche Trainingszonen gewissermaßen vorprogrammiert. Daher sollten die individuellen Herzfrequenzvorgaben unbedingt über Maximalpulstest oder Laktatmessung nachgeprüft werden. Aus unseren eigenen umfangreichen Untersuchungen an Tausenden von Läufern wissen wir, dass Abweichungen von 20 bis 30 Schlägen nach oben oder unten nicht selten sind.

darauf, Hitzeläufe nicht mit Läufen bei kühlen Außenbedingungen zu vergleichen. Außerdem sollten Sie nach dem Lauf immer das Gleiche tun, z. B. langsam gehen.

Maximalpuls

Der Maximalpuls ist die höchstmögliche Herzfrequenz, die Sie bei voller Belastung überhaupt erreichen können. Er sinkt mit dem Alter durchschnittlich um einen Schlag pro Lebensjahr, bei gut trainierten Läufern etwas langsamer. Seine absolute Höhe ist aber kein Kennzeichen der Leistungsfähigkeit. Der Maximalpuls ist genetisch bedingt und durch Training nicht änderbar. Er ist lediglich die individuelle Bezugsgröße, um hiervon die verschiedenen prozentualen Trainingszonen zu ermitteln, um dann effizient nach Herzfrequenz zu kontrollieren. Medikamente können den Puls aber beeinflussen. Beta-Blocker senken die Herzfrequenzen medikamentös bedingt oft um 10 bis 30 Schläge nach unten.

Den Maximalpuls ermitteln

Über die Bestimmung des Maximalpulses sind die abzuleitenden Trainingsvorgaben genauer. Wenn Sie vorhaben, ihn zu ermitteln, ist es zunächst natürlich wichtig, dass Sie gesund sind, denn dieser harte Test birgt orthopädische und im Extremfall auch kardiovaskuläre Risiken. Sie sollten verletzungsfrei sein und keinen Infekt haben. Bei Übergewicht ist ebenfalls Vorsicht geboten. Auf keinen Fall sollten Sie den Test bei hohem Blutdruck, Herzrhythmusstörungen oder gar einem Herzfehler durchführen. Dann gehören Sie ohnehin in die Praxis eines Sportmediziners. Laufeinsteiger werden auch zu Beginn Schwierigkeiten haben, ihre maximale Leistungsgrenze willentlich zu erreichen. Erfahrene Wettkampfläufer dagegen können den Test leichter ausführen. Wenn Sie also kerngesund sind, können Sie mit einem Herzfrequenzmesser eines der im Folgenden vorgestellten einfachen Verfahren selbst durchführen. Bei allen Methoden sollten Sie vorher einige Tage nur locker trainiert haben und sich vor dem Test zehn Minuten sorgfältig warm- und hinterher auslaufen.

▸ Als Beschleunigungslauf: Sie steigern aus dem Warmlaufen das Tempo für fünf Minuten zu einem Tempolauf, bis Sie stark außer Atem sind. Dann beschleunigen Sie aus diesem anstrengenden Tempo für eine Minute nochmals bis zum Spurten voll durch, sodass Sie das Gefühl haben, dass nicht mehr drin ist. Nun sollten Sie nahe am Maximalpuls sein.

▸ Als Berglauf: Sie laufen sich bergan oder auf dem Laufband mit 10 % Steigung zunächst ein und steigern dann für fünf Minuten, bis Sie bereits außer Atem sind. Dann versuchen Sie nochmals, eine Minute so schnell wie möglich zu laufen oder stellen die Steigung deutlich höher.

▸ Beim Intervalltraining: Sie integrieren den Test in Ihr Intervalltraining, z. B. indem Sie 3-mal schnell 1000 Meter laufen. Beim letzten Lauf versuchen Sie, die letzten 400 Meter

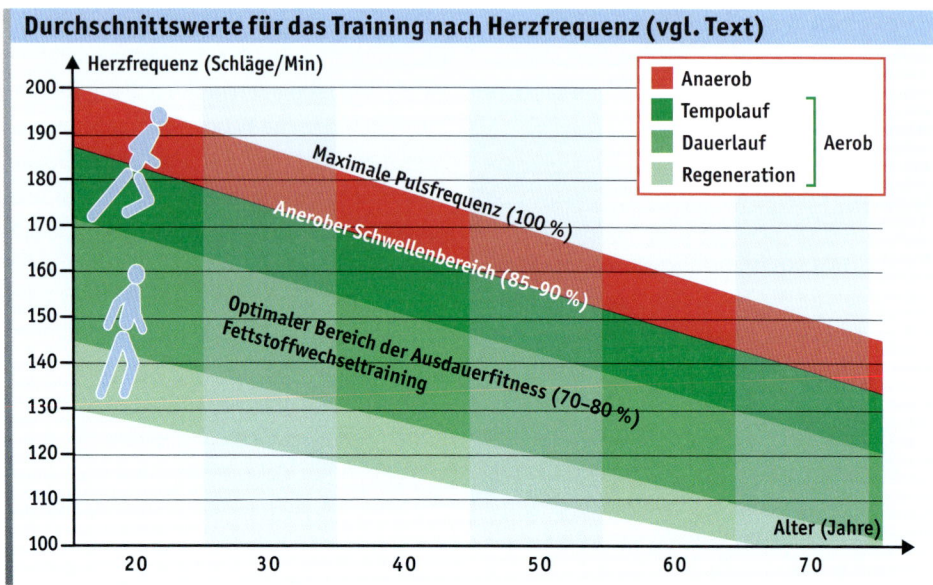

Durchschnittswerte für das Training nach Herzfrequenz (vgl. Text)

wie im Endspurt bei einem Rennen nochmals so schnell wie möglich zu laufen.

▶ Beim Wettkampf: Bei einem auf volle Leistung gelaufenen kurzen Rennen über fünf oder zehn Kilometer messen Sie den Puls einfach im Ziel, nachdem Sie hoch motiviert die letzten paar hundert Meter nochmals voll gespurtet haben. Beim Halbmarathon oder Marathon, wo Sie im grünen Bereich bleiben, wäre es nicht sinnvoll, den Maximalpuls auszutesten.

Individuelle Zonen berechnen

Wenn Sie Ihren Maximalpuls kennen und diesen Wert als 100 % setzen, können Sie nun die Herzfrequenzbereiche für verschiedene Arten des Trainings oder für längere Wettkämpfe einfach errechnen: Die anaerobe Schwelle liegt bei fortgeschrittenen Läufern um 90 %, bei Einsteigern eher bei 85 bis 87 % der maximalen Herzfrequenz. Einen flotten Tempodauerlauf sollte man zwischen 80 bis 85 % absolvieren. Die maximale Belastung bei einem längeren Berglauf sowie das maximal mögliche Tempo für Fortgeschrittene beim Halbmarathon liegt knapp unterhalb der anaeroben Schwelle, also bei 87 bis 90 %. Der normale, ruhige Dauerlauf, in dem die meisten Trainingskilometer zurückgelegt werden sollten, liegt zwischen 70 und 80 %. Regeneratives Laufen, Warmlaufen, Trabpausen beim Intervalltraining finden unter 70 % der maximalen Herzfrequenz statt.

Oberhalb der anaeroben Schwelle ist es nicht einfach, nach Puls zu steuern. Die Herzfrequenzkurve flacht im roten Bereich mehr oder weniger ab, wodurch eine Zuordnung von Bereichen sehr ungenau wird. Außerdem steigt beim Kurzintervalltraining oder bei einem Fünf- bzw. Zehn-Kilometer-Rennen die Herzfrequenz über Minuten allmählich in diesen hohen Bereich an, sodass man keine sofortige Kontrolle hat.

Bei kürzeren schnellen Rennen und im Intervalltraining ist eine Steuerung über Zwischenzeiten daher genauer.

Leistungsdiagnostik

Der Nachteil bei der Bestimmung des Maximalpulses ist, dass man sich am Ende richtig quälen muss. Das ist Einsteigern im Gegensatz zu Wettkampfläufern kaum zumutbar und vielleicht sogar riskant. Aber um die Trainingszonen zu ermitteln, muss man nicht unbedingt den Maximalpuls herausfinden. Es reicht eigentlich zu wissen, wo die anaerobe Schwelle liegt.

90 % und mehr des Trainings eines Wettkampfläufers werden langsamer, also im grünen Bereich gelaufen. Man kann diesen Grenzpuls oder auch die zugehörige Laufgeschwindigkeit mit drei unterschiedlichen Verfahren ermitteln:

▸ Conconi-Test
▸ Stundenlaufmethode
▸ Laktatmessung

Conconi-Test

Der italienische Sportwissenschaftler Francesco Conconi entwickelte 1982 einen Test zur Ermittlung der Trainingsbereiche aus dem Phänomen, dass die Kurve der Herzfrequenz bei zunehmender Laufgeschwindigkeit zunächst linear ansteigt, dann aber meist an einem sogenannten Deflektionspunkt abknickt und bei weiterer Steigerung der Geschwindigkeit zunehmend flacher wird. Das Testverfahren wird im Stadion oder auf einem Laufband durchgeführt, wobei das Tempo in konstant zu

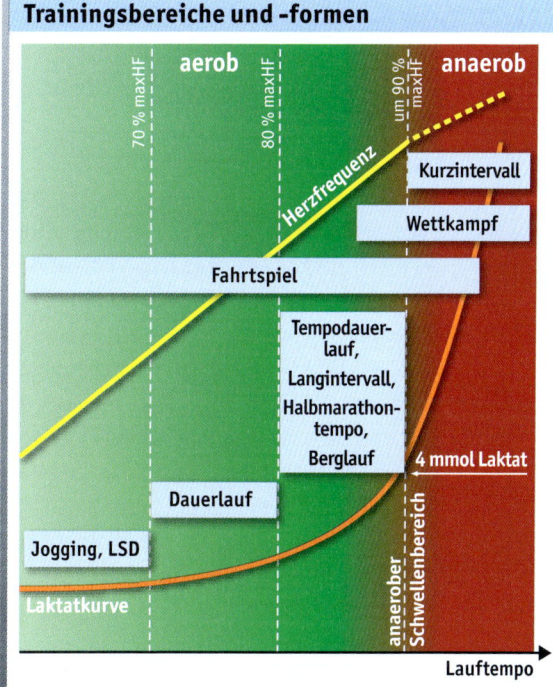

Trainingsbereiche und -formen

aerob | anaerob

70 % maxHF
80 % maxHF
um 90 % maxHF

Herzfrequenz

Kurzintervall

Wettkampf

Fahrtspiel

Tempodauer-lauf,
Langintervall,
Halbmarathon-tempo,
Berglauf

4 mmol Laktat

Dauerlauf

Jogging, LSD

Laktatkurve

anaerober Schwellenbereich

Lauftempo

laufenden Stufen z. B. alle 200 Meter erhöht wird. Man belastet bis zur Erschöpfung und trägt danach die zur jeweiligen Belastungsstufe gehörigen Herzfrequenzwerte gegen die Geschwindigkeit grafisch auf. Die Herzfrequenz des Abknickpunkts setzt Conconi mit 100 % gleich. Die daraus resultierenden Trainingsbereiche nach Puls oder Geschwindigkeit werden in Prozent dieser »Conconi-Schwelle« angegeben. Sie stimmt etwa mit der anaeroben Schwelle (um vier Millimol Laktat) überein. Der Vorteil des Verfahrens im Gegensatz zur Laktatbestimmung: Man muss kein Blut abnehmen. Schwierigkeiten bereitet mitunter, dass der Abknickpunkt nicht bei allen Menschen deutlich ausgeprägt ist.

Stundenlaufmethode

Bevor man Laktatschwellen kannte, sprach man von der »Dauerleistungsgrenze« oder einem »maximalen Steady State«, einer Stoffwechselsituation, bei der sich Sauerstoffaufnahme und -verbrauch die Waage halten. Früher waren sogenannte Stundenläufe im Stadion weitverbreitet – ideal zur Bestimmung der Dauerleistungsgrenze. Man versucht dabei, innerhalb einer Stunde so weit wie möglich zu kommen. Wenn ein leistungsstarker Läufer z. B. 17,6 Kilometer in einer Stunde zurücklegen kann, dann ist 17,6 Kilometer pro Stunde die Geschwindigkeit an der Dauerleistungsgrenze. Sie stimmt zumindest bei gut trainierten Läufern ungefähr mit der anaeroben Schwelle bei vier Millimol Laktat überein.

D. h. also, dass man auf der Geschwindigkeit der Vier-Millimol-Schwelle etwa eine Stunde laufen kann.

Laktatmessung auf dem Laufband

Die anaerobe Schwelle lässt sich auch in einem sportmedizinischen Institut, bei einem versierten Trainer oder in guten Laufseminaren über eine Laktatmessung ermitteln. Dort können Sie einen Stufentest auf dem Laufband durchführen. Dazu wird dessen Geschwindigkeit stufenförmig, z. B. alle drei Minuten, gesteigert. Man beginnt mit einem sehr langsamen Tempo im aeroben Bereich, steigert die Geschwindigkeit über mehrere Stufen und bricht den Test bei hoher anaerober Belastung, die über der Geschwindigkeit des Zehn-Kilometer-Wettkampftempos liegen sollte, ab. Die in kurzen Pausen dazwischen durch Blutabnahme ermittelten Laktatwerte, Laufgeschwindigkeit und Herzfrequenz werden notiert und ausgewertet. So kann man z. B. den zur anaeroben Schwelle bei vier Millimol pro Liter Laktat gehörigen Pulswert ermitteln. Die Laktatmessung auf dem Laufband hat Vorteile, da man dabei gleichmäßige und reproduzierbarere Bedingungen schaffen kann. Man ist unabhängig vom Wetter und vom Untergrund, kann das Tempo der einzelnen Stufen mit dem Laufband genauer einhalten und gleichzeitig ein Belastungs-EKG und andere medizinische Untersuchungen durchführen. Der Nachteil, besonders für Einsteiger, ist das ungewohnte Laufen auf dem Band.

Laktatmessung als Feldtest

Eine Laktatmessung lässt sich auch als Feldtest im Stadion oder auf einer Straße durchführen. Der Vorteil ist, dass die Bedingungen und die Laufökonomie realistischer sind und der Untergrund sehr wettkampf- oder trainingsnah gehalten werden kann. Allerdings muss der Läufer recht gleichmäßig nach Tempo oder Pulsfrequenz laufen – und das Wetter muss mitspielen. Man kann entweder die Belastung eines beispielsweise 20-minütigen Testlaufs mit einer konstanten Puls- oder Tempovorgabe mittels Laktatmessung überprüfen oder alternativ einen Stufentest durchführen. Die erste Stufe kann hierbei im Regenerationstempo, die zweite als normaler Dauerlauf, die dritte im vermuteten Schwellenbereich und die vierte in der momentan möglichen Zehn-Kilometer-Wettkampfgeschwindigkeit durchgeführt werden. Jede Stufe dauert fünf Minuten; in einer kurzen Pause wird jeweils zur Laktatmessung Blut abgenommen.

Herzfrequenz mit Laktat abgleichen

Eine Laktatkontrolle ist nicht nur für Profis sinnvoll. Sie kann gerade Laufeinsteiger vor Überforderung schützen. Die Laktatkonzentration an der anaeroben Schwelle (AS) wurde früher mit vier Millimol pro Liter Blut festgelegt. Viele Institute schaffen heute eigene Standards, was für die Praxis oft verwirrend sein kann. Die nach unterschiedlichen Verfahren ermittelte »Individuelle Anaerobe Schwelle« (IAS) liegt etwas niedriger und entspricht eher dem maximal möglichen Marathontempo. Während die Herzfrequenz mit der Laufgeschwindigkeit bis zur anaeroben Schwelle linear ansteigt, zeigt die Laktatleistungskurve einen exponentiellen Verlauf. Erst ab der Geschwindigkeit um die anaerobe Schwelle treten schlagartig höhere Milchsäurewerte im Blut auf.

Für die Praxis bedeutet der unterschiedliche Kurvenverlauf, dass man im aeroben Bereich

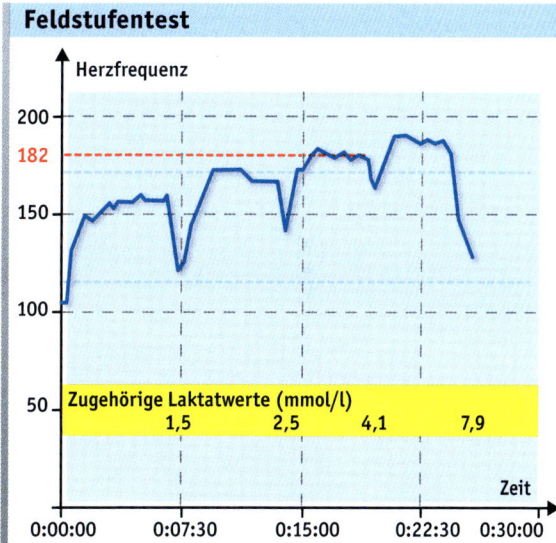

Beim Stufentest wird allmählich das Tempo gesteigert und dabei die Herzfrequenz und in einer kurzen Pause der zugehörige Laktatwert ermittelt. Im Beispiel liegt die anaerobe Schwelle (vier Millimol Laktat) bei Puls 182.

sehr gut nach Herzfrequenz, im Schwellenbereich und darüber oder im Krafttraining genauer nach Laktatmessung dosieren kann. Am einfachsten ist es, die Herzfrequenz an der anaeroben Schwelle über einen Laktattest ermitteln zu lassen und danach mit der Pulsmessung das Training weiter zu kontrollieren.

Fehlerfreie Laktatmessung

Leistungsdiagnostik mit Laktatmessung sollte für fortgeschrittene Läufer immer sportartspezifisch, also beim Laufen und nicht auf

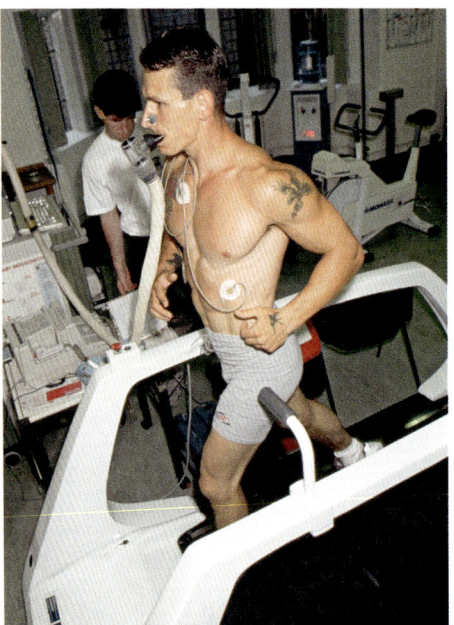

Eine gelegentliche Laufbandergometrie ist zur Erfassung von Leistungs- und Gesundheitsdaten sinnvoll.

einem Fahrradergometer, durchgeführt werden. Essen Sie vor einem Laktattest einige Tage kohlenhydratreicher, trainieren Sie weniger und ruhen Sie sich aus. Für ein sinnvolles Ergebnis muss nämlich gewährleistet sein, dass die Glykogenspeicher, aus denen das Laktat gebildet wird, mindestens halb voll sind. Eine Messung ist bei geleerten Speichern wenig sinnvoll, weil dann trotz hoher Belastung nur wenig Laktat entstehen kann. Die niedrigen Laktatwerte gaukeln so eine gute Form nur vor, sind aber nur infolge von Glykogenverarmung entstanden.

Zehn-Kilometer-Wettkampftest nach Steffny

Es gab schon vor der Laktat- und Herzfrequenzmessung über Wettkampftests erfolgreiche Methoden zur exakten Trainingssteuerung. Und – traurig, aber wahr – damals liefen die deutschen Spitzenathleten im Durchschnitt schneller als heute.

Einfacher, praxisnaher Test

Herzfrequenzsteuerung und Leistungsdiagnostik mit Laktatmessung geben gute Hinweise auf die individuellen Trainingsbereiche, aber die Stunde der Wahrheit für Laufprofis ist und bleibt der Wettkampftest. Hier werden nicht auf dem Laufband, sondern unter realistischen Bedingungen Physis und Psyche auf eine harte und praxisnahe Probe gestellt.

Den Stundenlauf haben Sie als Wettkampftest schon kennengelernt, er ist heutzutage allerdings so gut wie ausgestorben. Zehn-Kilometer-Wettkämpfe sind dagegen Standard.

Aus dem Ergebnis eines mit maximalem Einsatz gelaufenen und exakt vermessenen flachen Zehn-Kilometer-Rennens können Sie ganz einfach Hinweise für zeitgesteuertes Training erhalten. Die Angaben wären für jemanden, der das Rennen nur locker schwätzend mitjoggt, zu langsam. Die aus der Zehn-Kilometer-Zeit abgeleiteten Geschwindigkeiten in Minuten und Sekunden in der folgenden Tabelle beruhen auf meiner lang-

Info

10-km-Wettkampftest nach Steffny (Renn- bzw. Trainingstempo in Min. : Sek./km)

10-km-Lauf	Regenerationslauf	Normaler Dauerlauf	Tempodauerlauf	Halbmarathontempo	Anaerobe Schwelle	1000-m-Intervalle	400-m-Intervalle	200-m-Intervalle
26:17	04:23	03:53	03:08	02:45	02:42	02:38	01:00	00:26
27:00	04:27	03:57	03:12	02:50	02:47	02:42	01:01	00:27
28:00	04:33	04:03	03:18	02:56	02:53	02:48	01:03	00:28
29:00	04:39	04:09	03:24	03:02	02:59	02:54	01:06	00:29
30:00	04:45	04:15	03:30	03:09	03:05	03:00	01:08	00:30
32:00	04:57	04:27	03:42	03:21	03:18	03:12	01:13	00:32
34:00	05:09	04:39	03:54	03:34	03:30	03:24	01:17	00:34
36:00	05:21	04:51	04:06	03:46	03:42	03:36	01:22	00:36
38:00	05:33	05:03	04:18	03:59	03:55	03:48	01:26	00:38
40:00	05:45	05:15	04:30	04:11	04:07	04:00	01:31	00:40
42:00	05:57	05:27	04:42	04:24	04:20	04:12	01:35	00:42
44:00	06:09	05:39	04:54	04:37	04:32	04:24	01:40	00:44
46:00	06:21	05:51	05:06	04:49	04:44	04:36	01:44	00:46
48:00	06:33	06:03	05:18	05:02	04:57	04:48	01:49	00:48
50:00	06:45	06:15	05:30	05:14	05:09	05:00	01:53	00:50
52:00	06:57	06:27	05:42	05:27	05:21	05:12	01:58	00:52
54:00	07:09	06:39	05:54	05:39	05:34	05:24	02:02	00:54
56:00	07:21	06:51	06:06	05:52	05:46	05:36	02:07	00:56
58:00	07:33	07:03	06:18	06:05	05:58	05:48	02:12	00:58
1:00:00	07:45	07:15	06:30	06:17	06:11	06:00	02:16	01:00
1:02:00	07:57	07:27	06:42	06:30	06:23	06:12	02:21	01:02
1:04:00	08:09	07:39	06:54	06:42	06:36	06:24	02:25	01:04
1:06:00	08:21	07:51	07:06	06:55	06:48	06:36	02:30	01:06
1:08:00	08:33	08:03	07:18	07:07	07:00	06:48	02:34	01:08
1:10:00	08:45	08:15	07:30	07:20	07:13	07:00	02:39	01:10

Training nach dem KISS-Prinzip

»Die Deutschen messen Laktat wie die Weltmeister, und die Welt läuft ihnen davon«, sagte mir in Kenia der damalige Nationalcoach Mike Kosgei. Da ist viel Wahres dran. »Während unsere Athleten am Computer die Daten ihrer Hightechgeräte auswerten, ist ein Kenianer schon wieder eine Runde gelaufen«, möchte ich hinzufügen. Training nach dem KISS-Prinzip! Keep it simple and smart! Kenianer und Äthiopier trainieren mit viel weniger technischen Hilfsmitteln, haben uns aber sehr viel Körpergefühl voraus. Was ist die Konsequenz? Der Einsteiger kontrolliert daher am besten zunächst nach Puls. Den Fortgeschrittenen zeichnet aus, dass er gelernt hat, sein Training mit verschiedenen Methoden zu steuern: Puls- und Laktatmessung, Trainingsresultate und Wettkämpfe. Der wirkliche Meister beherrscht das aber alles schon, er hört auf sein Körpergefühl! Dann wird Laufen wieder einfacher. Zusammen mit einer gelegentlichen Überprüfung der Laktatwerte kann die Herzfrequenzmessung auch dazu beitragen, das verlorene Körpergefühl wiederzuerlangen. Letztlich ist vermehrt intuitiv nach innen zu horchen sogar ein wichtiges Trainingsziel. Das Knie kann auch trotz niedriger Pulsfrequenz und geringem Laktatwert schmerzen. Keine leistungsdiagnostische Methode kann uns die Verletzungsgrenze, gewissermaßen die »orthopädische Schwelle« ermitteln. Hier nutzen uns die Hightechhilfsmittel nur wenig. Wer nach innen horchen kann, hört den Körper sagen: »Mach eine Erholungspause!«

jährigen Erfahrung als Trainer von Freizeit- und Eliteläufern, aber auch auf Gesprächen und Interviews mit Weltklasseathleten.

Nach Puls oder Tempo trainieren?

Die Antwort für Fortgeschrittene: beides! Mal ist die eine Methode besser, mal die andere. Der gesunde Menschenverstand sagt einem bereits, dass im Winter auf Schnee oder im Sommer bei Hitze das Tempo bei gleichem Puls langsamer sein wird als bei idealen 10 bis 15 °C auf einer flachen Asphaltstrecke. Auch bergan, beim Höhentraining oder bei einer leichten Erkältung schützt die Pulskontrolle vor Überforderung. Ebenso leistet ein Herzfrequenzmesser bei aerob gelaufenen Langintervallen und beim Halbmarathon-Wettkampf gute Dienste. Meine Empfehlung ist daher: Setzen Sie den Herzfrequenzmesser zur Kontrolle der Trainingsbelastung immer dann ein, wenn die Bedingungen schwer einzuschätzen sind. Dagegen kann man bei kühlem Wetter auf flachen Strecken oder besonders im anaeroben Bereich beim Kurzintervalltraining oder in einem Fünf- bzw. Zehn-Kilometer-Wettkampf besser nach Tempo steuern. Im Zweifelsfall benutzen Sie einfach beides.
Könner entwickeln im Lauf der Trainingsjahre genügend Körpergefühl, dass sie nicht jede lockere Einheit kontrollieren müssen. Bei intensiveren Trainingseinheiten oder schwer berechenbaren Wettkämpfen, z. B. mit Höhenprofil oder bei Wärme, sollte auch der Profi zu Herzfrequenzmesser und Stoppuhr greifen.

Strecken und Tempo normieren

Für die systematische Trainingsplanung und -durchführung kommt ein fortgeschrittener Läufer um eine möglichst objektive Datenerfassung nicht herum. Sie haben die Herzfrequenzmessung als eine Methode kennengelernt. Ein Wettkampfläufer sollte aber mehrgleisig kontrollieren. Er wird die Distanzen seiner Trainingsstrecken genau vermessen und so gezielt außer nach Puls auch nach Geschwindigkeit und Zwischenzeiten laufen können.

Laufstrecken vermessen

Für Tempodauerläufe, Lang- oder Kurzintervalle brauchen Sie genau vermessene flache Strecken, z. B. eine Zehn-Kilometer-Runde. Ein bestimmtes Tempo für eine Bestzeit im Rennen übt man sinnvollerweise vorher beim Intervalltraining. 1000 Meter z. B. sind im Stadion auf einer 400-Meter-Bahn zweieinhalb Runden. Man kann auch auf einem Radfahrweg entlang den Kilometersteinen einer Landstraße seine Teilabschnitte laufen. Genauer ist es, sich mit einem geeichten Radcomputer verschiedene Streckenlängen für Kurzintervalle oder längere Tempoläufe auszumessen und zu markieren. Natürlich können Sie so auch die Längen Ihrer sonstigen Runden überprüfen.

Mit den modernen GPS-Uhren neuerer Bauart z. B. von Garmin oder Polar lassen sich auch auf Reisen zumindest im offenen Gelände

Distanz und Geschwindigkeit überprüfen. Legen Sie sich zu Hause aber am besten eine exakt vermessene Standardstrecke für Tempoeinheiten zu, auf der Sie immer Ihre Tempoläufe absolvieren. Ihre Form kann sich ändern – die Strecke ist immer dieselbe.

Das Trainingstempo schätzen

Wenn Sie unterwegs an Ihren Markierungen vorbeilaufen, können Sie einen Teilkilometer abstoppen und neben Ihrem Puls auch Ihr Trainingstempo überprüfen. Läufer rechnen in Minuten pro Kilometer, sprechen also etwa von einem »Viererschnitt« oder »Sechserschnitt«. Gemeint ist damit, dass man vier bzw. sechs Minuten pro Kilometer benötigt hat. Auf diese Art sind auch die Geschwindigkeiten in den folgenden Trainingsplänen angegeben. Das Tempo sollten Sie auch in Ihr Trainingstagebuch eintragen.

Die wissenschaftlichen Geschwindigkeitsangaben in Metern pro Sekunde oder Kilometern pro Stunde haben sich in der Läufersprache nicht durchgesetzt. Bisweilen sollte man sein Tempo- und Körpergefühl testen, indem man die Zeit eines ausgemessenen Kilometers und den zugehörigen Trainingspuls schätzt und danach erst auf die Uhr schaut und vergleicht. Wie weit ist man bei der Schätzung abgewichen? Es ist ein wichtiges Trainingsziel, vor allem für Wettkämpfe, die geplanten Geschwindigkeiten im Rennen gleich nach dem Startschuss nach Gefühl möglichst exakt treffen zu können.

Methoden des Lauftrainings

▶ **Variantenreicher Dauerlauf**

▶ **Wechselmethoden – mal Intervalle, mal verspielt**

▶ **Berg- und Hügelläufe**

▶ **Wettkampfmethode**

▶ **Crosstraining – von Aquajogging bis Spielsport**

Die Mischung macht's

Dem Erfolg entgegenlaufen

Das Geheimnis des Erfolgs liegt in der richtigen Quantität und Qualität des Trainings. Je nach Ziel, Leistungsklasse, Erfahrung und Gelände stehen unterschiedliche, sich teils überlappende Trainingsformen zur Verfügung.

Dauerlaufmethoden

Die im Tempo weitgehend kontinuierlichen Methoden sind die Hauptelemente im Ausdauertraining. Sie werden meist im flachen Gelände durchgeführt. Je nach Geschwindigkeit lassen sich folgende Unterformen unterscheiden:

▸ Regenerationslauf und LSD
▸ Normaler Dauerlauf
▸ Langer Dauerlauf
▸ Tempodauerlauf

Regenerationslauf und LSD

Der Regenerationslauf unterhalb 70% des Maximalpulses ist die langsamste Trainingsform beim Laufen. Dieser sanfte Trainingsbereich wird auch etwas hölzern-technokratisch Rekom – von Regeneration und Kompensation – genannt. Tippeln, joggen, langsam laufen fällt vielen Menschen aber offenbar schwer. Sie glauben nicht an einen Trainingseffekt und hetzen durch die Gegend. Ganz zu Unrecht, denn diese leichteste Form des Lauftrainings ist ideal zum Ein- und Auslaufen, als Erholungslauf am Tag nach hartem Training oder Wettkämpfen, aber auch vor Rennen und harten Tempoläufen oder bei Trabpausen zwischen Intervalleinheiten. Die niedrige Belastung ermöglicht eine Luxusdurchblutung der Muskulatur ohne Stress. Das fördert die schnellere Erholung durch Sauerstoff und Nährstoffe sowie einen Abtransport von Milchsäure und anderen Stoffwechselendprodukten. Beim ganz ruhigen Joggen wird überwiegend Fett verbrannt.

Ein Warmlaufprogramm vor Tempoeinheiten oder Rennen sollte mindestens zehn Minuten dauern, das Auslaufen ebenso. Bei kaltem Wetter müssen Sie sich länger einlaufen. Regenerative Erholungsläufe dauern mindestens 30 Minuten, können in der Form des »Super-Sauerstofflaufs« oder »LSD« (»long slow distance«) aber auch wie ein langer Dauerlauf bis zwei Stunden dauern. Das könnte beispielsweise bei einem fortgeschrittenen Läufer am Tag nach einem harten Training oder einem kurzen Wettkampf vorkommen.

Normaler Dauerlauf

Der normale oder ruhige Dauerlauf bei 70 bis 80 % der maximalen Herzfrequenz fällt eigentlich leicht. Dieser Bereich wird auch als Grundlagenausdauer Bereich 1 mit GA1 abgekürzt. Die Belastung ist im Flachen gut einzuhalten und kann zu Beginn zehn Pulsschläge unter und am Ende zehn Schläge über dem Mittelwert liegen. Im welligen Gelände schwankt der Puls natürlich, man reduziert das Tempo bergan aber ganz bewusst. Dabei sollte man sich über die ganze Dauer noch mühelos unterhalten können. Der ruhige Dauerlauf bildet den Hauptbestandteil eines gesundheits-, fitness- und wettkampforientierten Trainings. Die wichtigen Anpassungen der aeroben Grundlagenausdauer wie periphere Kreislaufverbesserung, Zunahme von Mitochondrien, Myoglobin und Kapillarisierung werden optimal gefördert. Auch Weltklasseläufer sammeln in dieser lockeren Intensität die meisten Kilometer. Die überwiegende Energiequelle ist auch hier der Fettstoffwechsel. Der Dauerlauf kann von wenigstens 30 Minuten bis weit über eine Stunde dauern.

Langer Dauerlauf

Der lange Dauerlauf, zumeist am Wochenende, ist die längere Variante des normalen Dauerlaufs. Im Training auf einen Halbmarathon kann das je nach Leistungsvermögen schon 17 bis 25 Kilometer bedeuten. Dafür wird er angesichts der orthopädischen Belastung mit

Info

Leistungsbooster Warmlaufen

Beim Auto weiß jeder, dass ein kalter Motor nicht effektiv arbeitet oder bei Vollgas sogar Schaden nehmen kann. Und was ist mit den Muskeln? Warmlaufen sollte man sich nicht nur ganz langsam und sorgfältig vor Tempoeinheiten oder Wettkämpfen, sondern auch zu Beginn eines ganz normalen Dauerlaufs. Nur der Kopf weiß, dass Sie gleich loslaufen, die Beine aber noch nicht. Der Sinn des Warmlaufens ist Blutumverteilung von den Eingeweiden in die arbeitende Muskulatur, die Gelenke und Bindegewebsstrukturen zu schmieren und elastischer zu machen. Man wird beweglicher, und die Beine sind besser durchblutet. Bewegung lässt die Stoffwechselreaktionen anlaufen – und natürlich wird man weniger anfällig für Verletzungen. Es geht aber auch rein physikalisch schlichtweg um »Warm«-laufen, denn die Muskelarbeit erzeugt Wärme. Am wirkungsvollsten arbeiten die Muskeln nämlich im leichten Fieber, also bei rund 39 °C. Die Beine sind insbesondere bei kalten Außentemperaturen unterkühlt und ohne Einlaufen bei nur 30 bis 33 °C. Jedes Grad Temperaturerhöhung bis 39 °C steigert den Stoffwechsel aber um 13 %, die Leistung kann sich durch Warmlaufen also nahezu verdoppeln!

rund 70 % der maximalen Herzfrequenz ein wenig langsamer durchgeführt. Noch langsamer wäre der schon erwähnte LSD-Lauf. Man bringt durch die lange Dauer die Energie- und Stoffwechselsysteme an ihre Grenzen. Die

Glykogenspeicher werden entleert und vergrößern sich, der Fettstoffwechsel wird optimiert. Zudem lernt man Geduld und bereitet auch den Bewegungsapparat auf eine später schnellere lange Belastung vor. Dafür ist es gerade für Läufer, die sich zum ersten Mal an einen Halbmarathon herantasten, wichtig, wie im Plan vorgesehen die Dauer nur vorsichtig zu steigern. Für die Vorbereitung eines City-Halbmarathons sollte man zunehmend auch Asphaltabschnitte in die Laufstrecke einbeziehen, je näher der Wettkampf rückt. Ist die Wettkampfstrecke flach, sollte beim langen Dauerlauf auch flach trainiert werden, um den monoton gleichmäßigen Schritt einzuüben. Bei bergigem Verlauf der Rennstrecke simuliert man das Profil im Training. Im fortgeschrittenen Halbmarathontraining könnte der lange Lauf von Ambitionierten auch als Crescendo durchgeführt werden, indem man alle fünf Kilometer stufenweise das Tempo bis fast ins Wettkampftempo steigert.

Tempodauerlauf

Aerobe Tempodauerläufe werden auf einer möglichst flachen Strecke bei 80 bis höchstens 90 % des Maximalpulses, also noch unterhalb der anaeroben Schwelle gelaufen. Diese Zone wird auch Grundlagenausdauer Bereich 2, GA2 genannt. Die Intensität sollte nicht quälerisch, sondern als »locker, flott und unverkrampft« empfunden werden. Vorher sollten Sie sich wenigstens zehn Minuten langsam ein- und hinterher auslaufen. Solche Läufe kommen vermehrt in der speziellen Vorbereitungsphase vor. Bei zuvor gut entwickelter Grundlagenausdauer ist das orthopädische Risiko nun nicht mehr allzu hoch. Die Tempodauerläufe um 85 % der maximalen Herzfrequenz sind je nach Form, Trainingsziel und Leistungsklasse meist zwischen 5 und 15 Kilometer lang. Sie trainieren teilweise den Fett-, aber vermehrt den Kohlenhydratstoffwechsel bei noch moderater Laktatbildung. Ein har-

Info

Trainingsformen im Vergleich

Trainingsform	Energiequelle überwiegend	Puls %mHf	Laktat mmol/l	Anteil am Training in % für			
				Fitness	21,1 km	10 km	5 km
Regenerationslauf, LSD	Aerober Fettstoffwechsel	<70	<1,5	10–20	10–20	10–20	10–20
Normaler und langer Dauerlauf	Aerober Fett- und Kohlenhydratstoffwechsel	70–80	1,5–2,5	50–70	50–60	50–60	45–55
Tempodauerlauf, Langintervalle	Aerober Kohlenhydrat- und Fettstoffwechsel	80–90	2,5–4	20–30	20–30	10–20	10–20
Kurzintervalltraining	Anaerober Kohlenhydratstoffwechsel	>90	>4	0	0–5	5–10	10–15

mHf = maximale Herzfrequenz, > = größer als, < = kleiner als

ter Tempodauerlauf im Bereich der anaeroben Schwelle, ein sogenanntes Schwellentraining um vier Millimol Laktat pro Liter bzw. um 90 % des Maximalpulses ist nicht ohne Risiko, denn leicht wird hier, vor allem beim Training in der Gruppe, pseudowettkampfartig und adrenalingetrieben überzogen. Man trainiert ungewollt im roten und falschen Stoffwechselbereich. Die Erholungszeiten erhöhen sich unnötig, das orthopädische, hormonelle und immunologische Risiko steigt rapide an. 85 % vom Maximalpuls sind für Tempoläufe ohnehin empfehlenswerter.

Wechselmethoden

Im Gegensatz zu eher gleichförmigen Dauerläufen setzen abwechselnde Geschwindigkeiten und unterschiedliches Geländeprofil andersartige Reize und lockern den monotonen Trainingsalltag auf. Sie bilden für Langstreckenläufer eine wichtige Nebenkomponente in der Trainingsplanung. Ihr Anteil am Gesamtumfang erhöht sich allerdings erst, je näher ein wichtiger Wettkampf rückt. Meist werden geplante Wettkampfgeschwindigkeiten gezielt in Teilabschnitten mit aktiven Pausen wiederholt. Für einen Straßenlauf wäre das wettkampfspezifisch auf der Straße sinnvoll, für ein Bahnrennen natürlich im Stadion. Weniger streng gemaßregelt sind spielerische Belastungswechsel nach Lust und Laune im Gelände. Die meisten Wettkämpfe sollen kontinuierlich gelaufen werden; für Crossläufe auf wechselndem Untergrund oder für Eliteläufer in taktisch gelaufenen Meisterschaftsrennen ist eine Gewöhnung an Rhythmuswechsel unabdingbar. Es lassen sich folgende Unterformen unterscheiden:

▸ Langintervalltraining
▸ Kurzintervalltraining
▸ Fahrtspiel
▸ Steigerungsläufe

Langintervalltraining

Die langen Intervallläufe oder Wiederholungsläufe finden wie die Tempodauerläufe noch unterhalb der anaeroben Schwelle statt, sind aber mit 85 bis 90 % vom Maximalpuls etwas flotter. Sie werden typischerweise im Halbmarathontraining genau im realistisch geplanten Wettkampftempo bestritten, beispielsweise 4-mal 2000 Meter oder 3-mal 3000 Meter. Hierbei werden insbesondere der Kohlenhydratstoffwechsel ohne stärkere Akkumulation von Laktat und die maximale Sauerstoffaufnahme wie beim Tempodauerlauf trainiert. Dieses Training der Stoffwechselsituation, der Schrittlänge usw. wie im Rennen startet erst in der letzten Phase vor dem Wettkampf, z. B. im Sechs-Wochen-Plan für einen Halbmarathon. Auch dabei sollten Sie beachten, nicht zu überziehen, und diese sehr wettkampfspezifischen Einheiten auch wie unter Rennbedingungen gestalten. Laufen Sie also bei einem möglichst gleichmäßigen Tempo auf der Straße und in Renndress und -schuhen.

Auf die Plätze, fertig, los! Die schnellen Einheiten für Bahnrennen übt man am besten beim Intervalltraining im Stadion.

Kurzintervalltraining

Kurze Intervallläufe wie 10-mal 400 Meter oder 5-mal 1000 Meter sind eine typische Trainingsform für kürzere Straßen- oder Bahnläufe. Die Belastung steigert sich stufenweise immer weiter in den anaeroben Bereich. Training in dieser Zone wird etwas missverständlich auch Training der wettkampfspezifischen Ausdauer, WSA, genannt. Das Wettkampftempo ist beim aeroben Halbmarathon natürlich langsamer als beim eher anaeroben Fünf-Kilometer-Rennen. Intervalltraining wird oft als Salz in der

Suppe bezeichnet. Dabei wird aber vergessen, dass in der Suppe vor allem Wasser ist. Auch für einen schnellen 5000- oder 10 000-Meter-Lauf ist das Training im Bereich der Grundlagenausdauer entscheidender. Die Kurzintervalle sind sozusagen nur der letzte Schliff. Der Körper gewöhnt sich dabei häppchenweise an das harte Wettkampftempo, das in einzelnen Teilabschnitten mit zwischengeschalteten langsamen Trabpausen zurückgelegt wird.

Training der Laktattoleranz

Anaerobes Intervalltraining erfordert die Zuschaltung der schnellen FT-Muskelfasern, es verbessert die maximale Sauerstoffaufnahme, die Laktattoleranz, den Laufrhythmus und die Tempohärte. Es wird meist auf der 400-Meter-Bahn durchgeführt. Von den Gesamtkilometern sollte es in der unmittelbaren Vorbereitung eines Halbmarathons nicht mehr als sieben, beim Zehn-Kilometer-Lauf um 10 und im Fünf-Kilometer-Lauf bis 15 % betragen. Im Winter ist ein Fahrtspiel wegen des Verletzungsrisikos empfehlenswerter als Intervalltraining. Außerdem ist scharfes Training, wenn man im April oder Mai einen wichtigen Wettkampf plant, von Dezember bis Februar kaum notwendig.

Ältere oder orthopädisch anfällige Läufer sollten Kurzintervalltraining sehr viel vorsichtiger oder auch gar nicht durchführen. Das Verletzungsrisiko steigt, und die Regenerationsdauer verlängert sich mit zunehmendem Alter erheblich.

Durchführung des Intervalltrainings

Wie bei allen schnellen Einheiten sollten Sie sich vor langen und noch sorgfältiger vor kurzen Intervallläufen langsam warm laufen. Minimum sind zehn Minuten, bei kühlem Wetter in langer Kleidung und deutlich länger. Dann sollten einige leichte Dehnungsübungen folgen und vor dem eigentlichen Programm vier bis sechs lockere Steigerungsläufe durchgeführt werden. Hinterher sollten Sie zur beschleunigten Regeneration unbedingt wieder wenigstens zehn Minuten langsam auslaufen und nochmals ausführlicher dehnen. Die Intensität des Intervalltrainings wird nicht nur durch die Geschwindigkeit, sondern auch durch die Wiederholungszahl, die Pausenlänge und Art der Pausengestaltung

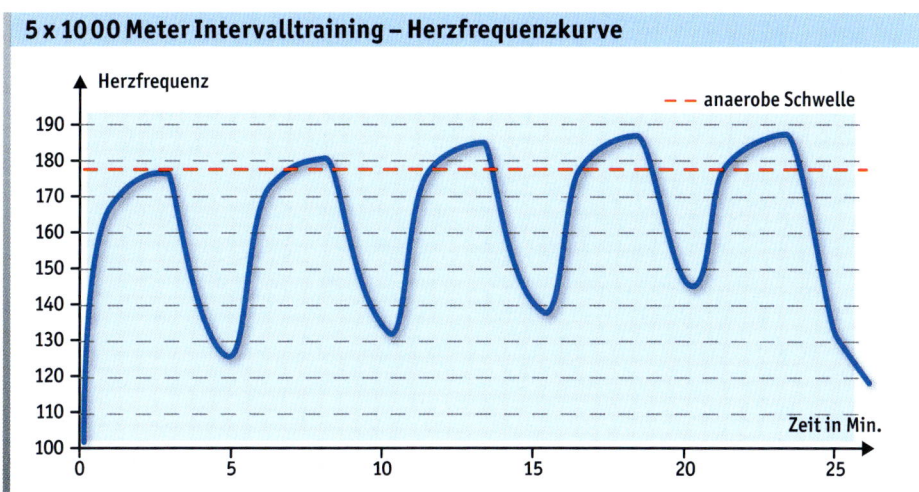

5 x 1000 Meter Intervalltraining – Herzfrequenzkurve

(Stehen, Gehen, Traben) variiert: Nach einem 1000-Meter-Intervall in vier Minuten würde man anfangs eine 500-Meter-Trabpause etwa in 3:30 Minuten laufen, Wochen später etwas flotter in 2:45 Minuten. Ein weitverbreiteter Fehler ist bei Kurzintervallen, sich voll zu verausgaben. Die 1000-Meter-Abschnitte sollten aber exakt im Zehn-Kilometer-Wettkampftempo oder nur wenige Sekunden schneller gelaufen werden. 400-Meter-Intervalle sind etwas tiefer im roten Bereich. Sollten Sie einen guten Tag haben, dann laufen Sie lieber eine Wiederholung mehr, statt schneller zu rennen. Kurz vor einem Wettkampf z. B. über zehn Kilometer könnten Sie bei der letzten Wiederholung eines 1000-Meter-Abschnitts die letzte 400-Meter-Runde wie im Rennen spurten. Sie üben damit auch mental die Überwindung zum Endspurt.

Fahrtspiel

Das ursprünglich aus Skandinavien stammende und vom schwedischen Wort »fartlek« abgeleitete Fahrtspiel ist eine sehr spielerische Trainingsform mit ständigem Wechsel von Be- und Entlastung. Sie passt ideal ins Wintertraining. Nach dem Einlaufen werden unterschiedlich lange Abschnitte abwechselnd nach Körpergefühl, Lust und Laune schneller oder langsamer gelaufen. Schon ein Dauerlauf im hügeligen Gelände kann daher Züge eines Fahrtspiels bekommen. Die Kenianer trainieren in den heimischen Nandi Hills auf solchen Strecken. An Anstiegen kann forciert werden, bergab wird wieder locker getrabt. Schnelle Passagen auf Asphalt können mit kräferaubenden Abschnitten durch Sand, Matsch oder Schnee und Trabpausen kombiniert werden. Slalomlaufen um Bäume, spontanes Überspringen von Hindernissen, Steigerungs- oder Koordinationsläufe können integriert sein.

Das mit der Stoppuhr kontrollierte Training weicht hier dem lustbetonten Spiel mit dem Gelände und den Elementen. Die akademische Form dieses Fahrtspiels entbehrt dieser Freiheiten. Reproduzierbar für das Trainingsbuch werden dabei Minutenläufe in Pyramidenform absolviert: eine Minute schnell, eine Minute langsam, zwei Minuten schnell, eine Minute langsam, vier Minuten schnell, zwei Minuten langsam usw. bis z. B. sieben Minuten schnell – und wieder in kürzeren Teilabschnitten zurück (Beispiele siehe Seite 59 und 182).

Steigerungsläufe

Steigerungsläufe sind wiederholte kurze submaximale Beschleunigungsläufe über insgesamt rund 100 Meter: Für etwa 30 Meter steigert man aus dem normalen Dauerlauftempo in ein ziemlich flottes Tempo, etwa eine Stufe langsamer als Sprinten. Man hält diese Geschwindigkeit für etwa 40 Meter und verlangsamt dann wieder über 30 Meter in das Dauerlauftempo zurück. Nachdem man sich nach 100 bis 200 Metern Jogging ein wenig erholt hat, folgt der nächste Steigerungslauf. Es werden drei bis sechs Wiederholungen gelaufen. Die ersten Läufe sind etwas langsamer, die letzten etwas flotter, aber auch diese werden wegen der erhöhten Verletzungsgefahr bei maximalen Belastungen im Ermüdungszustand nicht voll gesprintet! Man kann sie in der zweiten Hälfte eines Dauerlaufs, wenn die Muskulatur etwas steifer und müder wird, zur Auflockerung in das Training einbauen. Steigerungen werden auch nach dem Warmlaufen vor einer Tempoeinheit oder vor einem Wettkampf nach dem Dehnen durchgeführt. In den letzten Tagen vor Wettkämpfen sollten ebenfalls einige Steigerungen zum Auflockern bei den kürzeren Joggings gelaufen werden – und sie sind ein Bestandteil vom Lauf-ABC (siehe Seite 203ff.).

Berglaufmethoden

Laufen im bergigen Gelände kann je nach Profil kontinuierlichen oder Wechselmethoden ähneln. Das Training ist aber langsamer, obwohl es um die anaerobe Schwelle oder auch darüber durchgeführt wird. Es trainiert bei hoher Belastung die Atem- und Kreislauforgane sowie die Kraftausdauer.

Für Bergläufer ist es eine essenzielle Trainingsform, aber auch fortgeschrittene Fünf- bis Zehn-Kilometer-Läufer profitieren von diesen Grenzbelastungen. Je nach Durchführung kann man folgende Unterformen unterscheiden:

▸ Hügelläufe
▸ Berglauf

Gipfelstürmerin! Am Berg sieht man spätestens beim erlaufenen Panoramablick ins Tal, was man geleistet hat.

Hügelläufe

Viele Einsteiger mögen Anstiege zunächst nicht – es fehlt ihnen noch an Kraft, und sie kommen schnell außer Atem. Doch Laufen im hügeligen und bergigen Gelände schult Kraft und Ausdauer. Beim Fahrtspiel habe ich diese natürliche Form des Belastungswechsels schon vorgestellt. Für einen ambitionierten 5000- oder 10 000-Meter-Läufer

Info

Typische Fehler im Training und Wettkampf

Fehler	Meine Empfehlung
Zu hoch gesteckte Ziele	Prüfen Sie, ob Ihre Ziele dem objektiven Leistungsvermögen, wie durch Testwettkämpfe ermittelt, entsprechen. Bleiben Sie realistisch, der Kopf kommt nicht weiter als die Beine.
Zu schneller Trainingsplan	Wer glaubt, mit einem schnelleren Plan, als es dem eigentlichen Leistungsvermögen entspricht, erfolgreich zu sein, riskiert Übertraining, Infekte und Verletzungen.
Verbissenheit	Die wirklich guten Athleten können auch mal Fünfe gerade sein lassen und mental entspannen. Sehen Sie den Laufsport gelassener, das wird sich auch auf Ihre Beine auswirken.
Zu intensives Training, mehr »Qualität«	Tempoläufe ohne aerobes Grundlagenausdauertraining sind wie Dünger ohne Boden oder Salz ohne Suppe. Intensives Training entfacht nur ein kurzes Strohfeuer, wenn die aerobe Grundlage fehlt.
Zu schnell absolvierte Regenerationsläufe	Jedes Training ist nur so gut, wie es vor- und nachbereitet wird. Der eigentliche Trainingsfortschritt und Aufbau geschieht in der Erholungsphase. Hartes Training verpufft also ohne sanftes Laufen vor- und nachher.
Langsame Läufe oder fehlende Kilometer durch Tempoläufe ersetzen	Tempotraining löst im Körper ganz andere Anpassungen aus als ruhige Dauerläufe. Ein schneller Lauf kann nicht zwei langsame ersetzen.
Lange Läufe durch zwei kurze ersetzen	Besonders im Training auf einen Halbmarathon ist es wichtig, die langen Läufe zur Erschöpfung der Energiespeicher am Stück durchzulaufen.
Trainingsweltmeister	Training ist Vorbereitung, kein Wettkampfersatz. Wer sich im Training etwas zurückhält, kann im Wettkampf seine Reserven voll ausspielen.
Vor Wettkämpfen zu wenig ausruhen	In der Ruhe liegt die Kraft, in diesem Fall ist weniger wirklich mehr.
Übermotivations- und Straftraining	Ob Top oder Flop – nach einem Wettkampf braucht der Körper so oder so erst einmal eine Regenerationspause, bevor Sie das nächste Eisen auflegen.
Zu wenige Trainingskilometer	Ohne Fleiß kein Preis! Fehlender Trainingsumfang kann niemals durch Intensität ersetzt werden – das gilt umso mehr, je länger die geplante Wettkampfstrecke ist.
Ständiger Wechsel der Trainingspläne	Suchen Sie einen bewährten Plan und trainieren Sie diesen konsequent durch. In einem guten Plan bauen die Elemente systematisch aufeinander auf, man kann sie nicht beliebig zusammenwürfeln und willkürlich neu kombinieren.

Typische Fehler im Training und Wettkampf

Fehler	Meine Empfehlung
Zu schneller Start, falsche Renneinteilung	Wer im Wettkampf zu schnell beginnt, verliert nach hinten hinaus doppelt und dreifach. Eine gleichmäßige Krafteinteilung ist der beste Weg zur persönlichen Bestzeit – bremsen Sie sich daher am Anfang!
Zu wenig Gymnastik und Schlaf	Der Muskelmotor braucht Pflege, denn nur Laufen ist zu einseitig. Viele wichtige Regenerationsprozesse laufen gewissermaßen im Schlaf ab.
Weiterlaufen trotz Verletzung	Wer rechtzeitig bei den ersten Anzeichen einer Verletzung entlastet oder pausiert, gewinnt langfristig Zeit.
Mit Pillen und Drinks schneller zum Erfolg wollen	Der Glaube und ein Placeboeffekt kann natürlich Berge versetzen. Ökonomischer und effizienter ist aber, sich vollwertig zu ernähren, an sich selbst statt an die Werbung zu glauben, denn das Erfolgsgeheimnis ist im eigenen Kopf, nicht in ominösen Wundertinkturen!

wären im Spätwinter z. B., bevor er mit dem wettkampfspezifischen Intervalltraining beginnt, wöchentliche Serien kürzerer intervallartiger Bergsprints sinnvoll. Dazu sucht man sich einen rund 100 bis 150 Meter langen Anstieg auf Naturboden mit 10 bis 15 % Steigung, wärmt sich auf und läuft beispielsweise zehn Wiederholungen flott bergan, wobei man durchaus in den roten Bereich kommen sollte. Dann trabt man für die nächste Wiederholung wieder langsam bergab. In einer verschärften Form können diese Läufe über kürzere Abschnitte auch als Hügelsprunglauf durchgeführt werden. Wie beim Lauf-ABC (siehe Seite 203ff.) hüpft man über 50 bis 100 Meter mit absichtlich vergrößertem Schritt bergan. Wer im Flachland wohnt, kann z. B. wiederholt Brücken, Dämme, Stadiontreppen oder im Winter sogar Treppenhäuser hochlaufen.

Berglauf

Um bei einem echten Berglauf oben gut anzukommen, ist es notwendig, an Steilpassagen sofort zurückzuschalten und beispielsweise mit einem Herzfrequenzmesser unterhalb der anaeroben Schwelle zu laufen. Bergläufe, bei denen einige hundert bis tausend Höhenmeter zurückgelegt werden, stehen ähnlich wie Rad fahren in Verruf, langsam zu machen. Ich halte Berglauf ganz im Gegenteil sogar für ein sehr geeignetes Trainingsmittel auch für kurze Langstrecken. In Kombination mit Intervalltraining kann die gewonnene Kraftausdauer durchaus in Schnelligkeit umgesetzt werden. Der Berglauf ist ein intensives organisches Training der Kraftausdauer bei höherer Herz- und Atemfrequenz, aber im Vergleich zum Tempodauerlauf im Flachen mit viel geringerer orthopädischer Belastung, sofern man anschließend nicht schnell bergab läuft. Eine Alternative wäre daher, im Fitnessstudio auf einem Laufband mit Steigung zu trainieren. Mit einem einzigen Schritt sind Sie sozusagen wieder im Tal.

Wettkampfmethode

Der Wettkampf ist für ambitionierte Läufer nicht nur das Ziel, sondern auch der ultimative Test des momentanen Leistungsstands. Leistungsdiagnostik hin oder her, hier heißt es nun, Farbe zu bekennen. Wettkampfresultate geben, wie Sie schon gesehen haben, einen realistischen Hinweis auf den momentanen Leistungsstand, die Trainingsgeschwindigkeiten (siehe Seite 99) – und es lassen sich aus ihnen mögliche Zeiten auf Nachbardistanzen berechnen (siehe Seite 135 und 160).

Kontroll- und Testwettkampf

Kontroll- oder Testwettkämpfe gehören für fortgeschrittene Läufer zum planmäßigen Trainingsaufbau auf einen Saisonhöhepunkt. Diese Aufbaurennen sind nicht Selbstzweck, sondern dem Hauptwettkampf in ihrer Bedeutung untergeordnet, obwohl man dabei durchaus bei guter Form sozusagen en passant eine Bestzeit aufstellen kann. Sie sind zudem eine Möglichkeit, harte Tempoläufe realitätsnah in den Trainingsprozess zu integrieren. Man sollte sich aber davor hüten, zu viele Rennen im Vorfeld eines wichtigen Wettkampfs zu laufen. Für das Toprennen der Saison fehlen sonst die nötigen physischen und mentalen Reserven. Als Aufbaurennen und Test vor einem Halbmarathon dienen 14 Tage zuvor z. B. ein Rennen über zehn Kilometer als Generalprobe, ein Härtetest und knallharter Tempolauf über die Unterdistanz. Unter Adrenalin werden Wettkampftaktik geübt, Kleidung, Schuhe, Ernährung usw. für das eigentliche Hauptrennen getestet.

Crosstraining

Laufen allein ist für Gesundheits- und Leistungsläufer viel zu einseitig. Früher oder später laufen Sie in eine Sackgasse. Es entstehen zunehmend muskuläre Ungleichgewichte, die zu Verletzungen führen können. Gehen, radeln oder schwimmen Sie mal fremd!

Abwechslungsreich trainieren

Wer Herz und Kreislauf in Schwung bringen oder abnehmen will, muss nicht nur laufen. Dehnen, Kräftigen, Gymnastik und Lauf-ABC werden Sie als sehr wichtiges Ergänzungstraining noch kennenlernen. Eine einfache und abwechslungsreiche Methode ist es aber, verschiedene Ausdauersportarten triathlonartig miteinander zu kombinieren, was auch orthopädisch nicht so einseitig belastend ist. Fitnesssportler könnten neben dem Laufen durchaus einen Wochentriathlon mit Rad fahren und Schwimmen durchführen (siehe Plan Seite 118). Auch Leistungsläufer profitieren davon, an Zwischentagen, nach dem Halbmarathon oder nach einer langen Saison andere Sportarten in die Trainingsplanung zu integrieren. Bei Verletzungen wird einem dagegen oft nicht viel anderes übrig bleiben, als auf eine alternative Ausdauersportart umzusteigen. Und auch in der Schwangerschaft wird man zu Beginn vielleicht noch langsam joggen, später aber mit Nordic Walking oder Schwimmen besser beraten sein.

wie beim Laufen treiben müssten. Im Wiegetritt am Berg erreichen Sie allerdings Pulswerte wie ein Läufer.

Rad fahren und Berglaufen stehen im Ruf, beim Laufen langsam zu machen. Das gilt aber nur, wenn Sie kein Tempotraining integrieren. Richtig kombiniert ist sogar das Gegenteil der Fall. Eine intensive Laufeinheit fällt unmittelbar nach dem Rad fahren allerdings schwer. Daher sollte umgekehrt kombiniert werden: zuerst der Tempolauf oder die Intervalleinheit, dann am nächsten Tag die Rad-

Rad fahren

90 % aller Läufer fahren nebenher auch Rad. Ob mit dem Straßenrennrad, dem Trekking- oder Mountainbike, Rad fahren ist selbst für Profis eine sehr gute Alternative zum Laufen. Mit dem Rad können Sie bei gutem Trainingszustand viele Stunden im Grundlagenausdauerbereich fahren. Beim Laufen täten einem nach so langer Zeit längst die Knochen weh. Sie können mit moderatem Radeln auch gelegentlich eine leichte Laufeinheit ersetzen. Allerdings erfordert Rad fahren für den gleichen Trainingseffekt und Kalorienverbrauch etwa doppelt so lange Übungszeiten, da man einen Teil der Zeit mit Inaktivität beim Rollen ohne zu treten verbringt. Das Rad trägt das Körpergewicht, und die Arme tun nicht viel. Beachten Sie daher, dass beim Biking die Pulswerte im Vergleich zum Laufen um rund 15 Schläge niedriger liegen. Die Beine wären überfordert, wenn sie allein den Puls so hoch

Radfahren ist ein empfehlenswerter Alternativsport, bei dem Läufer auch den Aktionskreis ihres Trainingsreviers erheblich erweitern können.

einheit. Ein mehrwöchiges Sommertraining mit Schwerpunkt auf Rad fahren kann einen ähnlichen Kraftausdauerzuwachs bedeuten wie Berglaufen, den Sie danach mit Intervalltraining in Schnelligkeit fürs Laufen ummünzen können. Rad fahren könnten Sie abends und in der kalten Jahreszeit auch auf dem Ergometer zu Hause oder in einem Fitnesscenter, wo auch Spinning im besten Fall mit guter Anleitung und ohne Hetzcharakter angeboten wird.

Wenn die Stürze im Freiland nicht wären, würde Rad fahren zu den wenig verletzungsanfälligen Sportarten gehören. Selbstverständlich sollten Sie draußen nur mit Helm fahren und sich beim Fachhändler die optimale Sitzposition einstellen lassen.

Skilanglauf

Das Pendant zum Rad fahren für Kraft- und Grundlagenausdauer in den warmen Jahreszeiten ist im Winter der Skilanglauf. Mehr noch: Skilanglauf halte ich für eine der besten Ganzkörpersportarten überhaupt, der Gesundheitswert steht außer Zweifel. Der Einsatz fast aller Muskeln und die vielseitige Koordination werden dabei geübt. Leider ist der Ausdauersport auf zwei Brettern in der Regel nur mit einigem Aufwand in den Bergen zu praktizieren. Die Technik kann man in einem Kurs schnell erlernen. Dabei ist Skating genauso geeignet wie die klassische Diagonaltechnik. Fortgeschrittene können ein spielerisches Höhentraining mit täglichem Skilang-

lauf sowie einigen Laufeinheiten auch im Rahmen eines Winterurlaubs durchführen.

Die Pulswerte beim Skilanglauftraining liegen wegen des hohen Prozentsatzes der eingesetzten Körpermuskulatur ähnlich wie beim Laufen. Sie können beim Skilanglauf etwa dieselbe oder leicht verlängerte Trainingsdauer im Vergleich zum Laufen veranschlagen. Im profilierten Gelände ist Skilanglauf ein herrliches Fahrtspiel in schönster Winterlandschaft.

Nordic Walking

Nordic Walking ist sozusagen die Sommerversion des Skilanglaufs in Diagonaltechnik, nur ohne Skier. Profiskilangläufer praktizieren es daher in der schneelosen Zeit, um ihre Armkraft zu erhalten. Diese bisweilen unreflektiert belächelte Sportart ist hervorragend für Läufer als Einstieg, als Ergänzungstraining oder bei einer Verletzung geeignet. Beim intensiven Nordic Walking oder normalen Walking mit betontem Armeinsatz werden mehr Muskeln im Rumpf und Oberkörper trainiert als beim Jogging. Gleichzeitig werden der Rücken und die Knie entlastet. Orthopädisch schonend ist es daher zum Muskelaufbau und Kalorienverbrauch auch für Übergewichtige und Einsteiger gut geeignet.

Voraussetzung ist allerdings, dass man die Technik gelernt hat und die Stöcke nicht nur vor sich herträgt. Sie lässt sich bei einem erfahrenen Trainer sehr schnell erlernen. Besonderen Spaß macht Nordic Walking im leicht welligen Gelände, wo auch Fortge-

Beim Aquajogging läuft man gegen den Wasserwiderstand. Ein Gürtel oder eine Weste dienen als
Auftriebshilfe. Mit Hanteln oder Paddeln lässt sich
die Armarbeit steigern.

schrittene klar davon profitieren. Wie bei der Muttersportart Skilanglauf ist der Puls beim Nordic Walking ähnlich wie beim Laufen. Eine Stunde intensives Nordic Walking entspricht einer Stunde Jogging.

Aquajogging und Schwimmen

Läufer sind eher wasserscheu. Regelmäßig schwimmen, nicht baden, gehen unter den Läufern nur etwa 10 %. Dennoch hat das Training im feuchten Element Vorteile. Die orthopädischen Risiken sind gering, da man vom Wasser getragen wird. Der Wasserdruck übt einen massageartigen Effekt auf die Muskula-

tur aus. Für den Fitnesseinstieg, als Crosstraining, aber insbesondere zur Rehabilitation nach Verletzungen ist Schwimmen ideal.

Aquajogging ist noch besser. Sie laufen im Wasser, normalerweise ohne Bodenkontakt mit einer Auftriebshilfe gegen den Wasserwiderstand. Es gibt spezielle Westen oder Kunststoffgürtel, die Kopf und Schultern über Wasser halten, während Sie mit den Armen und Beinen eine Laufbewegung durchführen. Man kommt dabei ganz langsam voran. Das ist ein sehr schonendes, aber anstrengendes Kraft-ausdauertraining, das in Verletzungsphasen, aber auch als Zusatztraining eingesetzt werden kann. Weltklasseathleten praktizieren damit z. B. eine zusätzliche dritte Einheit am Tag. Sie können Aquajogging in Schwimmbädern oder Seen ausüben und im Winter abends im Hallenbad einplanen. Die Pulswerte sind stark von der Wassertemperatur abhängig. Sie können es als Dauerlauf oder auch intervallartig durchführen.

Das normale Schwimmen ist dagegen der Laufbewegung nicht sehr verwandt. Es ist aber ein sehr gutes Ergänzungstraining für die meist vernachlässigte Rumpf- und Oberkörpermuskulatur. Wechseln Sie dabei möglichst die verschiedenen Stilarten. Streben Sie beim Schwimmen oder Aquajogging mindestens eine halbe Stunde mit kontinuierlichem Training an.

Spiele und Hallentraining

Je variabler Sie diese Ausdauersportarten mit Einsatz verschiedener Muskelgruppen durchführen, desto besser. Es gibt natürlich noch viele weitere Möglichkeiten. Je nach Neigung könnten Sie auch Inlineskating, Rudern, Aerobic, Spielsportarten und sogar sportliches Tanzen als Crosstraining für Ausdauerfitness einsetzen. Auch Klettern oder eine Bergwanderung in sauerstoffarmer Höhenluft sind ein prima Fitnesstraining.

Bei Spielsportarten sollte eine möglichst zusammenhängende kontinuierliche Belastung vorkommen. Spielerisch schulen Sie nicht nur Ihre Ausdauer, sondern auch Koordination, Schnellkraft und Reflexe. Bei Zweikämpfen und abrupten Drehbewegungen sind allerdings die Verletzungsrisiken höher als bei den meisten Ausdauersportarten. Klassisch und

Info	
Trainingsbeispiel Crosstraining für Fitnesssportler	

1. Woche		**2. Woche**	
Tag	**Training**	**Tag**	**Training**
Mo	–	Mo	–
Di	Jogging 40 Min. (70–80 % mHf)	Di	Jogging 40 Min. (70–80 % mHf)
Mi	–	Mi	–
Do	Schwimmen (diverse Stile, zusammenhängend mindestens 30 Min.)	Do	Spinning oder Rudermaschine (mindestens 30 Min. im Fitnesscenter)
Fr	–	Fr	–
Sa	Flotter DL 20–30 Min. (85 % mHf), 15 bzw. 10 Min. Ein-/Auslaufen	Sa	Fahrtspiel (70–90 % mHf), 15 bzw. 10 Min. Ein-/Auslaufen
So	2–3 Std. Radtour bei 65–70 % mHf	So	2–3 Std. Radtour bei 65–70 % mHf

% mHf = Prozent der maximalen Herzfrequenz, DL = Dauerlauf

Laufbandtraining

Bei Schmuddelwetter, abends oder in der dunklen Jahreszeit ist Laufbandtraining eine gute Alternative. Das Training ist kaum verletzungs- und unfallträchtig. Ein Gerät, das bis 16 Kilometer pro Stunde leistet, reicht auch bei fortgeschrittenen Läufern, wenn sich zusätzlich eine Steigung von wenigstens 10 % einstellen lässt. Für flotten Dauerlauf oder ein Fahrtspiel mit wechselnder Steigung reicht das allemal aus, und im Winter ist es ohnehin ratsam, mehr an der Grundlagenausdauer zu feilen.

Glücklich ist, wer zu Hause ein Laufband aufstellen kann. Für ein stabiles Gerät, das motorgetrieben gleichmäßig läuft und mit dem auch ein schneller Lauf möglich ist, muss man aber schon einige tausend Euro hinlegen. Allerdings fallen auch beim Training im Studio Kosten an. Frauen können zu Hause oder im Fitnesscenter sicherer trainieren und Eltern parallel ihre Sprösslinge beaufsichtigen. Weiterer Vorteil: Sie können auch im Flachland Berg- oder Hügelläufe durchführen. Mit einem Schritt sind Sie hinterher ohne das orthopädisch stark beanspruchende Bergablaufen gewissermaßen wieder im Tal. Zudem können zwei unterschiedlich schnelle Läufer auf zwei Laufbändern nebeneinander laufen und sich unterhalten.

Training bei jedem Wetter auf dem Laufband.

Nachteile des Laufbandtrainings sind das andere Abdruckverhalten und die monoton gleichförmigen Schritte im Vergleich zum natürlichen, immer leicht unebenen Gelände. Auch gibt es keinen kühlenden Wind, was allerdings durch einen großen Ventilator ausgeglichen werden kann. Weiterhin fehlt das kurzweilige Naturerlebnis, und künstliches Licht kann das für die Vitamin- und Hormonproduktion notwendige Sonnenlicht nicht ersetzen. Gegen Langeweile kann der Fernseher helfen. Vielleicht gibt es etwas Motivierendes im Sportkanal?

empfehlenswert wäre es, im Winter ein Hallentraining z. B. mit Basket- oder Volleyball, Gymnastik und Zirkeltraining durchzuführen, wie es viele Sportvereine anbieten. Beim Zirkeltraining wechseln die Sportler intervallartig verschiedene sinnvolle Übungen, die im Kreis angeordnet sind, ab. Die Stationen können beispielsweise Liegestütze, Seilspringen oder Klettern sein. Der Plan auf Seite 118 wäre ergänzt durch Krafttraining auch als Beispiel für ein lebenslängliches Fitnesstraining geeignet.

Wettkampf-
laufen

▸ **Die Grenzen erweitern, schneller werden**

▸ **Vom Fitness- zum Volksläufer – so gelingt es**

▸ **Das erste Rennen – von der Ausrüstung bis zum Zeitmanagement**

▸ **Fünf- und Zehn-Kilometer-Läufe optimal vorbereiten**

Auf zu **neuen Zielen**

Fordern, nicht überfordern!

Wenn es Ihnen lediglich um Gesundheit, Entspannung oder Abnehmen gehen würde, bräuchten Sie jetzt nicht mehr weiterzulesen. Wer Wettkämpfe bestreiten und den damit verbundenen Mehraufwand an Training freiwillig auf sich nehmen möchte, wird nicht unbedingt gesünder, aber fitter, schneller und leistungsfähiger! Wettkampflaufen birgt jedoch auch Risiken.

Grenzen erweitern

Laufen ist eine natürliche Droge, unterliegt aber auch den Gesetzmäßigkeiten des Drogenkonsums. Eine davon heißt: Dosissteigerung! Irgendwann hat man aus welchen Beweggründen auch immer mit Laufen begonnen. Nach einigen Monaten ist das neue Hobby schon leichtgefallen und zum unverzichtbaren Bestandteil des Lebens geworden. Euphorisiert von den Fortschritten, will man nun die eigenen Grenzen erweitern. Einen Zehn-Kilometer-Straßenlauf, einen Halbmarathon? Selbst das magische Wort Marathon spukt vielleicht schon im Hinterkopf herum? Der Weg ist nicht mehr allein das Ziel.

Wettkampf – Licht und Schatten

Für den Gesundheitsläufer war das Training noch Selbstzweck. Für den Wettkampfläufer wird es zur gezielten planmäßigen Vorbereitung. Wer Wettkämpfe läuft, verlässt den Bereich des reinen Gesundheitssports, der Aufwand und die Risiken steigen. Der verständliche Grenzgang, seine persönlichen Leistungshorizonte immer wieder neu auszuloten oder zu erweitern, kann mit erhöhtem Selbstwertgefühl, Anerkennung, Ruhm, Medaillen, Titeln und sogar Preisgeldern einhergehen. Viele verbinden das Laufhobby auch mit Weltreisen zu internationalen Rennen. Ein Wettkampfziel zu haben, kann die Motivation für jahrelanges Training sein. Aber leistungsorientiert zu rennen, hat auch Schattenseiten. Sie reichen von überhöhtem Leistungsdruck, falschem Ehrgeiz, Frust und Verletzung bis hin zur sozialen Isolation und Magersucht. Das bedeutet natürlich nicht, dass Leistungssport ungesund sein muss! Es kommt wie so oft darauf an, wie man damit umgeht.

Jedermannsläufe als Einstieg

Leistungssport kann realistische Zielsetzung und positives Denken schulen und dabei helfen, trotz Wettbewerbsdrucks die Kontrolle nicht zu verlieren. Wer also mehr Talent hat und orthopädisch robust genug ist, kann früher oder später sicher weit mehr als eine Stunde laufen und bei entsprechender Neigung und Vorbereitung auch an Wettkämpfen teilnehmen. Heute heißt das Aushängeschild der Laufbewegung nicht mehr ausschließlich Marathon. Die Königsdistanz bekommt mit vielen attraktiven Veranstaltungen wie Halbmarathon würdige Konkurrenz. »Mach mal halblang« heißt heute die Devise in vielen Städten, der Tausende folgen.

Doch bevor dieser lang gehegte Lauftraum in Erfüllung geht, sollte man erst einmal auf kürzeren Strecken Erfahrungen sammeln und natürlich vom sporterfahrenen Arzt grünes

Licht erhalten haben. Nichts spricht dann dagegen, nur so aus Spaß und aus dem Fitnesstraining heraus an einem kürzeren Volkslauf oder sogenannten Jedermannslauf teilzunehmen. Einen spielerischen Einstieg über z. B. fünf Kilometer bieten viele große Laufveranstaltungen in ihrem Rahmenprogramm an. Wo es bei Ihnen Volks- und Jedermannsläufe gibt, erfahren Sie im örtlichen Sportgeschäft, aus Laufmagazinen, bei Vereinen und Lauftreffs und über die Internetadressen in diesem Buch (siehe Seite 237).

Den ersten Zufallskontakt mit einem Citylauf hatte man vielleicht als Zuschauer. Da grübelte man nach, ob man nicht auch mal dabei sein könnte?

Aus Fehlern lernen

Die Distanz selbst ist beim Jedermannslauf nicht das Problem; eher heißt es nun, mental Farbe zu bekennen und sich dem Leistungsvergleich zu stellen. Wie gehen Sie mit Nervosität und Belastungsdruck um? Beim ersten Mal springt man sozusagen ins kalte Wasser. Sie werden kleine und große Fehler machen und aus diesen ersten Wettkämpfen lernen. Dumme Athleten machen immer dieselben Fehler, clevere Sportler dagegen immer neue, aber die gröbsten Schnitzer natürlich nicht mehr. Sie werden auch eine Menge über sich selbst lernen, z. B. sich ehrlich Fehler beim Training oder Wettkampf einzugestehen.

Nicht nur beim Sport sind viele Menschen um faule Ausreden nicht verlegen. Wenn Sie weiterkommen möchten, können Sie allerdings nicht immer alles dem ungünstigen Wetter oder dem Trainer anlasten. Die richtige Taktik und Renneinteilung sind eine Kunst, die man erst nach einiger Wettkampferfahrung beherrscht.

Die ersten Wettkämpfe über exakt vermessene Distanzen stellen zudem viel besser als alle Trainingsleistungen auch einen objektiven Leistungstest dar. Aus der erzielten Zeit können Sie nun hochrechnen, was Sie vermutlich auf der nächsthöheren Distanz können und einen entsprechenden Plan auswählen (siehe Seite 135).

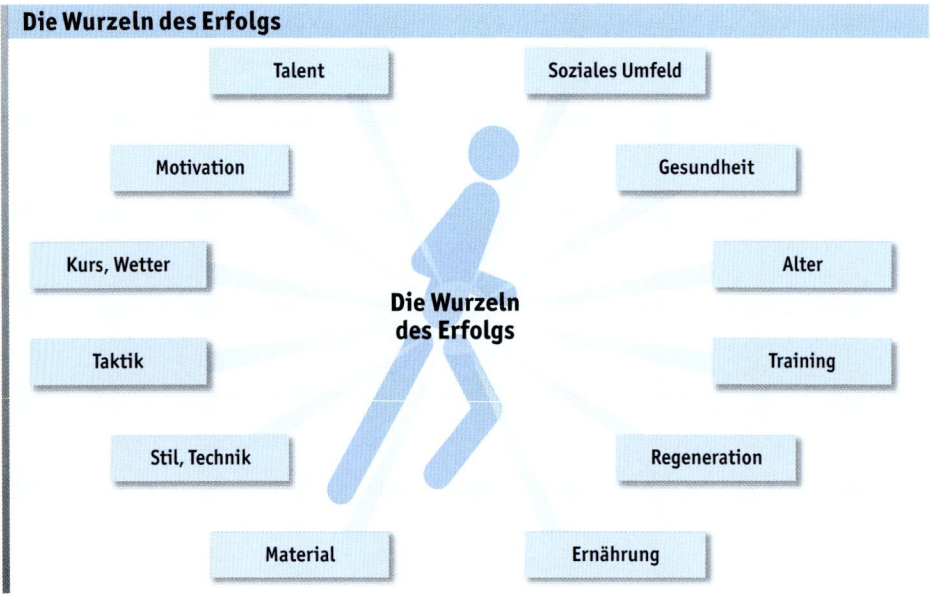

Die Wurzeln des Erfolgs

Talent

Soziales Umfeld

Motivation

Gesundheit

Kurs, Wetter

Alter

Die Wurzeln des Erfolgs

Taktik

Training

Stil, Technik

Regeneration

Material

Ernährung

Schneller werden

In der Vorstellungsrunde meiner Seminare sagt bestimmt jeder Zweite, dass er schneller laufen möchte. Wer nach persönlichen Bestzeiten strebt, sollte wissen, wovon solche Leistungen abhängen. Geschenkt bekommt man das nicht, der schnelle Schuh läuft nicht von allein. Der Aufwand wird in vielen Bereichen deutlich größer werden. Dreimal Fitnesslaufen lässt sich in eine 40-Stunden-Arbeitswoche wohl noch gut integrieren. Wer aber das Maximale herausholen will, muss alle Rahmenbedingungen optimieren und wird einen überproportionalen Aufwand betreiben müssen. An dieser Stelle setze ich auch die Kenntnis der vorhergehenden Kapitel über Trainingslehre und Biologie des Laufens voraus. Nachfolgend möchte ich einen Überblick darüber geben, wovon die optimale Leistung abhängt. An einigen Faktoren können Sie vielleicht sehr viel ändern, an anderen weniger. Wichtig: Ein guter Athlet verbessert auch seine Schwachstellen!

Talent

Mit Sicherheit ist im Leistungssport das angeborene Talent der wichtigste Faktor. Aber: Ohne Trainingsfleiß kommt auch kein geborener Spitzenläufer zum Erfolg. Ein Beispiel für die genetische Ausprägung des Talents ist die unterschiedliche Zusammensetzung der Muskelfasern bei Sprintern oder Ausdauersportlern. Der hohe Anteil an ST-Fasern bei Lang-streckenläufern der Eliteklasse ist ein Grund dafür, dass ein Lauftalent ohne viel Training 35 Minuten über zehn Kilometer läuft, eine Zeit, die die meisten trotz vielen Fleißes nie erreichen werden. Ein vom Körperbau her eher fürs Kugelstoßen geeigneter Zeitgenosse ist im Vergleich zu den von Natur aus kleineren, schmalen Eliteläufern im Nachteil.

Zeitmanagement und Umfeld

Wenn Sie Großes vorhaben, sollten Sie nicht gerade die Nähe von Leuten suchen, die Ihnen problemorientiert erklären, wie schwer das ganze Vorhaben ist. Halten Sie lieber Ausschau nach den positiv denkenden Machertypen, die Sie rückversichern, dass Sie das schon schaffen werden, wenn Sie die Ärmel hochkrempeln. Ein guter Trainer oder das Umfeld eines Vereins oder Lauftreffs können hier weiterhelfen.

Der höhere Aufwand für Wettkampflaufen wird auch an Ihrer Familie und Ihren Freunden nicht spurlos vorbeigehen. Während viele Spitzenläufer Profis sind oder zum Training freigestellt werden, müssen Hobbyläufer mühsam ihre Trainingsstunden von ihrer Freizeit abzwacken. Jeder muss für sich herausfinden, wie viel zeitliche Belastung und zusätzlicher Aufwand noch sinnvoll neben einem stressigen Arbeitsalltag und dem Familienleben möglich sind. Bitten Sie um Verständnis, aber machen Sie nach dem großen Rennen zur Belohnung mit der Familie vielleicht einen schönen Urlaub. Wer sich neben Beruf und sozialen Verpflichtungen mit Training und Wettkampf zu viel reinpackt, wird scheitern – besonders, wenn man versucht, seinen Zeitbedarf vom Schlaf abzuzwacken.

Gesundheit

Nur wer kerngesund ist, kann eine optimale Leistung erzielen. Eine regelmäßige Untersuchung auch von Blutwerten, Eisenspeichern usw. beim sporterfahrenen Arzt sollte jährlich eingeplant werden. Man muss sich bewusst sein, dass angesichts intensiver Trainings- und Wettkampfbelastungen die orthopädischen Risiken steigen. Wer Fieber hat, gehört ins Bett. Eine chronische, unerkannte Zahnentzündung kann das Leistungsniveau erheblich absenken. Wer im Training überzogen hat, bekommt vielleicht kurz vor dem Wettkampf eine Grippe, weil sein Immunsystem schwächelt. Wer an Verletzungen laboriert, sollte sich überlegen, ob er durch Pausieren nicht mehr Zeit gewinnt. Später, wenn die Verletzung chronisch geworden ist, wird man bereuen, nicht früher reduziert zu haben. Für die Gesundheit muss man selbstverständlich auch mal einen Wettkampf verschieben oder ausfallen lassen können.

Alter

In Kenia sagte mir der frühere 800-Meter-Olympiadritte Mike Boit, als ich ihn nach seinem Alter fragte: »Age is just a number!« Das Alter ist nur eine Zahl. Man ist so alt, wie man

sich fühlt. Während sich zahlreiche Normalbürger schon ab 30 über jede neue Lebensdekade grämen, feiern Wettkampfläufer die neue Zugehörigkeit in einer Altersklasse. Als Jüngste z. B. in der Altersklasse W40, Frauen von 40 bis 44 Jahren, ist man hoch motiviert, hat bessere Erfolgsaussichten und kann noch mal richtig angreifen. Für ältere Läufer ist es dagegen aber auch wichtig zu akzeptieren, dass jedes Jahr Zeit kosten wird.

Einen leichten Rückgang des Leistungsvermögens erfahren nahezu alle Wettkampfläufer nach dem 40. Geburtstag. Intensives Training wird orthopädisch immer riskanter, die Regeneration etwas langsamer. Wer allerdings erst spät, z. B. mit 50 Jahren, mit dem Laufen beginnt, hat natürlich gute Chancen, einige Jahre lang erst mal immer besser zu werden, da sein Körper diese Zeit benötigt, um sich anzupassen. Erst danach geht die Leistungskurve, allerdings von einem höheren Niveau, allmählich nach unten.

Training

Training ist nach dem Talent der wichtigste Faktor. Ein wohlüberlegter Plan, Fleiß, Geduld und Kontinuität zahlen sich aus. Beim Fitnesslaufen ist man bisher vielleicht nach Lust und Laune gejoggt. Für Wettkampfläufer wird das Training systematischer und variabler. Jahrelanges durchgängiges Training, auch über den Winter, ist mit Abstand der wichtigste Faktor für Höchstleistungen. Im näheren Vorfeld eines wichtigen Rennens entscheidet die wettkampfspezifisch richtige Mischung aus Umfang und Intensität. Gute Trainingspläne, an die man sich auch halten sollte, sind ein wichtiger Erfolgsgarant. Die richtige Mischung der Trainingsmittel ist für 5000 Meter und 21,1 Kilometer unterschiedlich. Für einen Halbmarathonläufer ist eine hohe Zahl lockerer Trainingskilometer eine viel bedeutendere Trainingsqualität als intensive Intervalleinheiten, die für den Zehn-Kilometer-Läufer dagegen wichtiger werden. Zum Training gehören natürlich auch Gymnastik und die Optimierung des Laufstils.

Regeneration

Wer die Kapitel zur Trainingslehre aufmerksam gelesen hat, weiß, dass der eigentliche Leistungsfortschritt erst in der Regeneration danach stattfindet. Wer so viel und so intensiv trainiert, dass der Körper mit den Anpassungsprozessen nicht mehr nachkommt, betreibt Raubbau, nicht Aufbau. Übertraining und Verletzungen werden die Folge sein. Zur Regeneration gehören nicht nur der Mut zum langsamen Jogging an Zwischentagen, sondern auch ausreichend Schlaf, physiotherapeutische Maßnahmen, Gymnastik und vollwertige Ernährung.

Ernährung

Ausgewogene, vollwertige Ernährung mit einer hohen Nährstoffdichte legt den wertvollen Grundstein für schnelle Regeneration und aufbauende Prozesse. Das bedeutet, die Lebensmittel so auszuwählen und zuzubereiten, dass sie reichlich komplexe Kohlenhydrate, weniger und die richtigen Fette, hochwertige Eiweißkombinationen, sekundäre Pflanzenstoffe, Vitamine, Mineralien und Spurenelemente bei ausreichender Flüssigkeitszufuhr enthalten. Ein optimales Wettkampfgewicht ohne überflüssige Pfunde fördert natürlich die Leistung, ebenso wie eine gezielte Ernährung vor, während und nach dem Training oder Rennen.

Material

Der Schuh als wichtigster Ausrüstungsgegenstand bringt nicht nur als Bindeglied Ihre sportliche Leistungsfähigkeit auf den Untergrund, sondern schützt auch vor Verletzungen. Spätestens mit Beginn eines Wettkampftrainings sollten Sie für die unterschiedlichen Trainingseinheiten und Rennen mehrere verschiedene Modelle ordentlicher, individuell angepasster Laufschuhe besitzen. Herzfrequenzmesser und Stoppuhr erleichtern es, im Training und Wettkampf zu kontrollieren oder nach Zwischenzeiten zu laufen. Funktionelle Kleidung schützt davor, bei einem Wettkampf auszukühlen oder zu überhitzen. Viele tragen beim Wettkampf zu viel Kleidung, weil man vor dem Start noch fröstelte. Das führt dann zu einem Wärmestau mit unnötig hohen Schweiß- und Leistungsverlusten. Das Blut ist zur Abkühlung in der Haut und fehlt in der Muskulatur.

Laufstil, Technik

Laufstil ist im Langstreckenlauf nicht alles, sonst wären die schlechten Stilisten Emil Zatopek und Paula Radcliffe nie Weltrekord gelaufen. Die gröbsten stilistischen und technischen Fehler sollten aber gleich zu Beginn eines ernsthafteren Lauftrainings korrigiert werden, damit sie sich gar nicht erst einschleifen. Da kann nur eine Videolaufstilanalyse weiterhelfen. Ein schlechter Laufstil ist in der Tat auch von der individuellen Anatomie abhängig, aber ebenso häufig Zeichen fehlender Kraft oder eine Folge gymnastischer Defizite. Während eine Fehlstellung oder eine Beinlängendifferenz nur bedingt beeinflusst werden kann, ist durch Dehnen und Kräftigen (siehe Seite 188ff.) viel zu erreichen. Zu schwache oder verkürzte Muskeln etwa verhindern eine lockere Armarbeit und einen flüssigen, ökonomischen Schritt. Vorfußlaufen ist für einen 5000-Meter-Lauf sinnvoll, aber beim Halbmarathon zu kraftraubend und unökonomisch.

Taktik, Kurs und Wetter

Renntaktik geht von der Planungsarbeit – sorgfältige Streckenkenntnis, durchdachte Wettkampfverpflegung – bis hin zu taktischen Raffinessen im Rennen – etwa, sich bei Gegenwind in Gruppen zu verstecken oder den Gegner durch zermürbende Zwischenspurts physisch und psychisch zu brechen. Die Ideallinie auf einer Wettkampfstrecke, also den kürzest-

möglichen erlaubten Weg und damit keine überflüssigen Meter zu laufen, lernt man mit etwas Konzentration und Übung. Das Erfolgsrezept des gleichmäßigen Tempos auf die realistische ermittelte Zielzeit gilt nicht nur für Eliteläufer. Gleichmäßiger Krafteinsatz ist der Schlüssel zu guten Wettkampfzeiten. Bei nahezu allen Weltrekorden im Mittel- und Langstreckenbereich unterschieden sich die erste und zweite Hälfte der Strecke um maximal 1 %! Auf bergigem Kurs, Kopfsteinpflaster, matschigen Waldwegen, bei heißem oder windig-kaltem Wetter lassen sich kaum Bestzeiten erzielen, was bei Planung und Auswahl der Wettkämpfe entsprechend zu berücksichtigen ist. Die Wahrscheinlichkeit, beim Halbmarathon im Trierer oder Stuttgarter Talkessel im Sommer auf Hitze zu treffen, ist größer als im Frühling oder Herbst bei den Rennen in Berlin, Freiburg oder Köln.

Motivation

Auch wenn Training und Ausrüstung stimmen, stolpern nicht wenige im Wettkampf über ihr zu schwaches Nervenkostüm. An Versagensängsten und zu hoch geschraubten Erwartungen kann man mit einem guten Trainer im Vorfeld bereits arbeiten. Glauben Sie nicht an sich selbst, haben Sie schon verloren. Wer bereits vor einem Rennen, aber spätestens in der zweiten Hälfte des Wettkampfs dem inneren Schweinehund keine Antwort auf die Frage »Warum das alles?« geben kann, wird nicht das Letzte aus sich herausholen können. Dafür sollte man bereits im Training die Herausforderung suchen und konsequent sein.

Kneifen Sie also nicht bei schwierigen Bedingungen, gehen Sie bei Regen erst recht trainieren. Suchen Sie gelegentlich absichtlich langweilige Laufstrecken, um dem inneren Schweinehund so oft wie möglich zu zeigen, dass Sie Schwierigkeiten meistern können, wenn Sie nur wollen! Sie können im Training immer wieder Wettkampfsituationen durchspielen und sich so »heiß« machen. Visualisieren Sie z. B., was Sie vor dem Start machen werden, dass Sie im Rennen selbst kontrolliert laufen werden und was Sie in der Endphase abrufen wollen, wenn es hart wird. Legen Sie sich das vorher schon zurecht, um es in der »Stunde der Not« parat zu haben! Auch im Alltag übt man Konsequenz: weniger Bier und Schokolade, mehr Dehnungsübungen, Gewicht runter usw. Wer außer Ihnen sollte das tun? Träumen oder Handeln? Wettkampfläufer oder Weichei?

Bei Wettkämpfen heißt es nicht nur bei heißem Wetter, einen kühlen Kopf zu bewahren. Laufen Sie auf keinen Fall zu schnell los!

Der erste Wettkampf

Wenn Sie sich nun über viele Monate so fit trainiert haben, dass Sie länger als eine Stunde am Stück laufen können, ist der vielleicht erste Laufwettkampf Ihres Lebens nicht mehr allzu weit. Eine Distanz von fünf bis zehn Kilometern beherrschen Sie bereits. Dazu haben Sie sich spaßeshalber zum leichteren Einstieg einen Schnupper- oder auch Jedermannslauf ausgeguckt.

Die Premiere planen

Am besten suchen Sie sich für Ihr erstes Rennen einen flachen Kurs ohne allzu große Schwierigkeiten heraus. Es ist dann etwas leichter, gleichmäßig zu laufen oder ein beabsichtigtes Tempo nach Zwischenzeiten zu kontrollieren. Kann sein, dass Sie sich beim ersten Mal eher bei einem Provinzlauf verstecken möchten. Doch die Stimmung und das Zuschauerspalier bei einem Citylauf haben bereits ihren Reiz, und bei einer großen Teilnehmerzahl genießen Sie durchaus eine gewisse Anonymität. Man startet zwar vorläufig noch im Vorprogramm vielleicht eines Halb- oder gar Marathons, schnuppert aber schon dessen Atmosphäre.

Beim Schnupperlauf steht die Leistung noch kaum im Vordergrund, sondern vor allem die Teilnahme zählt. Oft bekommt man bei diesen Läufen eine Teilnehmerurkunde, T-Shirt und Medaille als Erinnerungsstück. Viele erfolgen noch ohne Zeitnahme und damit ohne Leistungsdruck. Natürlich wird man sich vorher trotzdem viele Gedanken machen. Bin ich zu alt, zu dick, zu langsam? Der Einstieg fällt aber

---

Info

Der weltgrößte Lauf

Von wegen Einsamkeit des Langstreckenläufers! Wer hätte das gedacht? Der JP Morgan Corporate Challenge im Juni in Frankfurt ist eigentlich ein Jedermannslauf, aber weltweit der Lauf mit der größten Teilnehmerzahl! Bei diesem Teamlauf für Firmen und Behörden ging 2008 die Rekordzahl von 73 719 Startern für 2589 Unternehmen auf die 5,6 Kilometer lange Strecke durch das deutsche Finanzzentrum. Das ist viel mehr als beim bisher weltgrößten Marathon in New York City, bei dem 2019 „nur" 53627 Läufer ins Ziel kamen. In Frankfurt zählen mehr als die erbrachte Leistung der Teamgeist, die Kommunikation und die Fairness.

---

leichter, wenn man sich bei der Premiere nicht gleich unter durchtrainierten Heißspornen, sondern zunächst unter Spaß- und Genussläufern befindet.

Adrenalin und Schweinehund

Trotzdem wird für Sie neu sein, sich mit einem gewissen Erwartungsdruck, Adrenalin und Nervosität auseinanderzusetzen. Dabei werden Sie bereits spielerisch wertvolle Erfahrungen sammeln, die Ihnen bei einem späteren Rennen, wie etwa beim Halbmarathon, unschätzbare Dienste leisten. Falls Sie bei Ihrem ersten Volkslauf in Ihrer Euphorie bereits nach dem Startschuss Vollgas geben, wird dieses Experiment Ihnen auch neue Körpererfahrungen wie Leistungseinbruch oder Muskelkater bringen. Auch werden Sie hier schon im Kleinen lernen, was es heißt, den inneren Schweinehund zu besiegen und noch einmal willentlich alle Kräfte zu mobilisieren, was für ein längeres Rennen auf Bestzeit bereits gelernt sein will. Vielleicht werden Sie aber auch überrascht feststellen, dass Sie viel mehr können, als Sie sich zugetraut haben.

Training für Volkslauf

Ausgangspunkt des nachfolgenden Plans ist der Leistungsstand, den Sie im Plan »Vom Jogging zum Fitnesslaufen« (siehe Seite 57) nach der elften und zwölften Woche erreicht haben. Sie könnten direkt daran anschließen. Zur optimalen Wettkampfvorbereitung

4-Wochen-Plan »Der erste Wettkampf«

1. Woche (ca. 36 km)			
Tag	Art	Training	Ca. km
Mo		–	–
Di		Ruhiger DL 40 Min. (70–80 % mHf)	6–7
Mi		–	–
Do		Ruhiger DL 40 Min. (70–80 % mHf)	6–7
Fr		–	–
Sa	→	Fahrtspiel 50 Min. (Tempowechsel 70–90 % mHf)	8–9
So	✖	Langsamer DL 90 Min. (70 % mHf)	13–14

2. Woche (ca. 36 km)			
Tag	Art	Training	Ca. km
Mo		–	–
Di		Ruhiger DL 40 Min. (70–80 % mHf)	6–7
Mi		–	–
Do		Ruhiger DL 40 Min. (70–80 % mHf)	6–7
Fr		–	–
Sa	→	Tempo-DL 50 Min., darin 30 Min. flott (80–85 % mHf)	8–9
So	✖	Langsamer DL 90 Min. (70 % mHf)	13–14

3. Woche (ca. 35 km)			
Tag	Art	Training	Ca. km
Mo		–	–
Di		Ruhiger DL 40 Min. (70–80 % mHf)	6–7
Mi		–	–
Do		Ruhiger DL 40 Min. (70–80 % mHf)	6–7
Fr		–	–
Sa	→	Fahrtspiel 50 Min. (Tempowechsel 70–90 % mHf)	8–9
So	✖	Langsamer DL 80 Min. (70 % mHf)	12–13

4. Woche (ca. 24 km)			
Tag	Art	Training	Ca. km
Mo		–	–
Di		Ruhiger DL 40 Min. (70–80 % mHf), Steigerungen	6–7
Mi		–	–
Do		Jogging 30 Min. (70 % mHf), Steigerungen	5–6
Fr		–	–
Sa		–	–
So	→	Jedermannslauf/Volkslauf 5–10 km (bis > 90 % mHf)	8–15

% mHf = Prozent der maximalen Herzfrequenz, **DL** = Dauerlauf, ✖ langer Dauerlauf, → Tempolauf oder Wettkampf
* Bei Wettkämpfen und Tempoeinheiten sind bei den Tageskilometern Kilometer für langsames Ein- und Auslaufen mit einberechnet; weitere Erläuterungen siehe Kapitel zur Trainingslehre.

sollten Sie nun vier Tage in der Woche trainieren, indem ein weiterer kurzer Dauerlauf unter der Woche hinzukommt und vermehrt wettkampftypische Trainingselemente für einen ersten Volkslauf integriert werden. In der letzten Woche vor dem Wettkampf ist es wichtig, das Training deutlich zurückzunehmen und auszuruhen.

Wettkampfvorbereitung

Nun wird es ernst! Im letzten Moment kann man aus Unerfahrenheit und vor Nervosität noch Fehler machen. Ideal wäre es natürlich, wenn Sie die Hilfe wettkampferfahrener Freunde in Anspruch nehmen könnten und mit diesen das große Abenteuer gemeinsam

Checkliste für die Wettkampftasche

▸ Wettkampf- und Trainingsschuhe
▸ Wettkampf- und Trainingssocken
▸ Wettkampfshorts oder -tights
▸ Wettkampftrikot oder Funktionsshirt
▸ Sport-BH und Funktionsunterwäsche
▸ Trainingsanzug, Windjacke oder Weste
▸ Dünne Laufhandschuhe
▸ Schweiß-, Stirnband, Kopfbedeckung
▸ (Sport-)Brille
▸ GPS, Stopp- und Pulsuhr
▸ Pflaster, Schere, Nagelschneider
▸ Vaseline
▸ Sicherheitsnadeln
▸ Toilettenpapier
▸ Toilettenbeutel, Seife, Shampoo, Handtuch
▸ Badetuch, -hose
▸ Wettkampfausschreibung
▸ Teilnahmebestätigung
▸ Stadtplan, Landkarte
▸ Zeitmess-Chip
▸ Kleingeld
▸ Startpass (für Meisterschaften)
▸ Verpflegung für vor, während und nach dem Wettkampf
▸ Getränkeflasche, Trinkgürtel
▸ Thermometer, Hygrometer

ten Sie auf eine vollwertige Ernährung, und reduzieren Sie den Alkoholkonsum. Machen Sie sich eine Liste, was Sie für den großen Tag brauchen. Die auch für Routiniers konzipierte Checkliste links für die Wettkampftasche soll Ihnen helfen, nichts Wichtiges zu vergessen. Sie können sie individuell nach Ihren Bedürfnissen erweitern. Packen Sie Ihre Ausrüstung in Ruhe schon am Abend vorher. Eventuell sollten Sie noch einige Dinge rechtzeitig besorgen. Schuhe, Socken und Kleidung sollten Sie natürlich zuvor bereits eingelaufen haben. Denken Sie vielleicht auch an unterschiedliche Kleidung für kühles und warmes Wetter.

Vor dem Startschuss

Stehen Sie morgens wenigstens drei Stunden vor dem Rennen auf. Frühstücken Sie spätestens zweieinhalb Stunden vor dem Start. Planen Sie Pufferzeiten für Unwägbarkeiten ein. Kommen Sie rechtzeitig, also wenigstens 90 Minuten vorher, zum Start. Besorgen Sie sich als Erstes die Startnummer und befestigen Sie diese am Laufhemd. Erkundigen Sie sich, ob sich der Zeitplan nicht vielleicht verschoben hat. Laufen Sie sich vor dem Start ganz langsam zehn Minuten warm. Ideal wäre es, wenn Sie kurz vor dem Start einer Begleitperson gegebenenfalls Ihren Trainingsanzug oder Ihre Wetterjacke anvertrauen könnten. Kleiden Sie sich dem Wetter entsprechend nicht zu warm. Am Start leicht zu frösteln ist genau richtig, denn im Rennen wird Ihnen

planen und bestreiten. Lesen Sie die Informationen in der Wettkampfausschreibung aufmerksam durch, damit Sie keine Überraschung erleben. Schlafen Sie die letzten beiden Nächte vor dem Rennen ausreichend. Ach-

durch die Anstrengung schon noch warm werden. Stellen Sie sich Ihrem Leistungsvermögen entsprechend nicht zu weit vorne auf. Sie werden sonst viel zu schnell loslaufen, da die Läufer vorne mit dem Startschuss häufig wie eine losgelassene Horde von Wildpferden losprügeln. Weiter hinten finden Sie viel eher von Beginn an Ihr eigenes Tempo. Achten Sie darauf, Ihren Herzfrequenzmesser schon vorher, wenn Sie allein sind, zu aktivieren. Im Pulk und auch später im Rennen müssen Sie selbst bei codierten Geräten mit Störungen rechnen. Planen Sie daher von vornherein, auch nach Zwischenzeiten zu laufen.

Taktik im Rennen

Starten Sie Ihre Stoppuhr, wenn Sie den Startstrich überlaufen. So erhalten Sie Ihre Nettolaufzeit, also die Zeit von der Startlinie bis zum Ziel. Nur von der Startlinie an gelten auch die Kilometerschilder, die viele Volkslaufveranstalter an der Strecke aufgestellt haben. Kontrollieren Sie, wie lange Sie für den ersten Kilometer gebraucht haben, und vergleichen das mit Ihrem Soll. Versuchen Sie sich von Beginn an zu zügeln, selbst wenn es noch so leichtfällt, und ein gleichmäßiges Tempo durchzulaufen. Werden Sie auf der zweiten Hälfte langsamer oder brechen Sie regelrecht ein, dann sind Sie viel zu flott losgelaufen. Unter Adrenalin und mit den Mitläufern kommt Ihnen das Tempo zu Beginn bestimmt anfangs ganz locker vor. Natürlich ist es so gut wie immer im Nachhinein viel zu schnell gewesen. Um diese Erfahrung ist noch niemand herumgekommen. Sollten Sie am Ende noch Reserven haben, können Sie auf der zweiten Hälfte noch vieles aufholen!

Kontrolle nach Puls und Zeit

Kontrollieren Sie unterwegs nach Zwischenzeit die Belastung und schauen auch auf den Puls. Sie werden im Rennen bestimmt schneller als bei schnellen Trainingsläufen sein. Sollten Sie gegen Ende spurten, wäre das die beste Gelegenheit, mal den Maximalpuls zu überprüfen. Sie sollten jetzt nahe dran sein. Die Pulsmessung kann im Rennen nicht uneingeschränkt empfohlen werden, da Mitläufer Ihre Frequenz vielleicht stören. Der Puls geht auch nicht nach dem Start sofort auf einen vorgenommenen Zielpuls, sondern steigt erst langsam über einige Minuten an. Der Zielpuls im Rennen ist im roten Bereich ohnehin nicht

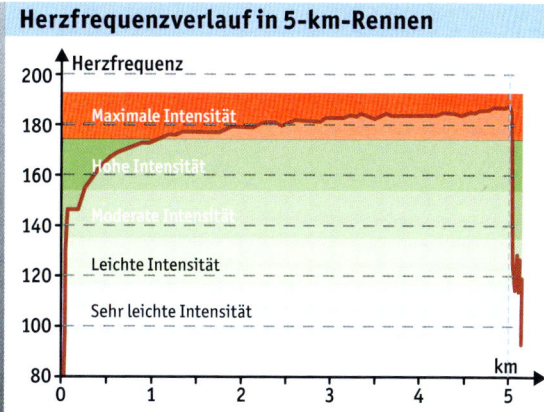

klar anzugeben. Wenn Sie nicht nur mitjoggen, sondern volle Pulle laufen, wird er bei einem Fünf- bis Zehn-Kilometer-Lauf bei der Hälfte in den roten Bereich gehen, also über 90 % liegen, und danach stetig weiter ansteigen. Zumindest die ersten Kilometer sollten Sie daher unbedingt nach Zwischenzeit überprüfen. Sollte es keine Kilometerschilder geben, bleibt Ihnen nur das hoffentlich vorher trainierte Körpergefühl. Vielleicht haben Sie einen erfahrenen Mitläufer, der Sie bei Ihrem Einstiegsrennen begleitet.

Fünf- und Zehn-Kilometer-Rennen

Vielleicht sind Sie mit dem Trainingsplan von Seite 131 nun spielerisch zum Wettkampfläufer geworden und haben erste Rennerfahrungen gesammelt. Wenn Sie auf den Geschmack gekommen sind, können Sie nun gezielter leistungsorientierte Wettkämpfe angehen. Ab Seite 139 wird das Training für Fünf- und Zehn-Kilometer-Läufer aller Leistungsklassen dargestellt. Zum tieferen Verständnis der Trainingspraxis und der verschiedenen Einheiten sollten Sie die Kapitel über die Trainingslehre gelesen haben.

Welche Zeiten sind möglich?

Gut vermessene flache Zehn-Kilometer-Rennen werden oft angeboten. Sie eignen sich sehr gut für eine Standortbestimmung und zum Justieren der Trainingsgeschwindigkeiten (siehe Tabelle Seite 99). Wettkämpfe sind aber nicht nur Testrennen für die derzeitige Form, sondern man kann von den erzielten Ergebnissen auch hervorragend auf mögliche Zeiten auf andere Nachbardistanzen hochrechnen. Um die hochgerechneten Zeiten zu realisieren, muss man natürlich auch das entsprechende Training für diese Distanz durchführen. Eine gute Fünf- oder gar Zehn-Kilometer-Zeit ist ohne erhöhten Trainingsumfang, langsameres Dauerlauftempo und lange Läufe noch keine Garantie für eine gute Halbmarathon- oder sogar Marathonzeit, die ich in der folgenden Tabelle vergleichshalber aufgenommen habe. Auch das Wetter und eine schlechte Streckenführung können Ihnen einen Strich durch die Rechnung machen.

Berechnungsbeispiele

Unerfahrenere Läufer brauchen möglicherweise mehr als ein Testrennen, denn selten gelingt beim ersten Wettkampf alles auf Anhieb. Verglichen werden können außerdem natürlich nur aktuell mögliche Zeiten. Die vor fünf Jahren erzielte Bestzeit auf ein momentan anstehendes Rennen hochzurechnen, ist unrealistisch. Zur Erläuterung der Tabelle ein paar Beispiele: Ein Läufer kann aus einem realistischen Fünf-Kilometer-Straßenlauf in 22:00 Minuten auf eine mögliche Zeit um 45:50 Minuten über zehn Kilometer hoffen und entsprechend dafür trainieren. Ein Zehn-Kilometer-Test in 32:00 Minuten kann im Opti-

Mögliche Wettkampfzeiten auf Nachbardistanzen

Sie sind einen Test gelaufen über ...	... und wollen daraus hochrechnen auf ...	Umrechnungsformel für die mögliche Zeit bei geübten Läufern (in Klammern beim Debüt)
5000 m	10 000 m	5000-m-Zeit : 0,48
10 000 m	5000 m	10 000-m-Zeit x 0,48
10 000 m	Halbmarathon	10 000-m-Zeit x 2,21 (beim Debüt x 2,33)
10 000 m	Marathon	10 000-m-Zeit x 4,666 (beim Debüt x 4,9)

malfall eine Halbmarathonzeit von 1:10:43 Stunden und eine Marathonzeit knapp unter 2:30 Stunden bedeuten. Erreicht man diese Zeiten nicht, sollte man sich kritisch fragen, ob man wirklich die zu vergleichenden Strecken ausgereizt und ob man sich adäquat vorbereitet hat und auch gesund war. Nicht immer erwischt man vergleichbar optimale Rennverläufe und günstige Witterung. Zudem gibt es genetisch bedingt Mittelstreckenspezialisten und andererseits Stehertypen, die auf den längeren Distanzen ihr Potenzial erst richtig entfalten. Es bedarf oft mehrerer Versuche, um die optimale Zeit zu realisieren.

Bei der Premiere auf längeren Distanzen sollte man einen Unerfahrenheitsmalus einkalkulieren. Immerhin ist ein Halbmarathon über doppelt so lang wie ein Zehn-Kilometer-Lauf. Für mögliche Wärme, Wind auf offener Strecke, schwierigen Kursverlauf, taktische Fehler oder falsches Trinkverhalten ist sozusagen ein Puffer einkalkuliert. Zumindest sollte man sich für ein gutes Debüt in der ersten Hälfte an der vorsichtiger berechneten Zeit orientieren.

Variablere Trainingsplanung

Sie sollten genau vermessene Trainingsstrecken haben, auf denen Sie Tempodauerläufe und vor allem das Intervalltraining gezielt in der von Ihnen geplanten Wettkampfgeschwindigkeit durchführen können. Natürlich schaffen Sie einen Zehn-Kilometer-Lauf auch aus einem reinen Dauerlauftraining. Aber wenn Sie das Maximale aus sich rausholen und Ihre persönliche Bestzeit laufen wollen, dann sollten Sie professioneller üben und variabel die Trainingselemente wie in den nachfolgenden Trainingsplänen ab Seite 139 für fünf bzw. zehn Kilometer mischen.

Die langsameren Pläne können Sie sehr gut an den Plan »Der erste Wettkampf« (Seite 131) anschließen. Sie haben darin bereits viermal pro Woche laufen gelernt, und ein eineinhalbstündiger Lauf ist bereits Routine für Sie. Sie beherrschen das variable Mischtraining aus Tempo- und ruhigen Läufen. Nun werden die schnellen Einheiten in Form des Intervalltrainings aber noch sehr viel wettkampfspezifischer.

Den passenden Plan finden

Welcher Plan zu Ihnen passt und welches Trainingstempo zu Ihrer Leistung gehört, könnte ein Novize aus dem Ergebnis des Jedermannslaufs oder aus dem Training hochrechnen. Wer beim flotten Training über zehn Kilometer bereits unter 60 Minuten kommt, könnte sich den Plan für unter 50 Minuten vorknöpfen. Ob Ihr Talent dann auch noch für schnellere Pläne ausreicht, müssen Sie vorsichtig ausloten. Das erfordert bereits mehr Erfahrung und einige Trainingsjahre. Setzen Sie aber Ihr Ziel realistisch oder lieber zunächst etwas zu tief an und lassen Sie sich eher überraschen. Greifen Sie nicht zu einem noch schnelleren Plan mit der Vorstellung: Wenn ich den schaffe, dann erreiche ich auch die langsamere Zeit. Dieser Versuchung erliegen leider nicht wenige. Statt einer ordentlichen Leistung sind Übertraining und Verletzungen oft die Folge. Die Pläne bauen aufeinander auf. Liegt die von Ihnen errechnete Zeit also zwischen zwei Plänen, können Sie dazwischen interpolieren, also die Wochenkilometer und Trainingsgeschwindigkeiten entsprechend anpassen und das Renntempo für die Intervalle selbst errechnen und einsetzen.

Intervalle und Testrennen

Für Fortgeschrittene wird in der speziellen Vorbereitungsphase der letzten sechs Wochen das wettkampfspezifische Tempo beim Intervalltraining geübt. Für 10 000 Meter kann das

Training der Laktattoleranz rund 10 %, im 5000-Meter-Training noch mehr vom Gesamtumfang ausmachen. Die schnellen Läufe mit teilweise zunehmender Wiederholungszahl über 1000, 400 oder 200 Meter bereiten nun ganz gezielt auf die errechnete Renngeschwindigkeit oder ein wenig darunter vor. Bei den schnelleren Plänen kommt für ambitionierte Profis zwei Wochen vorher ein Testwettkampf über eine kürzere Distanz hinzu. Das ist in den 5000-Meter-Plänen ein harter 3000-Meter-Lauf, der am besten in einem Bahnrennen in der angegebenen Zeit, auf jeden Fall aber schneller als das 5000-Meter-Tempo gelaufen werden sollte. Sollte das nicht in einem Wettkampf möglich sein, so laufen Sie den 3000-Meter-Lauf alleine etwas langsamer im geplanten 5000-Meter-Tempo. Für den Zehn-Kilometer-Plan gilt entsprechend, dass man den alleine gelaufenen Test über 5000 Meter im 10 000-Meter-Wettkampftempo läuft. Das wären beim Plan für 32:00 Minuten also 16:00 Minuten statt 15:22 Minuten, die nur in einem Wettkampf zu realisieren sind. Natürlich sollte man für diese Testläufe ausgeruht sein und in Wettkampfkleidung starten.

Umfang nicht vernachlässigen

Der Großteil des Trainings wird nach wie vor im grünen Bereich gelaufen. Dazu gehören auch der Tempodauerlauf und am Wochenende ein langer Lauf. Hüten Sie sich auf jeden Fall davor, an Zwischentagen zu schnell zu laufen. Dann sitzen die Tempoeinheiten nicht mehr richtig! Trotz der zunehmenden Bedeutung des anaeroben Trainings ist es ein großer Fehler, für einen 10 000-Meter-Lauf die Notwendigkeit des aeroben Kilometerumfangs zu unterschätzen. Zwar kann man einen Zehner auch mit wenig Vorbereitung irgendwie schaffen, das Ergebnis wird aber fern der wahren Möglichkeiten liegen.

Die früheren Leistungen der deutschen Spitzenläufer der 27-Minuten-Klasse werden heute nicht mehr erreicht. Sie trainierten in der Vorbereitung bis über 200 Kilometer pro Woche! Heute setzt man wegen der existierenden Hallen selbst im Winter bereits zu viel auf Intervalltraining, statt sich die aerobe Grundlage umfassender zu erarbeiten und sich beim Crosslauf physische und mentale Härte zu holen. Nicht wenige laufen zu ihrer Überraschung nach einer Halb- oder Marathonvorbereitung wegen des erhöhten Umfangs plötzlich eine neue Zehn-Kilometer-Bestzeit.

Trainingstempo

Ihr Trainingstempo für den Dauer- und Tempodauerlauf können Sie im aeroben Bereich nach den sicher ermittelten individuellen Herzfrequenzen steuern. Lesen Sie zusätzlich nach Ihrer momentan möglichen Zehn-Kilometer-Wettkampfleistung das Tempo für Dauerläufe oder Intervalltraining aus der Tabelle »10 km Wettkampfzeit und Trainingstempo« ab (siehe Seite 99). Es gilt das schon Gesagte, dass bei Hitze, in der Höhe bei dünnerer Luft oder bergan das Tempo natürlich bei gleichem

Puls langsamer ist als bei kühlem Wetter auf Meereshöhe oder auf einer flachen Strecke.

Ein Profi setzt je nach Situation mal die eine, mal die andere Methode ein. Wenn Sie also momentan im Wettkampf etwa 44 Minuten über zehn Kilometer laufen können, dann wäre Ihr regeneratives Jogging bei einem Tempo von 6:09 (bzw. 65 bis 70 % mHf), der Dauerlauf um 5:39 (bzw. 70 bis 80 % mHf) und der aerobe Tempolauf bei 4:54 Minuten pro Kilometer (bzw. 80 bis 85 % mHf). Intervalleinheiten wie 1000-Meter-Läufe wären bei 4:24 Minuten (bzw. bis über 90 % mHf) zu laufen. Natürlich ändert sich Ihr derzeitiges Trainingstempo mit der ansteigenden Form oder verschlechtert sich nach einer Krankheitspause. Da es zahlreiche Zehn-Kilometer-Straßenläufe gibt, ist es nicht schwierig, dies immer neu auszutesten oder sich zunächst an die Herzfrequenzen zu halten.

Rennen auf der Straße

Die meisten Fünf- oder Zehn-Kilometer-Rennen finden heute auf der Straße oder als Waldläufe statt. Das können eine große Runde oder auch mehrere kleine Runden sein, wobei es zu Überrundungen mit Gedränge kommen kann. Entsprechend sollten Sie im Training gewohnt sein, auf dem betreffenden Untergrund zu laufen und geeignetes Schuhwerk zu tragen. Für einen Straßenlauf sollten vor allem schnelle Läufer beachten – und dies zuvor auch testen –, ob das Sohlenmaterial ihres Schuhs bei Regen nicht wegrutscht. Das gilt besonders auf Passagen mit Kopfstein-pflaster und in Kurven, wo es bisweilen glitschig sein kann. Gute Streckenkenntnis erhält man, wenn man beim Warmlaufen den Kurs bereits besichtigt. Dabei sollte man sich auch Gefahrenpunkte wie scharfe Ecken, überstehende Kanaldeckel, Schlaglöcher oder zu umlaufende Blumenkübel merken, um nachher im Gedränge oder bei Abend- oder Nacht-läufen nicht zu Fall zu kommen.

Frontläufer haben oft das Problem, dass die Streckenposten erst bei ihnen merken, dass das Rennen schon begonnen hat, und Hundehalter nehmen meist erst nach der Spitzengruppe ihre Vierbeiner an die Leine. Siegan-

Die Startnummer wird befestigt, das Adrenalin steigt, es gibt kein Zurück mehr!

wärter sollten sich auch den Zieleinlauf sehr genau einprägen, denn falls es zum Spurt kommt, sollte man wissen, wo es hingeht.

Rennen im Stadion

Wer im Stadion startet, muss es gewohnt sein, auf der Kunststoffbahn zu laufen. Ein Aspekt ist die Gewöhnung an das Kurvenlaufen, was zu Beginn einseitigen Muskelkater ergibt. Auch nahe an der Innenbegrenzung zu rennen, um keine Meter zu verschenken, will gelernt sein. Ein weiterer Punkt ist die Rundenzählerei, die einen nerven kann, wenn man bei einem 10 000-Meter-Lauf über 25 Runden nach der Hälfte immer noch eine zweistellige Rundenzahl zu absolvieren hat. Dagegen hilft regelmäßiges Stadiontraining, wobei die exakte Zwischenzeitennahme übrigens nie ein Problem darstellt, oder auch absichtlich lange Stadionläufe wie ein 20-Kilometer-Trainingslauf, um einem die Angst vor der Rundenzählerei zu nehmen. Eliteläufer laufen mit dornenbewehrten Spikes. Sie sorgen für festen Griff und katapultieren einem im Spurt leicht nach vorne. Der Nachteil ist, dass dieses Schuhwerk zusammen mit einem hohen Trainings- und Renntempo auf dem Vorfuß die Waden und Achillessehnen stark belastet. Daher sollte man zu Beginn das Bahntraining noch mit Straßenlaufschuhen absolvieren und dann vermehrt auf Spikes umsteigen. Langsamere oder verletzungsanfällige Läufer kommen auch auf der Kunststoffbahn mit einem festen Straßenlaufschuh gut zurecht.

6-Wochen-Plan für 5 km Wettkampf – Zielzeit 29:00 Minuten

1. Woche (35 km)				2. Woche (35 km)			
Tag	**Art**	**Training**	**Ca. km***	**Tag**	**Art**	**Training**	**Ca. km***
Mo		–	–	Mo		–	–
Di	O	6 x 400 m in 2:16 Min. (200 m Gehpause)	8	Di	O	3 x 800 m in 4:38 Min. (400 m Gehpause)	8
Mi		DL 60 Min. (70 % mHf)	8	Mi		DL 60 Min. (70 % mHf)	8
Do		–	–	Do		–	–
Fr		DL 60 Min. (75 % mHf)	8	Fr		DL 60 Min. (75 % mHf)	8
Sa		–	–	Sa		–	–
So	✖	lgDL 80 Min. (70 % mHf)	11	So	✖	lgDL 80 Min. (70 % mHf)	11

3. Woche (37 km)				4. Woche (35 km)			
Tag	**Art**	**Training**	**Ca. km***	**Tag**	**Art**	**Training**	**Ca. km***
Mo		–	–	Mo		–	–
Di	→	Tempolauf 7 km, 6:32/km (85 % mHf)	10	Di	O	7x 400 m in 2:16 Min. (200 m Gehpause)	8
Mi		DL 60 Min. (70 % mHf)	8	Mi		DL 60 Min. (70 % mHf)	8
Do		–	–	Do		–	–
Fr		DL 60 Min. (75 % mHf)	8	Fr		DL 60 Min. (75 % mHf)	8
Sa		–	–	Sa		–	–
So	✖	lgDL 80 Min. (70 % mHf)	11	So	✖	lgDL 80 Min. (70 % mHf)	11

5. Woche (36 km)				6. Woche (28 km)			
Tag	**Art**	**Training**	**Ca. km***	**Tag**	**Art**	**Training**	**Ca. km***
Mo		–	–	Mo		–	–
Di	→	Tempolauf 5 km, 6:13/km (90 % mHf)	9	Di	O	3 x 1000 m in 5:48 Min. (400 m Gehpause)	8
Mi		DL 60 Min. (70 % mHf)	8	Mi		–	–
Do		–	–	Do		DL 45 Min. (70 % mHf), Stg	6
Fr		DL 60 Min. (75 % mHf)	8	Fr		–	–
Sa		–	–	Sa		DL 30 Min. (70 % mHf), Stg	4
So	✖	lgDL 80 Min. (70 % mHf)	11	So	→	**Wettkampf über 5 km** (Zielzeit 29:00 Min.)	10

% mHf = Prozent der maximalen Herzfrequenz, **DL** = Dauerlauf, **Stg** = Steigerungsläufe, ✖ lgDL = langer Dauerlauf, → Tempolauf oder Wettkampf, O Intervalltraining
* Bei Wettkämpfen und Tempoeinheiten sind bei den Tageskilometern Kilometer für langsames Ein- und Auslaufen mit einberechnet; weitere Erläuterungen siehe Kapitel zur Trainingslehre.

6-Wochen-Plan für 5 km Wettkampf – Zielzeit 25:00 Minuten

1. Woche (45 km)			
Tag	**Art**	**Training**	**Ca. km***
Mo		–	–
Di	○	5 x 400 m in 1:57 Min. (200 m Trabpause)	10
Mi		DL 60 Min. (75 % mHf)	9
Do		–	–
Fr	→	Tempolauf 7 km, 5:42/km (85 % mHf)	12
Sa		–	–
So	✖	lgDL 90 Min. (75 % mHf)	14

2. Woche (46 km)			
Tag	**Art**	**Training**	**Ca. km***
Mo		–	–
Di	○	4 x 600 m in 3:00 Min. (200 m Trabpause)	11
Mi		DL 60 Min. (75 % mHf)	9
Do		–	–
Fr	→	Tempolauf 7 km, 5:42/km (85 % mHf)	12
Sa		–	–
So	✖	lgDL 90 Min. (75 % mHf)	14

3. Woche (46 km)			
Tag	**Art**	**Training**	**Ca. km***
Mo		–	–
Di	○	6 x 400 m in 1:57 Min. (200 m Trabpause)	11
Mi		DL 60 Min. (75 % mHf)	9
Do		–	–
Fr	→	Tempolauf 7 km, 5:42/km (85 % mHf)	12
Sa		–	–
So	✖	lgDL 90 Min. (75 % mHf)	14

4. Woche (46 km)			
Tag	**Art**	**Training**	**Ca. km***
Mo		–	–
Di	○	3 x 800 m in 4:00 Min. (400 m Trabpause)	11
Mi		DL 60 Min. (75 % mHf), Stg	9
Do		–	–
Fr	→	Tempolauf 7 km, 5:42/km (85 % mHf)	12
Sa		–	–
So	✖	lgDL 90 Min. (75 % mHf)	14

5. Woche (44 km)			
Tag	**Art**	**Training**	**Ca. km***
Mo		–	–
Di	○	7 x 400 m in 1:57 Min. (200 m Trabpause)	12
Mi		DL 60 Min. (75 % mHf), Stg	9
Do		–	–
Fr	→	Tempolauf 6 km, 5:22/km (90 % mHf)	11
Sa		–	–
So	✖	lgDL 80 Min. (70 % mHf)	12

6. Woche (33 km)			
Tag	**Art**	**Training**	**Ca. km***
Mo		–	–
Di	○	3 x 1000 m in 5:00 Min. (400 m Trabpause)	11
Mi		–	–
Do		DL 45 Min. (70 % mHf), Stg	7
Fr		–	–
Sa		DL 30 Min. (70 % mHf), Stg	4
So	→	**Wettkampf über 5 km** (Zielzeit 25:00 Min.)	11

% mHf = Prozent der maximalen Herzfrequenz, **DL** = Dauerlauf, **Stg** = Steigerungsläufe, ✖ lgDL = langer Dauerlauf, → Tempolauf oder Wettkampf, ○ Intervalltraining
* Bei Wettkämpfen und Tempoeinheiten sind bei den Tageskilometern Kilometer für langsames Ein- und Auslaufen mit einberechnet; weitere Erläuterungen siehe Kapitel zur Trainingslehre.

© Herbert Steffny: Optimales Lauftraining, Südwest Verlag 2018

6-Wochen-Plan für 5 km Wettkampf – Zielzeit 22:00 Minuten

1. Woche (48 km)			
Tag	**Art**	**Training**	**Ca. km***
Mo		–	–
Di	◐	6 x 400 m in 1:43 Min. (200 m Trabpause)	10
Mi		DL 60 Min. (75 % mHf)	10
Do		–	–
Fr	➜	Tempolauf 8 km, 5:05/km (85 % mHf)	13
Sa		–	–
So	✖	lgDL 90 Min. (70 % mHf)	15

2. Woche (47 km)			
Tag	**Art**	**Training**	**Ca. km***
Mo		–	–
Di	◐	8 x 400 m in 1:43 Min. (200 m Trabpause)	11
Mi		DL 60 Min. (75 % mHf)	10
Do		–	–
Fr	◐	3 x 800 m in 3:31 Min. (400 m Trabpause)	11
Sa		–	–
So	✖	lgDL 90 Min. (70 % mHf)	15

3. Woche (48 km)			
Tag	**Art**	**Training**	**Ca. km***
Mo		–	–
Di	◐	6 x 200 m in 0:44 Min. (200 m Trabpause)	11
Mi		DL 60 Min. (75 % mHf)	10
Do		–	–
Fr	➜	Tempolauf 7 km, 4:43/km (90 % mHf)	12
Sa		–	–
So	✖	lgDL 90 Min. (70 % mHf)	15

4. Woche (36 km)			
Tag	**Art**	**Training**	**Ca. km***
Mo		–	–
Di	◐	8 x 400 m in 1:43 Min. (400 m Trabpause)	11
Mi		–	–
Do		DL 60 Min. (75 % mHf), Stg	10
Fr		–	–
Sa		DL 30 Min. (70 % mHf), Stg	5
So	➜	**Wettkampf 3000 m** (Zielzeit 12:58 Min.)	10

5. Woche (46 km)			
Tag	**Art**	**Training**	**Ca. km***
Mo		–	–
Di		DL 60 Min. (75 % mHf)	10
Mi	◐	8 x 400 m in 1:43 Min. (200 m Trabpause)	11
Do		–	–
Fr	➜	Tempolauf 7 km, 4:43/km (90 % mHf)	12
Sa		–	–
So	✖	lgDL 80 Min. (70 % mHf)	13

6. Woche (34 km)			
Tag	**Art**	**Training**	**Ca. km***
Mo		–	–
Di	◐	3 x 1000 m in 4:24 Min. (400 m Trabpause)	11
Mi		–	–
Do		DL 45 Min. (70 % mHf), Stg	7
Fr		–	–
Sa		DL 30 Min. (70 % mHf), Stg	5
So	➜	**Wettkampf über 5 km** (Zielzeit 22:00 Min.)	11

% mHf = Prozent der maximalen Herzfrequenz, **DL** = Dauerlauf, **Stg** = Steigerungsläufe, ✖ lgDL = langer Dauerlauf, ➜ Tempolauf oder Wettkampf, ◐ Intervalltraining
* Bei Wettkämpfen und Tempoeinheiten sind bei den Tageskilometern Kilometer für langsames Ein- und Auslaufen mit einberechnet; weitere Erläuterungen siehe Kapitel zur Trainingslehre.

6-Wochen-Plan für 5 km Wettkampf – Zielzeit 19:30 Minuten

1. Woche (61 km)

Tag	Art	Training	Ca. km*
Mo		–	–
Di	⚪	6 x 400 m in 1:32 Min. (200 m Trabpause)	10
Mi		DL 60 Min. (75 % mHf)	11
Do		–	–
Fr	➜	Tempolauf 8 km, 4:34/km (85 % mHf)	13
Sa		DL 60 Min. (75 % mHf)	11
So	✖	lgDL 90 Min. (70 % mHf)	16

2. Woche (61 km)

Tag	Art	Training	Ca. km*
Mo		–	–
Di	⚪	8 x 400 m in 1:32 Min. (200 m Trabpause)	12
Mi		DL 60 Min. (75 % mHf)	11
Do		–	–
Fr	⚪	3 x 800 m in 3:07 Min. (400 m Trabpause)	11
Sa		DL 60 Min. (75 % mHf)	11
So	✖	lgDL 90 Min. (70 % mHf)	16

3. Woche (61 km)

Tag	Art	Training	Ca. km*
Mo		–	–
Di	➜	Tempolauf 7 km, 4:11/km (90 % mHf)	12
Mi		DL 60 Min. (75 % mHf)	11
Do		–	–
Fr	⚪	6 x 200 m in 0:39 Min. (200 m Trabpause)	11
Sa		DL 60 Min. (75 % mHf)	11
So	✖	lgDL 90 Min. (70 % mHf)	16

4. Woche (50 km)

Tag	Art	Training	Ca. km*
Mo		–	–
Di	⚪	3 x 1000 m in 3:54 Min. (400 m Trabpause)	11
Mi		DL 60 Min. (70 % mHf), Stg	11
Do		–	–
Fr		DL 30 Min. (70 % mHf), Stg	5
Sa	➜	**Wettkampf 3000 m** (Zielzeit 11:30 Min.)	10
So	✖	lgDL 75 Min. (70 % mHf)	13

5. Woche (56 km)

Tag	Art	Training	Ca. km*
Mo		–	–
Di		DL 60 Min. (75 % mHf)	11
Mi	⚪	8 x 400 m in 1:32 Min. (200 m Trabpause)	11
Do		–	–
Fr	➜	Tempolauf 7 km, 4:11/km (90 % mHf)	12
Sa		DL 45 Min. (70 % mHf)	8
So	✖	lgDL 80 Min. (70 % mHf)	14

6. Woche (48 km)

Tag	Art	Training	Ca. km*
Mo		–	–
Di	⚪	3 x 1000 m in 3:54 Min. (400 m Trabpause)	11
Mi		DL 60 Min. (70 % mHf)	11
Do		DL 45 Min. (75 % mHf), Stg	9
Fr		–	–
Sa		DL 30 Min. (70 % mHf), Stg	5
So	➜	**Wettkampf über 5 km** (Zielzeit 19:30 Min.)	12

% mHf = Prozent der maximalen Herzfrequenz, **DL** = Dauerlauf, **Stg** = Steigerungsläufe, ✖ lgDL = langer Dauerlauf, ➜ Tempolauf oder Wettkampf, ⚪ Intervalltraining
* Bei Wettkämpfen und Tempoeinheiten sind bei den Tageskilometern Kilometer für langsames Ein- und Auslaufen mit einberechnet; weitere Erläuterungen siehe Kapitel zur Trainingslehre.

6-Wochen-Plan für 5 km Wettkampf – Zielzeit 17:00 Minuten

1. Woche (80 km)			
Tag	**Art**	**Training**	**Ca. km***
Mo		DL 60 Min. (70 % mHf)	12
Di	○	8 x 400 m in 1:19 Min. (200 m Trabpause)	11
Mi		DL 60 Min. (75 % mHf)	12
Do		–	–
Fr	→	Tempolauf 10 km, 4:03/km (85 % mHf)	15
Sa		DL 60 Min. (70 % mHf)	12
So	✖	lgDL 90 Min. (70 % mHf)	18

2. Woche (77 km)			
Tag	**Art**	**Training**	**Ca. km***
Mo		DL 60 Min. (70 % mHf)	12
Di	○	8 x 400 m in 1:19 Min. (200 m Trabpause)	11
Mi		DL 60 Min. (75 % mHf)	12
Do		–	–
Fr	○	4 x 800 m in 2:43 Min. (400 m Trabpause)	12
Sa		DL 60 Min. (75 % mHf)	12
So	✖	lgDL 90 Min. (70 % mHf)	18

3. Woche (78 km)			
Tag	**Art**	**Training**	**Ca. km***
Mo		DL 60 Min. (70 % mHf)	12
Di	→	Tempolauf 7 km, 3:39/km (90 % mHf)	12
Mi		DL 60 Min. (75 % mHf)	12
Do		–	–
Fr	○	3 x 1000 m in 3:24 Min. (400 m Trabpause)	12
Sa		DL 60 Min. (75 % mHf)	12
So	✖	lgDL 90 Min. (70 % mHf)	18

4. Woche (66 km)			
Tag	**Art**	**Training**	**Ca. km***
Mo		DL 60 Min. (70 % mHf)	12
Di	○	8 x 200 m in 0:34 Min. (200 m Trabpause)	11
Mi		DL 60 Min. (70 % mHf), Stg	12
Do		–	–
Fr		DL 30 Min. (70 % mHf), Stg	6
Sa	→	**Wettkampf 3000 m** (Zielzeit 9:59 Min.)	10
So	✖	lgDL 75 Min. (70 % mHf)	15

5. Woche (70 km)			
Tag	**Art**	**Training**	**Ca. km***
Mo		DL 50 Min. (70 % mHf)	10
Di		DL 60 Min. (75 % mHf)	12
Mi	○	8 x 400 m in 1:19 Min. (200 m Trabpause)	11
Do		–	–
Fr	→	Tempolauf 7 km, 3:39/km (90 % mHf)	12
Sa		DL 45 Min. (70 % mHf)	9
So	✖	lgDL 80 Min. (70 % mHf)	16

6. Woche (51 km)			
Tag	**Art**	**Training**	**Ca. km***
Mo		–	–
Di	○	3 x 1000 m in 3:24 Min. (400 m Trabpause)	12
Mi		DL 60 Min. (70 % mHf)	12
Do		DL 45 Min. (75 % mHf), Stg	9
Fr		–	–
Sa		DL 30 Min. (70 % mHf), Stg	6
So	→	**Wettkampf über 5 km** (Zielzeit 17:00 Min.)	12

% **mHf** = Prozent der maximalen Herzfrequenz, **DL** = Dauerlauf, **Stg** = Steigerungsläufe, ✖ lgDL = langer Dauerlauf, → Tempolauf oder Wettkampf, ○ Intervalltraining
* Bei Wettkämpfen und Tempoeinheiten sind bei den Tageskilometern Kilometer für langsames Ein- und Auslaufen mit einberechnet; weitere Erläuterungen siehe Kapitel zur Trainingslehre.

© Herbert Steffny: Optimales Lauftraining, Südwest Verlag 2018

6-Wochen-Plan für 5 km Wettkampf – Zielzeit 14:30 Minuten

1. Woche (99 km)			
Tag	**Art**	**Training**	**Ca. km***
Mo		DL 60 Min. (70 % mHf)	13
Di	○	8 x 400 m in 1:08 Min. (200 m Trabpause)	12
Mi		DL 70 Min. (70 % mHf)	15
Do	○	4 x 800 m in 2:19 Min. (400 m Trabpause)	12
Fr		DL 60 Min. (70 % mHf)	13
Sa	→	Tempolauf 8 km, 3:31/km (85 % mHf)	14
So	✖	lgDL 90 Min. (70 % mHf)	20

2. Woche (97 km)			
Tag	**Art**	**Training**	**Ca. km***
Mo		DL 60 Min. (70 % mHf)	13
Di	○	10 x 200 m in 0:29 Min. (200 m Trabpause)	11
Mi		DL 70 Min. (70 % mHf)	15
Do	○	3 x 1000 m in 2:54 Min. (400 m Trabpause)	12
Fr		DL 60 Min. (70 % mHf)	13
Sa	→	Tempolauf 7 km, 3:07/km (90 % mHf)	13
So	✖	lgDL 90 Min. (70 % mHf)	20

3. Woche (99 km)			
Tag	**Art**	**Training**	**Ca. km***
Mo		DL 60 Min. (70 % mHf)	13
Di	○	10 x 400 m in 1:08 Min. (200 m Trabpause)	13
Mi		DL 70 Min. (70 % mHf)	15
Do	○	3 x 1000 m in 2:54 Min. (400 m Trabpause)	12
Fr		DL 60 Min. (70 % mHf)	13
Sa	→	Tempolauf 7 km, 3:07/km (90 % mHf)	13
So	✖	lgDL 90 Min. (70 % mHf)	20

4. Woche (83 km)			
Tag	**Art**	**Training**	**Ca. km***
Mo		DL 60 Min. (70 % mHf)	13
Di	○	10 x 200 m in 0:29 Min. (200 m Trabpause)	11
Mi		DL 60 Min. (70 % mHf)	13
Do		DL 45 Min. (70 % mHf), Stg	10
Fr		DL 30 Min. (70 % mHf), Stg	7
Sa	→	**Wettkampf 3000 m** (Zielzeit 8:30 Min.)	11
So	✖	lgDL 80 Min. (70 % mHf)	18

5. Woche (93 km)			
Tag	**Art**	**Training**	**Ca. km***
Mo		DL 50 Min. (70 % mHf)	11
Di		DL 60 Min. (75 % mHf)	14
Mi	○	10 x 400 m in 1:08 Min. (200 m Trabpause)	13
Do		DL 60 Min. (70 % mHf)	13
Fr	→	Tempolauf 7 km, 3:07/km (90 % mHf)	13
Sa		DL 50 Min. (70 % mHf)	11
So	✖	lgDL 80 Min. (70 % mHf)	18

6. Woche (66 km)			
Tag	**Art**	**Training**	**Ca. km***
Mo		DL 50 Min. (70 % mHf)	11
Di	○	3 x 1200 m in 3:29 Min. (400 m Trabpause)	13
Mi		DL 60 Min. (70 % mHf)	13
Do		DL 45 Min. (75 % mHf), Stg	10
Fr		–	–
Sa		DL 30 Min. (70 % mHf), Stg	7
So	→	**Wettkampf über 5 km** (Zielzeit 14:30 Min.)	12

% mHf = Prozent der maximalen Herzfrequenz, **DL** = Dauerlauf, **Stg** = Steigerungsläufe, ✖ lgDL = langer Dauerlauf, → Tempolauf oder Wettkampf, ○ Intervalltraining
* Bei Wettkämpfen und Tempoeinheiten sind bei den Tageskilometern Kilometer für langsames Ein- und Auslaufen mit einberechnet; weitere Erläuterungen siehe Kapitel zur Trainingslehre.

© Herbert Steffny: Optimales Lauftraining, Südwest Verlag 2018

6-Wochen-Plan für 10 km Wettkampf – Zielzeit 59 Minuten

1. Woche (37 km)			
Tag	**Art**	**Training**	**Ca. km***
Mo		–	–
Di		DL 60 Min. (70-75 % mHf)	8
Mi		–	–
Do	→	Tempolauf 5 km, 6:30/km (85 % mHf)	10
Fr		–	–
Sa		DL 50 Min. (75 % mHf)	7
So	✖	lgDL 90 Min. (70 % mHf)	12

2. Woche (38 km)			
Tag	**Art**	**Training**	**Ca. km***
Mo		–	–
Di		DL 60 Min. (70-75 % mHf)	8
Mi		–	–
Do	⊙	6 x 400 m in 2:20 Min. (200 m Trabpause)	9
Fr		–	–
Sa		DL 50 Min. (75 % mHf)	7
So	✖	lgDL 100 Min. (70 % mHf)	14

3. Woche (40 km)			
Tag	**Art**	**Training**	**Ca. km***
Mo		–	–
Di		DL 60 Min. (70-75 % mHf)	8
Mi		–	–
Do	→	Tempolauf 6 km, 6:30/km (85 % mHf)	11
Fr		–	–
Sa		DL 50 Min. (75 % mHf)	7
So	✖	lgDL 100 Min. (70 % mHf)	14

4. Woche (37 km)			
Tag	**Art**	**Training**	**Ca. km***
Mo		–	–
Di		DL 60 Min. (70-75 % mHf)	8
Mi		–	–
Do	⊙	3 x 1000 m in 5:55 Min. (400 m Trabpause)	10
Fr		–	–
Sa		DL 50 Min. (75 % mHf)	7
So	✖	lgDL 90 Min. (70 % mHf)	12

5. Woche (36 km)			
Tag	**Art**	**Training**	**Ca. km***
Mo		–	–
Di		DL 60 Min. (70-75 % mHf)	8
Mi		–	–
Do	⊙	4 x 1000 m in 5:55 Min. (400 m Trabpause)	11
Fr		–	–
Sa		DL 50 Min. (75 % mHf)	7
So	✖	lgDL 75 Min. (70 % mHf)	10

6. Woche (33 km)			
Tag	**Art**	**Training**	**Ca. km***
Mo		–	–
Di	⊙	8 x 400 m in 2:20 Min. (200 m Trabpause)	10
Mi		–	–
Do		DL 40 Min. (75 % mHf), Stg	6
Fr		–	–
Sa		DL 20 Min. (70 % mHf), Stg	3
So	→	**Wettkampf über 10 km** (Zielzeit 59 Min.)	14

% mHf = Prozent der maximalen Herzfrequenz, **DL** = Dauerlauf, **Stg** = Steigerungsläufe, ✖ lgDL = langer Dauerlauf, → Tempolauf oder Wettkampf, ⊙ Intervalltraining
* Bei Wettkämpfen und Tempoeinheiten sind bei den Tageskilometern Kilometer für langsames Ein- und Auslaufen mit einberechnet; weitere Erläuterungen siehe Kapitel zur Trainingslehre.

© Herbert Steffny: Optimales Lauftraining, Südwest Verlag 2018

6-Wochen-Plan für 10 km Wettkampf – Zielzeit 54 Minuten

1. Woche (44 km)			
Tag	**Art**	**Training**	**Ca. km***
Mo		–	–
Di		DL 60 Min. (75 % mHf)	9
Mi		–	–
Do	→	Tempolauf 6 km, 6:00/km (85 % mHf)	11
Fr		–	–
Sa		DL 60 Min. (75 % mHf)	9
So	✖	DL 105 Min. (70 % mHf)	15

2. Woche (46 km)			
Tag	**Art**	**Training**	**Ca. km***
Mo		–	–
Di	⬤	6 x 400 m in 2:07 Min. (200 m Trabpause)	9
Mi		–	–
Do	→	Tempolauf 6 km, 6:00/km (85 % mHf)	11
Fr		–	–
Sa		DL 60 Min. (75 % mHf)	9
So	✖	DL 120 Min. (70 % mHf)	17

3. Woche (47 km)			
Tag	**Art**	**Training**	**Ca. km***
Mo		–	–
Di	⬤	3 x 1000 m in 5:20 Min. (400 m Trabpause)	10
Mi		–	–
Do	→	Tempolauf 6 km, 6:00/km (85 % mHf)	11
Fr		–	–
Sa		DL 60 Min. (75 % mHf)	9
So	✖	lgDL 120 Min. (70 % mHf)	17

4. Woche (48 km)			
Tag	**Art**	**Training**	**Ca. km***
Mo		–	–
Di	⬤	4 x 1000 m in 5:20 Min. (400 m Trabpause)	11
Mi		–	–
Do	→	Tempolauf 6 km, 6:00/km (85 % mHf)	11
Fr		–	–
Sa		DL 60 Min. (75 % mHf)	9
So	✖	DL 120 Min. (70 % mHf)	17

5. Woche (47 km)			
Tag	**Art**	**Training**	**Ca. km***
Mo		–	–
Di	⬤	5 x 1000 m in 5:20 Min. (400 m Trabpause)	12
Mi		–	–
Do	→	Tempolauf 6 km, 6:00/km (85 % mHf)	11
Fr		–	–
Sa		DL 60 Min. (75 % mHf)	9
So	✖	DL 105 Min. (70 % mHf)	15

6. Woche (35 km)			
Tag	**Art**	**Training**	**Ca. km***
Mo		–	–
Di	⬤	8 x 400 m in 2:07 Min. (200 m Trabpause)	10
Mi		–	–
Do		DL 45 Min. (75 % mHf), Stg	7
Fr		–	–
Sa		DL 20 Min. (70 % mHf), Stg	3
So	→	**Wettkampf über 10 km** (Zielzeit 54 Min.)	15

% mHf = Prozent der maximalen Herzfrequenz, **DL** = Dauerlauf, **Stg** = Steigerungsläufe, ✖ **lgDL** = langer Dauerlauf, → Tempolauf oder Wettkampf, ⬤ Intervalltraining
* Bei Wettkämpfen und Tempoeinheiten sind bei den Tageskilometern Kilometer für langsames Ein- und Auslaufen mit einberechnet; weitere Erläuterungen siehe Kapitel zur Trainingslehre.

6-Wochen-Plan für 10 km Wettkampf – Zielzeit 49 Minuten

1. Woche (47 km)			
Tag	**Art**	**Training**	**Ca. km***
Mo		–	–
Di		DL 60 Min. (75 % mHf)	10
Mi		–	–
Do	→	Tempolauf 6 km, 5:30/km (85 % mHf)	11
Fr		–	–
Sa		DL 60 Min. (75 % mHf)	10
So	✖	lgDL 105 Min. (70 % mHf)	16

2. Woche (48 km)			
Tag	**Art**	**Training**	**Ca. km***
Mo		–	–
Di	◉	5 x 400 m in 1:55 Min. (200 m Trabpause)	9
Mi		–	–
Do	→	Tempolauf 6 km, 5:30/km (85 % mHf)	11
Fr		–	–
Sa		DL 60 Min. (75 % mHf)	10
So	✖	lgDL 120 Min. (70 % mHf)	18

3. Woche (49 km)			
Tag	**Art**	**Training**	**Ca. km***
Mo		–	–
Di	◉	3 x 1000 m in 4:51 Min. (400 m Trabpause)	10
Mi		–	–
Do	→	Tempolauf 6 km, 5:30/km (85 % mHf)	11
Fr		–	–
Sa		DL 60 Min. (75 % mHf)	10
So	✖	lgDL 120 Min. (70 % mHf)	18

4. Woche (50 km)			
Tag	**Art**	**Training**	**Ca. km***
Mo		–	–
Di	◉	4 x 1000 m in 4:51 Min. (400 m Trabpause)	11
Mi		–	–
Do	→	Tempolauf 6 km, 5:30/km (85 % mHf)	11
Fr		–	–
Sa		DL 60 Min. (75 % mHf)	10
So	✖	lgDL 120 Min. (70 % mHf)	18

5. Woche (49 km)			
Tag	**Art**	**Training**	**Ca. km***
Mo		–	–
Di	◉	5 x 1000 m in 4:51 Min. (400 m Trabpause)	12
Mi		–	–
Do	→	Tempolauf 6 km, 5:30/km (85 % mHf)	11
Fr		–	–
Sa		DL 60 Min. (75 % mHf)	10
So	✖	lgDL 105 Min. (70 % mHf)	16

6. Woche (35 km)			
Tag	**Art**	**Training**	**Ca. km***
Mo		–	–
Di	◉	8 x 400 m in 1:55 Min. (200 m Trabpause)	10
Mi		–	–
Do		DL 45 Min. (75 % mHf), Stg	7
Fr		–	–
Sa		DL 20 Min. (70 % mHf), Stg	3
So	→	**Wettkampf über 10 km** (Zielzeit 49 Min.)	15

% mHf = Prozent der maximalen Herzfrequenz, **DL** = Dauerlauf, **Stg** = Steigerungsläufe, ✖ lgDL = langer Dauerlauf, → Tempolauf oder Wettkampf, ◉ Intervalltraining
* Bei Wettkämpfen und Tempoeinheiten sind bei den Tageskilometern Kilometer für langsames Ein- und Auslaufen mit einberechnet; weitere Erläuterungen siehe Kapitel zur Trainingslehre.

6-Wochen-Plan für 10 km Training – Zielzeit 44 Minuten

1. Woche (52 km)

Tag	Art	Training	Ca. km*
Mo		–	–
Di	⦿	3 x 1000 m in 4:20 Min. (400 m Trabpause)	10
Mi		–	–
Do	→	Tempolauf 7 km, 5:00/km (85 % mHf)	12
Fr		–	–
Sa		DL 70 Min. (75 % mHf)	12
So	✖	lgDL 110 Min. (70 % mHf)	18

2. Woche (55 km)

Tag	Art	Training	Ca. km*
Mo		–	–
Di	⦿	6 x 400 m in 1:40 Min. (200 m Trabpause)	10
Mi		–	–
Do	→	Tempolauf 7 km, 5:00/km (85 % mHf)	12
Fr		–	–
Sa		DL 75 Min. (75 % mHf)	13
So	✖	lgDL 120 Min. (70 % mHf)	20

3. Woche (56 km)

Tag	Art	Training	Ca. km*
Mo		–	–
Di	⦿	4 x 1000 m in 4:20 Min. (400 m Trabpause)	11
Mi		–	–
Do	→	Tempolauf 7 km, 5:00/km (85 % mHf)	12
Fr		–	–
Sa		DL 75 Min. (75 % mHf)	13
So	✖	lgDL 120 Min. (70 % mHf)	20

4. Woche (56 km)

Tag	Art	Training	Ca. km*
Mo		–	–
Di	⦿	8 x 400 m in 1:40 Min. (200 m Trabpause)	10
Mi		–	–
Do	→	Tempolauf 8 km, 5:00/km (85 % mHf)	13
Fr		–	–
Sa		DL 75 Min. (75 % mHf)	13
So	✖	lgDL 120 Min. (70 % mHf)	20

5. Woche (53 km)

Tag	Art	Training	Ca. km*
Mo		–	–
Di	⦿	5 x 1000 m in 4:20 Min. (400 m Trabpause)	12
Mi		–	–
Do	→	Tempolauf 6 km, 4:50/km (85 % mHf)	11
Fr		–	–
Sa		DL 70 Min. (75 % mHf)	12
So	✖	lgDL 110 Min. (70 % mHf)	18

6. Woche (40 km)

Tag	Art	Training	Ca. km*
Mo		–	–
Di	⦿	10 x 400 m in 1:40 Min. (200 m Trabpause)	11
Mi		–	–
Do		DL 45 Min. (75 % mHf), Stg	7
Fr		–	–
Sa		DL 30 Min. (70 % mHf), Stg	5
So	→	**Wettkampf über 10 km** (Zielzeit 44 Min.)	16

% mHf = Prozent der maximalen Herzfrequenz, **DL** = Dauerlauf, **Stg** = Steigerungsläufe, ✖ lgDL = langer Dauerlauf, → Tempolauf oder Wettkampf, ⦿ Intervalltraining
* Bei Wettkämpfen und Tempoeinheiten sind bei den Tageskilometern Kilometer für langsames Ein- und Auslaufen mit einberechnet; weitere Erläuterungen siehe Kapitel zur Trainingslehre.

6-Wochen-Plan für 10 km Wettkampf – Zielzeit 39 Minuten

1. Woche (67 km)			
Tag	**Art**	**Training**	**Ca. km***
Mo		–	–
Di	◐	6 x 400 m in 1:29 Min. (200 m Trabpause)	9
Mi		DL 60 Min. (75 % mHf)	12
Do		–	–
Fr	→	Tempolauf 8 km, 4:25/km (85 % mHf)	13
Sa		DL 60 Min. (70 % mHf)	11
So	✖	lgDL 120 Min. (70 % mHf)	22

2. Woche (68 km)			
Tag	**Art**	**Training**	**Ca. km***
Mo		–	–
Di	◐	3 x 1000 m in 3:51 Min. (400 m Trabpause)	10
Mi		DL 60 Min. (75 % mHf)	12
Do		–	–
Fr	→	Tempolauf 8 km, 4:25/km (85 % mHf)	13
Sa		DL 60 Min. (70 % mHf)	11
So	✖	lgDL 120 Min. (70 % mHf)	22

3. Woche (68 km)			
Tag	**Art**	**Training**	**Ca. km***
Mo		–	–
Di	◐	8 x 400 m in 1:29 Min. (200 m Trabpause)	11
Mi		DL 60 Min. (75 % mHf)	12
Do		–	–
Fr	→	Tempolauf 8 km, 4:25/km (85 % mHf)	13
Sa		DL 60 Min. (70 % mHf)	11
So	✖	lgDL 120 Min. (70 % mHf)	22

4. Woche (69 km)			
Tag	**Art**	**Training**	**Ca. km***
Mo		–	–
Di	◐	4 x 1000 m in 3:51 Min. (400 m Trabpause)	11
Mi		DL 60 Min. (75 % mHf)	12
Do		–	–
Fr	→	Tempolauf 8 km, 4:25/km (85 % mHf)	13
Sa		DL 60 Min. (70 % mHf)	11
So	✖	lgDL 120 Min. (70 % mHf)	22

5. Woche (72 km)			
Tag	**Art**	**Training**	**Ca. km***
Mo		–	–
Di	◐	10 x 400 m in 1:29 Min. (200 m Trabpause)	12
Mi		DL 60 Min. (75 % mHf)	12
Do		–	–
Fr	→	Tempolauf 10 km, 4:25/km (85 % mHf)	15
Sa		DL 60 Min. (70 % mHf)	11
So	✖	lgDL 120 Min. (70 % mHf)	22

6. Woche (52 km)			
Tag	**Art**	**Training**	**Ca. km***
Mo		–	–
Di	◐	5 x 1000 m in 3:51 Min. (400 m Trabpause)	12
Mi		DL 60 Min. (70 % mHf)	11
Do		DL 45 Min. (75 % mHf), Stg	8
Fr		–	–
Sa		DL 30 Min. (70 % mHf), Stg	5
So	→	**Wettkampf über 10 km** (Zielzeit 39 Min.)	16

% mHf = Prozent der maximalen Herzfrequenz, **DL** = Dauerlauf, **Stg** = Steigerungsläufe, ✖ lgDL = langer Dauerlauf, → Tempolauf oder Wettkampf, ◐ Intervalltraining
* Bei Wettkämpfen und Tempoeinheiten sind bei den Tageskilometern Kilometer für langsames Ein- und Auslaufen mit einberechnet; weitere Erläuterungen siehe Kapitel zur Trainingslehre.

6-Wochen-Plan für 10 km Wettkampf – Zielzeit 35 Minuten

1. Woche (85 km)			
Tag	**Art**	**Training**	**Ca. km***
Mo		DL 60 Min. (70 % mHf)	12
Di	⬤	6 x 400 m in 1:19 Min. (200 m Trabpause)	10
Mi		DL 60 Min. (75 % mHf)	13
Do		–	–
Fr	➜	Tempolauf 8 km, 4:00/km (85 % mHf)	13
Sa		DL 60 Min. (75 % mHf)	13
So	✖	lgDL 120 Min. (70 % mHf)	24

2. Woche (89 km)			
Tag	**Art**	**Training**	**Ca. km***
Mo		DL 60 Min. (70 % mHf)	12
Di	⬤	4 x 1000 m in 3:30 Min. (400 m Trabpause)	12
Mi		DL 60 Min. (75 % mHf)	13
Do		–	–
Fr	➜	Tempolauf 10 km, 4:00/km (85 % mHf)	15
Sa		DL 60 Min. (75 % mHf)	13
So	✖	lgDL 120 Min. (70 % mHf)	24

3. Woche (85 km)			
Tag	**Art**	**Training**	**Ca. km***
Mo		DL 60 Min. (70 % mHf)	12
Di	⬤	7 x 400 m in 1:19 Min. (200 m Trabpause)	11
Mi		DL 60 Min. (75 % mHf)	13
Do		–	–
Fr	⬤	5 x 1000 m in 3:30 Min. (400 m Trabpause)	12
Sa		DL 60 Min. (75 % mHf)	13
So	✖	lgDL 120 Min. (70 % mHf)	24

4. Woche (74 km)			
Tag	**Art**	**Training**	**Ca. km***
Mo		DL 60 Min. (70 % mHf)	12
Di	⬤	8 x 400 m in 1:19 Min. (200 m Trabpause)	12
Mi		DL 60 Min. (75 % mHf), Stg	13
Do		DL 40 Min. (70 % mHf), Stg	8
Fr		–	–
Sa	➜	**Wettkampf über 5 km** (Zielzeit 16:48 Min.)	11
So	✖	lgDL 90 Min. (70 % mHf)	18

5. Woche (84 km)			
Tag	**Art**	**Training**	**Ca. km***
Mo		DL 50 Min. (70 % mHf)	10
Di		DL 60 Min. (75 % mHf)	13
Mi	⬤	8 x 400 m in 1:19 Min. (200 m Trabpause)	12
Do		–	–
Fr	➜	Tempolauf 10 km, 4:00/km (85 % mHf)	15
Sa		DL 60 Min. (70 % mHf)	12
So	✖	lgDL 110 Min. (70 % mHf)	22

6. Woche (56 km)			
Tag	**Art**	**Training**	**Ca. km***
Mo		–	–
Di	⬤	5 x 1000 m in 3:30 Min. (400 m Trabpause)	12
Mi		DL 60 Min. (70 % mHf)	12
Do		DL 45 Min. (75 % mHf), Stg	10
Fr		–	–
Sa		DL 30 Min. (70 % mHf), Stg	6
So	➜	**Wettkampf über 10 km** (Zielzeit 35 Min.)	16

% mHf = Prozent der maximalen Herzfrequenz, **DL** = Dauerlauf, **Stg** = Steigerungsläufe, ✖ **lgDL** = langer Dauerlauf, ➜ Tempolauf oder Wettkampf, ⬤ Intervalltraining
*	Bei Wettkämpfen und Tempoeinheiten sind bei den Tageskilometern Kilometer für langsames Ein- und Auslaufen mit einberechnet; weitere Erläuterungen siehe Kapitel zur Trainingslehre.

© Herbert Steffny: Optimales Lauftraining, Südwest Verlag 2018

6-Wochen-Plan für 10 km Wettkampf – Zielzeit 32 Minuten

1. Woche (105 km)			
Tag	**Art**	**Training**	**Ca. km***
Mo		DL 60 Min. (70 % mHf)	13
Di	○	6 x 400 m in 1:13 Min. (200 m Trabpause)	10
Mi		DL 75 Min. (75 % mHf)	17
Do		DL 60 Min. (75 % mHf)	13
Fr	→	Tempolauf 10 km, 3:42/km (85 % mHf)	15
Sa		DL 60 Min. (75 % mHf)	13
So	✖	lgDL 110 Min. (70 % mHf)	24

2. Woche (109 km)			
Tag	**Art**	**Training**	**Ca. km***
Mo		DL 60 Min. (70 % mHf)	13
Di	○	5 x 1000 m in 3:10 Min. (400 m Trabpause)	14
Mi		DL 75 Min. (75 % mHf)	17
Do		DL 60 Min. (75 % mHf)	13
Fr	→	Tempolauf 10 km, 3:42/km (85 % mHf)	15
Sa		DL 60 Min. (75 % mHf)	13
So	✖	lgDL 110 Min. (70 % mHf)	24

3. Woche (98 km)			
Tag	**Art**	**Training**	**Ca. km***
Mo		DL 60 Min. (70 % mHf)	13
Di	○	7 x 400 m in 1:13 Min. (200 m Trabpause)	10
Mi		DL 60 Min. (75 % mHf)	13
Do	→	Tempolauf 10 km, 3:42/km (85 % mHf)	15
Fr		DL 60 Min. (75 % mHf)	13
Sa	○	8 x 200 m in 0:31 Min. (200 m Trabpause)	10
So	✖	lgDL 110 Min. (70 % mHf)	24

4. Woche (89 km)			
Tag	**Art**	**Training**	**Ca. km***
Mo		DL 60 Min. (70 % mHf)	13
Di	○	5 x 1000 m in 3:10 Min. (400 m Trabpause)	14
Mi		DL 60 Min. (75 % mHf)	13
Do		DL 45 Min. (70 % mHf), Stg	10
Fr		DL 30 Min. (70 % mHf), Stg	6
Sa	→	**Wettkampf über 5 km** (Zielzeit 15:22 Min.)	12
So	✖	lgDL 100 Min. (70 % mHf)	21

5. Woche (96 km)			
Tag	**Art**	**Training**	**Ca. km***
Mo		DL 50 Min. (70 % mHf)	11
Di		DL 60 Min. (75 % mHf)	13
Mi	○	8 x 400 m in 1:13 Min. (200 m Trabpause)	11
Do		DL 60 Min. (75 % mHf)	13
Fr	→	Tempolauf 10 km, 3:42/km (85 % mHf)	15
Sa		DL 60 Min. (70 % mHf)	12
So	✖	lgDL 100 Min. (70 % mHf)	21

6. Woche (71 km)			
Tag	**Art**	**Training**	**Ca. km***
Mo		DL 50 Min. (70 % mHf)	11
Di	○	6 x 1000 m in 3:30 Min. (400 m Trabpause)	15
Mi		DL 60 Min. (70 % mHf)	13
Do		DL 45 Min. (75 % mHf), Stg	10
Fr		–	–
Sa		DL 30 Min. (70 % mHf), Stg	6
So	→	**Wettkampf über 10 km** (Zielzeit 32 Min.)	16

% mHf = Prozent der maximalen Herzfrequenz, **DL** = Dauerlauf, **Stg** = Steigerungsläufe, ✖ lgDL = langer Dauerlauf, → Tempolauf oder Wettkampf, ○ Intervalltraining
* Bei Wettkämpfen und Tempoeinheiten sind bei den Tageskilometern Kilometer für langsames Ein- und Auslaufen mit einberechnet; weitere Erläuterungen siehe Kapitel zur Trainingslehre.

6-Wochen-Plan für 10 km Wettkampf – Zielzeit 29:30 Minuten

1. Woche (122 km)

Tag	Art	Training	Ca. km*
Mo		2 x DL 30 + 60 Min. (je 70 % mHf)	20
Di	⊙	6 x 400 m in 1:07 Min. (200 m Trabpause)	12
Mi		DL 60 Min. (75 % mHf)	14
Do	⊙	5 x 1000 m in 2:55 Min. (400 m Trabpause)	15
Fr		2 x DL 30 + 60 Min. (je 70 % mHf)	20
Sa	→	Tempolauf 10 km, 3:27/km (85 % mHf)	16
So	✘	lgDL 110 Min. (70 % mHf)	25

2. Woche (124 km)

Tag	Art	Training	Ca. km*
Mo		2 x DL 30 + 60 Min. (je 70 % mHf)	20
Di	⊙	7 x 400 m in 1:07 Min. (200 m Trabpause)	13
Mi		DL 60 Min. (75 % mHf)	14
Do	⊙	6 x 1000 m in 2:55 Min. (400 m Trabpause)	16
Fr		2 x DL 30 + 60 Min. (je 70 % mHf)	20
Sa	→	Tempolauf 10 km, 3:27/km (85 % mHf)	16
So	✘	lgDL 110 Min. (70 % mHf)	25

3. Woche (122 km)

Tag	Art	Training	Ca. km*
Mo		2 x DL 30 + 60 Min. (je 70 % mHf)	20
Di	⊙	10 x 200 m in 0:28 Min. (200 m Trabpause)	11
Mi		DL 60 Min. (75 % mHf)	14
Do	⊙	5 x 1200 m in 3:30 Min. (400 m Trabpause)	16
Fr		2 x DL 30 + 60 Min. (je 70 % mHf)	20
Sa	→	Tempolauf 10 km, 3:27/km (85 % mHf)	16
So	✘	lgDL 110 Min. (70 % mHf)	25

4. Woche (96 km)

Tag	Art	Training	Ca. km*
Mo		DL 60 Min. (75 % mHf)	14
Di	⊙	8 x 400 m in 1:07 Min. (200 m Trabpause)	13
Mi		DL 75 Min. (70 % mHf)	17
Do		DL 45 Min. (70 % mHf), Stg	10
Fr		DL 30 Min. (70 % mHf), Stg	7
Sa	→	**Wettkampf über 5 km** (Zielzeit 14:10 Min.)	12
So	✘	lgDL 100 Min. (70 % mHf)	23

5. Woche (97 km)

Tag	Art	Training	Ca. km*
Mo		DL 50 Min. (70 % mHf)	11
Di		DL 60 Min. (75 % mHf)	14
Mi	⊙	10 x 200 m in 0:28 Min. (200 m Trabpause)	11
Do		DL 60 Min. (75 % mHf)	14
Fr	→	Tempolauf 10 km, 3:27/km (85 % mHf)	16
Sa		DL 50 Min. (70 % mHf)	11
So	✘	lgDL 90 Min. (70 % mHf)	20

6. Woche (76 km)

Tag	Art	Training	Ca. km*
Mo		DL 60 Min. (70 % mHf)	13
Di	⊙	5 x 1200 m in 3:30 Min. (400 m Trabpause)	16
Mi		DL 60 Min. (70 % mHf)	13
Do		DL 45 Min. (75 % mHf), Stg	11
Fr		–	–
Sa		DL 30 Min. (70 % mHf), Stg	7
So	→	**Wettkampf über 10 km** (Zielzeit 29:30 Min.)	16

% mHf = Prozent der maximalen Herzfrequenz, **DL** = Dauerlauf, **Stg** = Steigerungsläufe, ✘ lgDL = langer Dauerlauf, → Tempolauf oder Wettkampf, ⊙ Intervalltraining
* Bei Wettkämpfen und Tempoeinheiten sind bei den Tageskilometern Kilometer für langsames Ein- und Auslaufen mit einberechnet; weitere Erläuterungen siehe Kapitel zur Trainingslehre.

Trainingsplan Herbert Steffny – Deutsche 10 000-Meter- Meisterschaft 1987

1. Woche (128 km)

Tag	Art	Training	Ca. km
Montag	→	DL 12 km (4:00)/flotter DL 10 km (3:20)	22
Dienstag		Bergiger DL 6 km/DL 14 km (3:50)	20
Mittwoch		DL 7 km (4:30)/mittlerer DL 22 km (3:45)	29
Donnerstag	○	8 x 400-m-Intervalle (66 Sek.)/Jogging 7 km (4:40)	22
Freitag		Berglauf 17 km (800 m Höhendifferenz)/DL 10 km (4:20)	27
Samstag		–	–
Sonntag		Ruhiger DL 8 km (4:15)	8

2. Woche (143 km)

Tag	Art	Training	Ca. km
Montag	→	DL 13 km (4:00)/Tempo-DL 8 km (3:00), heiß!	27
Dienstag	✖	Langer DL 32 km (3:55)	32
Mittwoch		–	–
Donnerstag		DL 18 km (4:10)	18
Freitag		DL 18 km (4:40)	18
Samstag	→	**Badische Meisterschaft 5000 m** – Sieg in 14:28, heiß!	12
Sonntag		Langsamer DL 26 km (5:10)/Jogging 10 km (6:00)	36

3. Woche (179 km)

Tag	Art	Training	Ca. km
Montag		Berglauf 17 km (1000 m Höhendifferenz)/mittlerer DL 18 km (3:40)	35
Dienstag	○	DL 14 km (4:20)/10 x 400-m-Intervalle (68 Sek.)	27
Mittwoch		DL 7 km (4:30)/DL 16 km (4:15)	23
Donnerstag		Jogging 11 km (4:50)/Jogging 5 km (5:10)	18
Freitag	→	**Deutsche 10 000-m-Meisterschaft** – Spurtsieg in 28:53, heiß!	19
Samstag		Jogging 10 km (5:00)/DL 5 km (4:40)/Jogging 11 km	26
Sonntag	✖	Langer DL 31 km (4:10)	31

Info

10 000-Meter-Elitetraining

Der Plan oben stellt als Beispiel aus meinem Training einen erfolgreichen Ausschnitt eines 10 000-Meter-Trainings vor, das mich zum Deutschen Meistertitel führte. Spitzenathleten laufen oft zweimal täglich. Für sie sind in der speziellen Vorbereitungsphase zwei bis drei Tempoeinheiten pro Woche meist als Bahntraining nicht ungewöhnlich. Die spezielle Vorbereitung des Höhepunkts, wie einer Meisterschaft, führt in der Regel über kürzere Vorbereitungsrennen. Ich habe aus dem Marathontraining, von einem hohen Kilometerniveau im Winter kommend, in der Bahnsaison gerne Bergläufe mit Intervalltraining und kurzen Vorbereitungsrennen kombiniert.

DL = Dauerlauf, ✖ langer Dauerlauf (DL), → Tempolauf oder Wettkampf, ○ Intervalltraining

Halbmarathon

▶ Die halbe Distanz – keine halbe Sache!

▶ Mental und organisatorisch optimal vorbereitet

▶ Trainingspläne für jedes Niveau

▶ Laufend fit bleiben – rund ums Jahr

Eine Distanz boomt

Ziel – 21,0975 Kilometer

Der Halbmarathon hat sich gewissermaßen als Trittbrettfahrer der vollen Distanz in das Herz der Städte eingeschlichen und macht seinem großen Bruder heute als regelrechter Boom mächtig Konkurrenz. Zumindest ein Halbmarathonläufer zu werden, ist heute für viele die große Herausforderung und oft zum eigentlichen Saisonziel geworden.

Größer als Marathon

Mit etwas weniger Aufwand, geringerem Verletzungsrisiko und kürzerer Regenerationszeit bekommt man beim Halbmarathon oft ein ähnliches Erlebnis wie beim Marathon. Meist wird die 21,0975-Kilometer-Distanz als Stadtlauf auf flachen schnellen Strecken durchgeführt. Eine Ausnahme bildet beispielsweise der profilierte Halbmarathon in Heidelberg, der es sogar in den Berglaufkalender geschafft hat. Halbmarathons werden entweder im Rahmen von Marathonveranstaltungen oder zunehmend auch als eigenständiges Event angeboten.

Der Halbmarathon ist in den letzten Jahren die Distanz mit der größten Steigerungsrate bei den Teilnehmerzahlen. Der weltgrößte Halbmarathon war im Jahr 2000 der Broloppet anlässlich der Eröffnung der Öresund-Brücke zwischen Kopenhagen und Malmö. 79 719 Läufer und Walker beendeten das Rennen, darunter auch der damalige Außenminister Joschka Fischer. Das derzeit größte Rennen,

der Göteborgsvarvet Halbmarathon, findet im Mai in Göteborg in Schweden statt. Rund 40.000 Teilnehmer kamen 2019 mit einer Zeit von bis zu viereinhalb Stunden ins Ziel. Beim größten Halbmarathon Deutschlands in Berlin liefen 2022 im Frühjahr 22239 Läufer über den Zielstrich. Darunter waren 8421 Frauen, was 37,9 % ausmacht. Zum Vergleich: Beim Berlin Marathon 2022 dem größten deutschen Rennen über die volle Distanz, liegt der Frauenanteil bei 33,1 %. Weitere große Halbmarathons finden in Deutschland im Frühjahr in Stuttgart, Hamburg, Frankfurt und Heidelberg statt. Die größten Halbmarathons im Rahmen von Marathons sind in Köln, Freiburg, Bonn, Mainz, Karlsruhe, Hannover, Ulm, Heilbronn, Dresden und am Rennsteig.

Zum Hauptlauf geworden

Bei den meisten Veranstaltungen, wo Marathon und Halbmarathon gleichzeitig angeboten wird, ist die kürzere Distanz mittlerweile zum Hauptlauf geworden. 2019 gab es in Deutschland über 21,1 Kilometer fast 200 000 Teilnahmen, wobei natürlich auch durchaus Mehrfachstarts einer Person vorkommen können. Das Laufmagazin Spiridon zählte bei uns 32 Halbmarathons mit über 2000 Finishern, mit zusammen 156 000 Läufern im Ziel. Beim Marathon überliefen 2019 dagegen nur rund 115 000 Teilnehmer den Zielstrich. Die volle Distanz wird von Läufern aber durchschnittlich auch seltener in Angriff genommen. Halbmarathons werden gerne im Frühjahr eingeplant, da es vielen Freizeitläufern schwerfällt, über den Winter ein gezieltes und umfangreiches Training für einen Marathon durchzuziehen.

Erst seit 1993 Standard

Ursprünglich lief man in Mitteleuropa die 25-Kilometer-Distanz. Daraus wurde dem internationalen Standard entsprechend der Halbmarathon. Daher haben viele Traditionsveranstaltungen wie der Paderborner Osterlauf, den es bereits seit 1947 gibt und der von 1961 bis 1992 als 25-Kilometer-Lauf ausgetragen wurde, ebenfalls auf 21,1 Kilometer umgestellt. Trier bietet dagegen bereits seit 1985 die halbe Distanz an. Der Deutsche Leichtathletikverband veranstaltete erstmals 1993 deutsche Halbmarathonmeisterschaften.

Wie schnell wird Halbmarathon gelaufen?

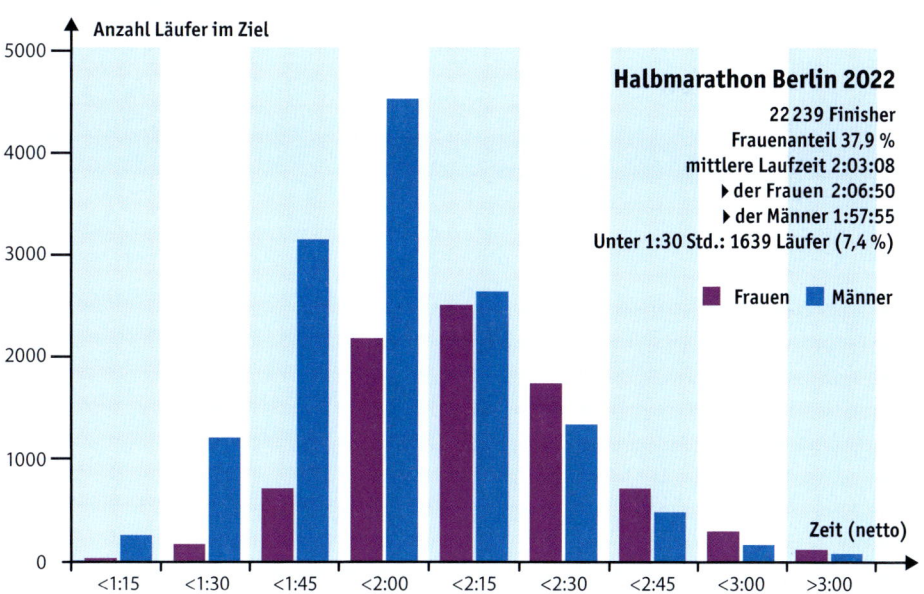

Anzahl Läufer im Ziel

Halbmarathon Berlin 2022
22 239 Finisher
Frauenanteil 37,9 %
mittlere Laufzeit 2:03:08
▸ der Frauen 2:06:50
▸ der Männer 1:57:55
Unter 1:30 Std.: 1639 Läufer (7,4 %)

■ Frauen ■ Männer

Zeit (netto)

Attraktive Reiseziele

Halbmarathons sind wie Marathons mittlerweile Reiseziele im In- und Ausland. Wer gleich mehrere Länder auf einmal sammeln möchte, hat dazu in Basel im Frühjahr beim Dreiländerlauf die Gelegenheit, aus der Schweiz kommend auch Deutschland und Frankreich zu durchlaufen. Ähnlich ist das im Oktober beim Dreiländereck Lauf mit Start im deutschen

---

Info

Die Rekordläufer

Der deutsche Rekordhalter Carsten Eich mit einer Bestzeit von 60:34 Minuten konnte sich zwischen 1997 und 2006 achtmal den Titel sichern. Bei den Frauen lief die Berlinerin Uta Pippig 1995 in Kyoto deutschen Rekord in 1:07:58 Stunden. In der Schweiz liefen der erst 22-jährige Julien Wanders mit 59:13 Minuten einen phantastischen Europarekord. Bei den Damen hält Martina Strähl in 1:09:29 Stunden die nationale Bestmarke. Die österreichischen Rekordhalter sind Günther Weidlinger mit 61:42 und Andrea Mayr in 71:34 Minuten. International werden Halbmarathon Weltmeisterschaften ausgetragen. Den Weltrekord hält seit 2021 bei den Männern Männern – auch dank der Unterstützung durch die neuen Carbonplatten-Laufschuhe – Jacob Kiplimo aus Uganda mit 57:31 Minuten. Bei den Frauen verbesserte die Äthiopierin Letesenbet Gidey 2021 die Marke auf sensationelle 1:02:52 Stunden. Jacob Kiplimos Rekord entspricht einem nahezu unglaublichem Tempo von 22,0 km/h oder einem Schnitt von 2:44 Minuten pro Kilometer!

Lindau auf einer flachen Strecke am Bodensee entlang zum Ziel in Bregenz in Österreich. Ein Klassiker sind in der Schweiz im September der Lauf um den Greifensee bei Zürich, wo auch erstmals 1988 und erneut 1998 die Weltmeisterschaften im Halbmarathon ausgetragen wurden. 2022 finishten hier 3538 Läufer. Den Hallwilersee kann man in der Alpenrepublik einen Monat später umrunden oder Ende Oktober am schönen Vierwaldstättersee in Luzern starten. Im selben Monat wird im Rahmen des Mallorca Marathons auf Deutschlands Urlaubsinsel Nummer eins auch ein Lauf über die halbe Distanz angeboten, der einen hohen Promifaktor aufweisen soll. Halbmarathons gibt es für Weltenbummler auch auf der chinesischen Mauer, in Stockholm, New York, Tahiti, Barbados oder am Kilimandscharo. Bei Startgeldern von bis zu 40 Euro kann man aber auch in Deutschland schöne Regionen oder historische Städte unter die Füße nehmen. Stellvertretend seien der Freiburg Halbmarathon in der Schwarzwaldmetropole oder der Traditionslauf in Deutschlands Römerstadt Trier genannt. Hier wird der Halbmarathon zum Sightseeinglauf vor historischer Kulisse.

Training auf den Halbmarathon

Kann man ein Fünf- oder Zehn-Kilometer-Rennen noch einigermaßen mit Schmalspurtraining durchstehen, erfordert der Halbmarathon schon deutlich mehr Trainingsfleiß. Die

Richtig runterrollen lassen kann man es auch abseits der Cityläufe, wie beispielsweise bei einer Waldlauf-serie.

Vorbereitung ist aber nicht ganz so aufwendig wie für einen Marathon. Wie bei den vorhergehenden Plänen gilt auch hier, dass Sie zum tieferen Verständnis der Trainingspraxis und der verschiedenen Einheiten die Kapitel über Trainingslehre gelesen haben sollten.

Viermal Training und langer Lauf

Um einen Halbmarathon sinnvoll bestreiten zu können, sollten Sie wenigstens ein Jahr lang einigermaßen kontinuierlich drei- bis viermal pro Woche gelaufen sein, bevor Sie in die speziellen Sechs-Wochen-Pläne einstei-

gen. In den letzten sechs Wochen der Vorbereitung sollten Sie je nach Plan mindestens viermal oder öfter pro Woche laufen. Halbmarathondebütanten sollten im Vorfeld schon problemlos wenigstens zwölf Kilometer laufen können.

Der Halbmarathon wird bei der Jagd auf Bestzeiten maximal bis an die anaerobe Schwelle heran gelaufen. Er findet also gerade noch im grünen Bereich statt. Natürlich kann man ihn auch weniger ambitioniert als langsamen langen Dauerlauf durchjoggen. Teilnehmer, die sich beim Rennen gerne unterhalten, ziehen Halbmarathons daher dem Fünf- oder Zehn-Kilometer-Lauf vor. Auf den kurzen Distanzen bleibt einem bei höherem Tempo eher die Luft weg, und anaerobes Intervalltraining spielt bei deren Vorbereitung eine größere Rolle als für 21,1 Kilometer. Für die Vorbereitung auf einen Halbmarathon sind in der Tat der lange Lauf am Wochenende und die gelaufenen Gesamtkilometer wichtiger. Wer aber

Bestzeiten laufen möchte, kommt um Tempoeinheiten keinesfalls herum. Die schnelleren Pläne setzen natürlich jahrelange Erfahrung und eine gehörige Portion Talent und Trainingsfleiß voraus.

Info

Hochrechnung auf Wettkampfzeiten aus der aktuellen Zehn-Kilometer-Zeit

5 km (Min. : Sek.)	Aktuelle 10-km-Zeit (Min. : Sek.)	Halbmarathon (Std. : Min. : Sek.)	
		Maximal möglich	Beim Debüt realistisch
12:37	26:17	00:58:05	01:01:14
12:58	27:00	00:59:40	01:02:55
13:26	28:00	01:01:53	01:05:14
13:55	29:00	01:04:05	01:07:34
14:24	30:00	01:06:18	01:09:54
15:22	32:00	01:10:43	01:14:34
16:19	34:00	01:15:08	01:19:13
17:17	36:00	01:19:34	01:23:53
18:14	38:00	01:23:59	01:28:32
19:12	40:00	01:28:24	01:33:12
20:10	42:00	01:32:49	01:37:52
21:07	44:00	01:37:14	01:42:31
22:05	46:00	01:41:40	01:47:11
23:02	48:00	01:46:05	01:51:50
24:00	50:00	01:50:30	01:56:30
24:58	52:00	01:54:55	02:01:10
25:55	54:00	01:59:20	02:05:49
26:53	56:00	02:03:46	02:10:29
27:50	58:00	02:08:11	02:15:08
28:48	1:00:00	02:12:36	02:19:48
29:46	1:02:00	02:17:01	02:24:28
30:43	1:04:00	02:21:26	02:29:07
31:41	1:06:00	02:25:52	02:33:47
32:38	1:08:00	02:30:17	02:38:26
33:36	1:10:00	02:34:42	02:43:06

Der passende Plan

Welche Zeit für Sie realistisch anzustreben ist, errechnen Sie am einfachsten wieder aus einem Zehn-Kilometer-Testrennen (siehe Seite 135) oder entnehmen sie aus der Tabelle links. Sind Sie ein erfahrener Halbmarathonläufer, können Sie bei einer schnellen flachen Strecke und kühlen Wetterbedingungen auf die maximal erreichbare Zeit schielen. Sind Sie ein Debütant auf der Halbmarathondistanz, empfehle ich Ihnen, beim ersten Mal nur auf Ankommen zu laufen und die langsamere Zeit anzustreben. Beim zweiten Versuch können Sie dann mit mehr Erfahrung die Distanz routinierter angehen und bei günstigen Voraussetzungen das Maximale herausholen. Wer beispielsweise momentan um die 50 Minuten auf zehn Kilometer schafft, kann als alter Fuchs beim Halbmarathon um die 1:50 Stunden anstreben. Ein Novize sollte sich zunächst auf eine Zeit von 1:56 Stunden einstellen. Laufen Sie bei einer Premiere zumindest die erste Hälfte auf die von mir empfohlene Debützeit. Sollte es Ihnen hervorragend gehen, können Sie immer noch einen Zahn zulegen. Man muss nicht alles auf der ersten Hälfte geben.

Der lange Lauf

Wichtig für das spezielle Halbmarathontraining ist der lange Lauf am Wochenende. Das Tempo sollte mit 70 % etwas langsamer als bei den normalen kürzeren Dauerläufen sein, die ein wenig flotter, bei 70 bis 80 % der maximalen Herzfrequenz gelaufen werden. Wer sich in den Wochen vor dem Wettkampf nach und nach behutsam bis auf wenigstens 17 Kilometer an die Halbmarathondistanz herangearbeitet hat, der wird ausgeruht, vom Adrenalin beflügelt unter Mitläufern und mithilfe der Zuschauer am Wettkampftag die letzten Kilometer auch noch schaffen. Beim langen Dauerlauf sollte, besonders bei warmem Wetter, unterwegs unbedingt getrunken werden, da die Wasserverluste hoch sein können. Ist der Halbmarathon flach und auf Asphalt, sollte die Trainingsstrecke ebenfalls flach und auf Teer sein. Der monotone, gleichförmige Schritt muss für einen Citylauf erlernt werden. Ist der Kurs dagegen bergig, simuliert man das Profil entsprechend.

Tempoläufe und Intervalle

Außer dem langsamsten Plan enthalten alle Pläne neben dem langen Lauf auch flotte Einheiten. Das sind vorwiegend Tempodauerläufe oder Langintervalltrainings. Die kurzen anaeroben Intervalle kommen in den schnelleren Plänen zwar vor, spielen aber nicht die Rolle wie in der Vorbereitung auf einen 5000- oder 10 000-Meter-Lauf.

Im Lauf der Sechs-Wochen-Trainingspläne werden die Tempoabschnitte teils im Zehn-Kilometer-Unterdistanztempo und vor allem im geplanten Halbmarathontempo mehrfach geübt. Laufen Sie die Intervalleinheiten immer kontrolliert mit einer Stoppuhr, denn im Wettkampf sollten Sie später Ihr Tempo kennen und die Zwischenzeiten hochrechnen können.

Die aeroben Tempoläufe und Langintervalle sollten Sie wettkampfnah auf vermessenen Straßenabschnitten durchführen. Sinnvoll und praktisch ist dabei im Gegensatz zum Fünf- oder Zehn-Kilometer-Intervalltraining auch die Nutzung eines Herzfrequenzmessers, denn der Halbmarathon lässt sich im aeroben Bereich gut nach Herzfrequenz steuern.

Zehn-Kilometer-Testrennen

Idealerweise liegt meinen Plänen zufolge 14 Tage vor dem Halbmarathon ein Zehn-Kilometer-Testwettkampf. Suchen Sie an diesem Wochenende einen flachen schnellen Zehn-Kilometer-Straßenlauf für einen harten Tempolauf und zur Generalprobe. Letzteres ist wirklich wichtig; zur Not müssen Sie an diesem Wochenende dafür ein wenig reisen. Ein alternativ allein oder mit einem Mitstreiter

gelaufener Zehn-Kilometer-Test wäre zwar ein Ersatz, kann aber einen Wettkampf und Ihr Verhalten unter Stress nur annähernd simulieren. Falls Sie den Test dennoch allein laufen, was natürlich schwerer fällt, sollten Sie versuchen, das geplante Halbmarathontempo für zehn Kilometer zu rennen.

Nach einem gut ausgewählten Zehn-Kilometer-Testwettkampf können Sie nochmals ausrechnen, was für eine Zeit zwei Wochen später realistisch beim Halbmarathon drin ist.

Countdown auf den Halbmarathon

Damit in der sensiblen Phase gesteigerter Nervosität in der letzten Woche nichts mehr schiefläuft, möchte ich Ihnen einige Tipps zur mentalen und organisatorischen Vorbereitung mit auf Ihren Weg zum Halbmarathon geben.

Tipp

Den ersten Halbmarathon sorgfältig auswählen

Für den ersten Halbmarathon sollten Sie eine Strecke aussuchen, die vom Höhenprofil und voraussichtlichen Wetter keine unerwarteten Schwierigkeiten birgt. Günstige Bedingungen von 10 bis 15 °C haben Sie eher im Frühjahr oder im Herbst. Die großen Cityläufe sind in der Regel hervorragend organisiert, das Gedränge und der Rummel liegen aber nicht jedem. Vielleicht ist dann eine Premiere bei einem kleinen Rennen in der Provinz

empfehlenswerter. Ein Halbmarathon in der Großstadt, Seite an Seite mit Tausenden von Mitstreitern vor Zigtausend applaudierenden Zuschauern kann allerdings ein motivierendes, kurzweiliges Rauscherlebnis werden. Ein Rennen unweit der Heimat lockt unterstützende Freunde und Familienmitglieder an die Strecke. Vielleicht begleitet Sie dort sogar ein erfahrener Läufer, dem Sie vertrauen können?

Die letzte Woche

Ausruhen und der Feinschliff stehen im Vordergrund. Eine Verletzung oder Grippe wären jetzt fatal! Durch die Erholung aller biologischen Systeme wird man erst richtig leistungsbereit. Der letzte lange Lauf eine Woche zuvor ist bereits deutlich kürzer und muss sehr ruhig gelaufen werden. Gegenüber den Vorwochen sollte der Kilometerumfang stark reduziert werden, was auch als Tapering bezeichnet wird. Dienstags vor dem Halbmarathon absolviert man eine letzte härtere Einheit exakt in der Halbmarathongeschwindigkeit, um nochmals das geplante Tempo zu üben. Dieses Training sollte unter wettkampfnahen Bedingungen durchgeführt werden: Testen Sie Kleidung und Schuhe, laufen Sie auf flachem Asphalt, wenn der Halbmarathon auf der Straße gelaufen wird. Trainieren Sie zur Wettkampfzeit, um den Körper an Leistungsbereitschaft zu diesem Tageszeitpunkt zu gewöhnen. Sie sollten ein paar lockere Steigerungen gegen Ende der kürzer werdenden Läufe und mehr Dehnungsgymnastik durchführen. Gönnen Sie sich mehr Schlaf und Ruhezeiten und eine noch vollwertigere Ernährung bei wenig Alkohol. Lassen Sie keinen sonstigen beruflichen oder privaten Stress aufkommen.

Die letzten Tage

Planen Sie Ihre Anreise rechtzeitig. Nehmen Sie bei einer Flugreise Ihre Laufschuhe, Socken und Trikot ins Handgepäck. Mancher Koffer ist schon verschwunden. Erhöhen Sie bei weniger Training den Anteil der Kohlenhydrate in den Mahlzeiten deutlich, um die Glykogendepots aufzufüllen, und trinken Sie vermehrt (Näheres ab Seite 232). Stellen Sie Ihre Ausrüstung rechtzeitig zusammen (siehe Seite 132). Eventuell könnten Sie spätestens zwei Tage vorher zur Regeneration in die warme Badewanne, ins Thermalbad oder in die Sauna gehen. Da dabei die Muskelspannung etwas verloren geht, wäre es am Abend vorher dafür zu spät. Holen Sie Ihre Unterlagen, Startnummer und den Zeitmess-Chip frühzeitig ab. Wenn möglich, könnten Sie eine Streckenbesichtigung einplanen. Es schadet nicht, schwierige Stellen oder das Endstück vorher gesehen zu haben. Schneiden Sie Ihre Fußnägel rechtzeitig. Sorgen Sie vor allem in der vorletzten Nacht für viel Schlaf! Stehen Sie sich nicht mehr bei langen Stadt- und Museumsbesuchen, beim Shopping oder auf der Läufermesse die Beine in den Bauch. Organisieren Sie soweit möglich mit Freunden oder Familie ein Betreuungssystem für Kleidung am Start, Getränk, Zwischenzeiten, Aufmunterung, Abholung im Ziel usw. Informieren Sie sich, was es unterwegs an Verpflegung geben wird, und besorgen Sie eventuell, was Sie selbst in einer Gürteltasche oder im Trinkgürtel mitnehmen möchten. Gehen Sie nicht zu spät ins Bett. Sex ist nicht verboten, aber bitte so, dass er keinen Extrastress bereitet. Stellen Sie den Wecker und sichern Sie sich mit einem Weckdienst durch Freunde oder im Hotel zusätzlich ab.

Halbmarathon vor historischer Kulisse wie hier in der Freiburger Altstadt.

Am Wettkampfmorgen

Stehen Sie wenigstens drei Stunden vor dem Start auf. Essen Sie eine letzte leichte kohlenhydrathaltige Mahlzeit zwei bis drei Stunden vor dem Start. Meiden Sie alles, was Sie nicht zuvor im Training oder noch besser vor einem Rennen ausprobiert haben. Verfolgen Sie den Wetterbericht, passen Sie Renntaktik und Kleidung gegebenenfalls noch einmal an. Schreiben Sie die geplanten, möglichst gleichmäßig berechneten Zwischenzeiten auf ein realistisches Ziel mit wasserfestem Stift auf den Unterarm oder ein Armbändchen. Programmieren Sie eventuell

Ihre Uhr mit einer Timerfunktion. Denken Sie positiv, aber realistisch, und rufen Sie ab, was Sie dem inneren Schweinehund, wenn es hart wird, sagen wollen. Reiben Sie empfindliche Stellen – Füße, unter den Armen, zwischen den Beinen – dünn mit Vaseline ein und verpflastern Sie als Mann die Brustwarzen. Gehen Sie rechtzeitig zum Start, bedenken Sie mögliche Verkehrssperrungen. Nehmen Sie bei kaltem Wetter eine ausrangierte Jacke und Trainingshose mit, die Sie vor dem Start zurücklassen können, um sich zuvor warm zu halten.

Vor dem Start

Joggen oder gehen Sie sich ganz langsam ein wenig warm, bei Wärme reichen fünf bis zehn Minuten; aber auch, wenn es kalt ist, sollten es nicht mehr als 15 Minuten sein. Dehnen Sie sich ein wenig und laufen Sie ein paar lockere Steigerungen. Trinken Sie bis eine halbe Stunde vorher, aber nicht zu viel, denn wenn Sie gleich wieder auf die Toilette müssen, sind Sie ausreichend hydriert. Gehen Sie rechtzeitig in den Startblock, der Ihrer realistisch geplanten Laufzeit entspricht. Binden Sie einen Doppelknoten auf die Schleife des Schnürsenkels. Lassen Sie sich jetzt nicht durch das Gequatsche irgendwelcher Schlaumeier irritieren und von Ihrer gut durchdachten Rennstrategie abbringen. Schlucken Sie auch keine Wundermittel wie Magnesium kurz vor dem Start. Das kann im wahrsten Sinne des Wortes in die Hose gehen. Wichtig: Nehmen Sie sich nochmals vor, nicht zu schnell loszulaufen! Laufen Sie in einer Gruppe nur dann mit, wenn Sie sich sicher sind, was die tun. Kippen Sie sich bei Wärme kurz vor dem Start den Rest Wasser aus Ihrer Flasche zur Kühlung über den Kopf. Konzentrieren Sie sich nach dem Startschuss darauf, im Gewühle nicht zu Fall zu kommen, und drücken erst bei Überquerung der Startlinie Ihre Stoppuhr ab, denn die Kilometerzwischenzeiten gelten natürlich erst ab dort!

Im Rennen cool bleiben

Auf den ersten Kilometern sollten Sie sich bremsen. Den Lauf gleichmäßig auf die Endzeit anzugehen, ist das Beste. Langsamer zu beginnen, ist in jedem Fall besser, als zu flott loszurennen. Unter Adrenalin, mit vollen Energiespeichern, beflügelt durch Mitläufer und Publikum, werden Sie am Anfang gar nicht merken, dass Sie viel zu schnell starten.

Tipp

Die Renneinteilung

Der Puls beim volle Pulle gelaufenen Halbmarathon liegt etwas unter dem der anaeroben Schwelle. Fortgeschrittene Wettkampfläufer sollten sich an 87 % orientieren, Eliteläufer könnten sich an höchstens 90 % der maximalen Herzfrequenz heranwagen, werden aber meist ohnehin nach Zwischenzeiten laufen. Im Rennen sollten Sie unbedingt gleichmäßig laufen. Ein zu schneller Beginn ist Gift – gleiches Tempo über die gesamte Distanz führt zu den besten Resultaten.

Halten Sie Ausschau nach dem ersten Kilometerschild zur Zwischenzeitkontrolle und korrigieren Sie sofort, falls Sie zu schnell sind. Die Herzfrequenzmessung versagt oft bei so vielen störenden Mitläufern; beachten Sie daher immer die Zwischenzeiten. Beobachten Sie taktisch den Wind an Fahnen oder Bäumen. Haben Sie Rücken- und damit auf der zweiten Hälfte vielleicht Gegenwind? Trinken Sie bereits an der ersten Station. Wenn Sie das erst tun, wenn Sie Durst spüren, ist es schon zu spät! Speziell bei Wärme werden Sie mehr ausschwitzen, als Sie trinken können! Bleiben Sie eventuell kurz stehen, um sich das Richtige herauszusuchen, und trinken Sie im Gehen. Verschenken Sie unterwegs keinen Meter. Der Masse vor Ihnen blind auf der Straßenmitte zu folgen, ist selten die Ideallinie. Auf der zweiten Hälfte wird sich der innere Schweinehund melden. Rufen Sie ab, was Sie sich da sagen wollten; Sie wollen doch nicht wegen einer halben Stunde schwerer Beine ein halbes Jahr umsonst trainiert haben? Schreiben oder drucken Sie Ihren Namen auf Ihr Shirt, können Sie die Zuschauer persönlich aufmuntern. Freuen Sie sich und jubeln Sie am Zielstrich, denn da stehen die Fotografen. Sie wollen doch später kein Erinnerungsfoto mit einer gequälten Grimasse?

Nach dem Rennen erholen!

Gehen Sie im Ziel langsam weiter, um den Blutdruck oben zu halten. Nehmen Sie gegebenenfalls Ihre verdiente Finishermedaille in Emp-

Ihre Wettkampfausrüstung sollten Sie stressfrei und frühzeitig zusammenstellen.

fang. Besorgen Sie sich so schnell wie möglich warme Kleidung oder Wärmefolien, die viele Veranstalter bereithalten. Die Erkältungsgefahr ist groß! Trinken Sie reichlich Wasser, Mineraldrinks mit Kohlenhydraten und essen Bananen o. Ä. Verschieben Sie Bier oder Sekt auf den Abend! Statt zu dehnen, wären eine Massage, Schwimmen in warmem Wasser oder ein warmes Wannenbad nun besser. Essen Sie abends etwas besonders Vollwertiges. Noch am selben Tag sollten Sie zur besseren aktiven Erholung ein wenig spazieren gehen. In der Woche danach sollten Sie kürzer und langsamer trainieren.

Die Trainingspläne

Nachfolgend möchte ich zu ausgewählten Plänen einige Hinweise geben und dabei auf die Eingangsvoraussetzungen und prinzipiellen Rahmenumstände eingehen.

2:50 Stunden – nur ankommen!

Sie sollten für die beiden langsamsten Pläne als Eingangsvoraussetzung bereits rund zwölf Kilometer ohne Mühe laufen können und seit einem halben, besser einem Jahr wenigstens dreimal die Woche laufen, z. B. im Anschluss an das Basistraining der elften und zwölften Woche des Plans »Vom Jogging zum Fitnesslaufen« (Seite 57). Ziel des gemächlichsten Plans ist es, beim Halbmarathon einfach nur gut im Ziel anzukommen! Die Zeit ist vollkommen zweitrangig, wird aber mit etwa 2:50 Stunden noch deutlich unter 3:00 Stunden liegen. Dieser Plan ist für langsame Läufer gedacht, die auf Tempoläufe und Vorbereitungswettkämpfe zunächst komplett verzichten möchten. Vielleicht ist auch noch Übergewicht vorhanden; dann wäre es ohnehin sinnvoll, ruhiger zu laufen. Manchen ist aber auch das Laufen von Intervallen mit der Stoppuhr einfach zu kompliziert oder lästig. Das ist zwar nicht die beste Vorbereitung, führt aber sicher zum Ziel. Statt Tempo muss dafür zeitlich ein wenig länger gelaufen werden. Das Dauerlauftempo liegt bei etwa 8:00 Minuten pro Kilometer, der Wochenumfang addiert sich auf knapp 40 Kilometer.

Variabler Plan für 2:29 Stunden

Der 2:50-Stunden-Plan besteht recht gleichförmig aus Dauerläufen, wobei der lange etwas langsamere Lauf am Sonntag die wichtigste Einheit darstellt. Er wird vorsichtig auf 17 Kilometer gesteigert. Falls im Vorfeld schon ein Zehn-Kilometer-Wettkampf bestritten wurde, sollte er in 70 Minuten oder etwas schneller absolviert worden sein. Das Tempo im Halbmarathon entspricht dem Dauerlauftempo von 8:00 Minuten pro Kilometer. Damit kommen Sie auf ca. 2:50 Stunden. Der Halbmarathon ist sozusagen der längste Lauf, den man mit Ausruhen in der letzten Woche hinbekommt. Mit Gehpausen an den Getränkestationen bleiben Sie immer noch unter 3:00 Stunden.

Wer dagegen auf ausgefeilteres Training setzt, findet dieses in allen folgenden Plänen rea-

Info

Konstante Zwischenzeiten für den Halbmarathon (Std. : Min. : Sek.)

1 km	2 km	3 km	5 km	10 km	15 km	20 km	21,1 km
2:46	5:32	8:18	13:50	27:40	41:30	55:20	58:23
2:59	5:58	8:57	14:56	29:51	44:47	59:43	1:03:00
3:16	6:32	9:49	16:21	32:42	49:03	1:05:24	1:09:00
3:36	7:12	10:48	18:01	36:01	54:02	1:12:02	1:16:00
4:07	8:15	12:22	20:37	41:14	1:01:51	1:22:28	1:27:00
4:39	9:17	13:56	23:13	46:27	1:09:40	1:32:53	1:38:00
5:10	10:20	15:30	25:50	51:40	1:17:29	1:43:19	1:49:00
5:38	11:17	16:55	28:12	56:24	1:24:36	1:52:48	1:59:00
6:10	12:19	18:29	30:48	1:01:37	1:32:25	2:03:13	2:10:00
7:04	14:07	21:11	35:18	1:10:37	1:45:55	2:21:14	2:29:00
8:03	16:07	24:10	40:17	1:20:34	2:00:51	2:41:08	2:50:00

lisiert. Im zweiten Anlauf könnte man entsprechend und vielleicht etwas ehrgeiziger geworden zum schnelleren Plan auf 2:29 Stunden mit mehr variablem Training greifen. Dieser enthält bereits eine effizientere Mischung der Trainingsmittel und einen Testwettkampf über zehn Kilometer als harten Tempolauf. Wenn Sie diesen Plan wählen, sollten Sie schon vorher wenigstens 65 Minuten über zehn Kilometer laufen können. In der Woche werden durchschnittlich über 40 Kilometer gelaufen. Das Renntempo im Halbmarathon liegt bei etwa 7:05, das Dauerlauftempo bei rund 7:40 Minuten pro Kilometer.

Unter 2:00 Stunden

Den Halbmarathon unter 2:00 Stunden zu laufen, ist ein ehrgeiziges Ziel für Freizeitläufer. Bei den großen City-Halbmarathons landet man damit im guten Mittelfeld, als Frau sogar im vorderen Drittel. D. h. aber auch, dass es hier am engsten zugeht. An den Wasserstationen herrscht Gedrängel, die Ideallinie lässt sich schwer laufen, und es kann sein, dass man im Pulk ein falsches Tempo aufgezwängt bekommt. Daher ist es wichtig, in die richtige Startgruppe zu kommen. Meist haben Läufer dieser Klasse schon reichlich Wettkampferfahrung und trainieren mehr oder weniger regelmäßig seit Jahren. Eingangsvoraussetzung für den 1:59-Stunden-Plan wäre für erfahrene Halbmarathoni, wenigstens 54:00 Minuten im Zehn-Kilometer-Wettkampf zu erreichen. Ein Debütant müsste, um beim ersten Mal auf

Anhieb unter diese Schallmauer zu kommen, im Vorfeld wenigstens eine 51er-Zeit draufhaben. Eine wöchentliche Tempoeinheit als Tempodauerlauf oder Intervalltraining ist längst Routine. Die längsten Läufe gehen bis 19 Kilometer. Der Wochenumfang geht durchschnittlich schon bis 50 Kilometer.

Unter 1:30 Stunden

Wer in diesem Bereich läuft, gehört bei den Männern zu den oberen 5 %, bei den Frauen zur erweiterten Elite, die bereits die ersten Pokale, Titel oder sogar kleine Preisgelder erlaufen kann! Das erfordert aber eine gehörige Portion Talent und entsprechenden Fleiß. Für diese Leistungsklasse habe ich den Plan auf 1:27 Stunden geschrieben. Ein Zeitbudget von mindestens fünfmal Training pro Woche ist dafür nötig, was auch im sozialen Umfeld Verständnis und Kooperation erfordert. Der Urlaub wird teilweise als Trainingslager durchgeführt. Training mit diesem Aufwand benötigt wenigstens eine Stunde mehr Schlaf pro Nacht. Der wöchentliche Laufumfang erreicht im Durchschnitt über 70 Kilometer.

Läufer dieser Klasse sind in der Regel sehr wettkampferfahren, laufen für leistungsorientierte Vereine und verfügen über eine breite Palette an Trainingsmitteln. In ihrer Laufgruppe sind sie oft schon Vorbild oder Trainer. Zwei schnelle Einheiten als Tempolauf und Intervalltraining pro Woche sind Standard. Als Eingangsleistung sollte man über ein aktuelles Leistungsvermögen von wenigstens

Info

Talent, Fleiß und Afrikaner

Erfolgreiche Spitzenläufer verfügen über eine besondere genetische Veranlagung für Ausdauerleistungs- und Erholungsfähigkeit. Sie sind orthopädisch und mental viel robuster als der Durchschnittsläufer. Diese Anpassungen auf höchstem Niveau sind aber auch über jahrelanges kontinuierliches Training erworben worden. Mentale Vorbereitung und entsprechend schwierige Trainingsaufgaben haben einen hohen Stellenwert, denn die Entscheidung über Sieg und Niederlage beim Rennen fällt oft im Kopf. Kürzere Aufbauwettkämpfe können aus dem Training heraus, oft ohne vollen Einsatz, gewonnen werden, wodurch das Training weniger unterbrochen wird. Die gesamte Vorbereitung zielt auf Meisterehren, Olympiateilnahme, Bestzeiten oder Prämien ab, denn Sponsorenverträge sind häufig an Medaillen, Rekorde und Citylaufsiege gekoppelt. Die Konkurrenz ist entsprechend hart, denn hier tummeln sich auch die Läufer aus der Dritten Welt, wie die aus Kenia und Äthiopien, die sich in der Ersten Welt sozusagen stein-

Kenenisa Bekele aus Äthiopien war Olympiasieger und Weltrekordler über 5000 und 10.000 Meter.

reich laufen können. Die soziale Motivation ist die hauptsächliche Triebfeder dieser noch leistungshungrigen Wunderläufer.

39:00 Minuten über zehn Kilometer verfügen. Die Halbmarathondistanz selbst ist überhaupt kein Problem, längere Läufe um 20 Kilometer im Training sind bereits normal.

Unter 1:10 Stunden

Bei den Männern ist man damit in der nationalen, bei den Frauen sogar in der Weltspitze angelangt. Der Plan auf 1:09 Stunden führt in diese Liga, in der bereits Halb- bis Vollprofis laufen, die sich den damit verbundenen Aufwand teils über Sponsoren, Preisgelder und Werbeverträge finanzieren, teils vom Verein, Arbeitgeber oder Verband mit staatlicher Sporthilfe für den Einsatz im Nationaltrikot gefördert werden. Viele Spitzenläufer sind bei der Bundeswehr oder Polizei beschäftigt und werden großzügig freigestellt. Die Athleten verfügen über bestes Material von ihrem

Sportausrüster und haben um sich ein Team aus Trainer, Mediziner, Physiotherapeut und Manager organisiert. Der gesamte Tagesablauf dreht sich um den Fulltimejob Leistungssport. Nur wenige arbeiten noch nebenbei. Während der 1:59- oder selbst der 1:27-Stunden-Läufer noch im Büro sitzt und nach der Arbeit im Winter in der Dunkelheit mühsam seine Kilometer sammelt, hat der Spitzenläufer schon bei bestem Wetter im Trainingslager im Süden seine zweite Einheit hinter sich.

Der 1:09-Stunden-Plan ist eher eine »Herbstversion« mit immerhin drei intensiven Einheiten pro Woche und einer etwas geringeren Kilometerleistung. Wichtig: Die Dauerläufe dazwischen müssen wie vorgesehen unbedingt sehr locker gejoggt werden! Einen 1:09-Stunden-Halbmarathon im zeitigen Frühjahr würde man mit deutlich mehr Kilometern und etwas weniger Intensität aus dem Wintertraining heraus laufen.

Anpassungen im Trainingsplan

Eine ordentliche Wettkampfleistung bekommt man nicht geschenkt. Ich gehe aber beim Schreiben meiner Pläne davon aus, dass die wenigsten für das Halbmarathon- oder Zehn-Kilometer-Training unbegrenzt Zeit zur Verfügung haben. Für die meisten ist der Aufwand neben Beruf und Familie doch sehr groß. Sollten Sie aber in der glücklichen Lage sein, mehr Freiraum für Training und Regeneration zu haben, wäre es möglich, meine Pläne vorsichtig zu erweitern. Ergänzen Sie an einem passenden freien Tag das Training mit einem ganz ruhigen Dauerlauf von mindestens 30, aber nicht länger als 60 Minuten. Alternativ könnten Sie auch eine lockere Radtour von ein bis zwei Stunden zusätzlich einplanen. Bedenken Sie aber umsichtig bei allen Veränderungen im Trainingsplan, was das für eine Auswirkung für die Regeneration vom Vortag und für das kommende Training hat.

Nicht überziehen

Fingerspitzengefühl erfordert es auch, wenn es bei Ihnen an einem Trainingstag außergewöhnlich gut läuft! Laufen Sie dann nicht plötzlich viel schneller oder wesentlich länger als ursprünglich im Plan vorgesehen. Im Intervalltraining machen Sie an einem guten Tag lieber eine Wiederholung mehr, als schneller zu laufen. Durch ein euphorisch überzogenes Training kann das weitere aufeinander aufbauende Trainingskonzept wie ein Kartenhaus zusammenfallen oder sogar eine Verletzung die Folge sein.

Sollten Sie als Wettkampfneuling bei einem richtig vermessenen Zehn-Kilometer-Testwettkampf einige Wochen vor dem Halbmarathon feststellen, dass Sie eigentlich viel schneller laufen können als gedacht, können Sie vorsichtig in einen schnelleren Plan wechseln. Das Gleiche gilt natürlich auch umgekehrt: Wenn Sie die Wettkampfvorgaben trotz optimaler Rahmenbedingungen nicht schaffen, dann sind Sie einfach im falschen, zu schnellen Plan.

6-Wochen-Plan für Halbmarathon – Ziel: ankommen (2:50 Stunden)

1. Woche (38 km)			
Tag	**Art**	**Training**	**Ca. km***
Mo		–	–
Di		DL 65 Min. (75 % mHf)	8
Mi		–	–
Do		DL 80 Min. (75 % mHf)	10
Fr		–	–
Sa		DL 65 Min. (75 % mHf)	8
So	✖	lgDL 100 Min. (70 % mHf)	12

2. Woche (39 km)			
Tag	**Art**	**Training**	**Ca. km***
Mo		–	–
Di		DL 65 Min. (75 % mHf)	8
Mi		–	–
Do		DL 80 Min. (75 % mHf)	10
Fr		–	–
Sa		DL 55 Min. (75 % mHf)	7
So	✖	lgDL 115 Min. (70 % mHf)	14

3. Woche (39 km)			
Tag	**Art**	**Training**	**Ca. km***
Mo		–	–
Di		DL 65 Min. (75 % mHf)	8
Mi		–	–
Do		DL 80 Min. (75 % mHf)	10
Fr		–	–
Sa		DL 40 Min. (75 % mHf)	5
So	✖	lgDL 130 Min. (70 % mHf)	16

4. Woche (40 km)			
Tag	**Art**	**Training**	**Ca. km***
Mo		–	–
Di		DL 65 Min. (75 % mHf)	8
Mi		–	–
Do		DL 80 Min. (75 % mHf)	10
Fr		–	–
Sa		DL 40 Min. (75 % mHf)	5
So	✖	lgDL 140 Min. (70 % mHf)	17

5. Woche (39 km)			
Tag	**Art**	**Training**	**Ca. km***
Mo		–	–
Di		DL 65 Min. (75 % mHf)	8
Mi		–	–
Do		DL 80 Min. (75 % mHf)	10
Fr		–	–
Sa		DL 55 Min. (75 % mHf)	7
So	✖	lgDL 115 Min. (70 % mHf)	14

6. Woche (35 km)			
Tag	**Art**	**Training**	**Ca. km***
Mo		–	–
Di		DL 65 Min. (75 % mHf)	8
Mi		–	–
Do		DL 30 Min. (70 % mHf)	4
Fr		–	–
Sa		–	–
So	➜	**Halbmarathon** (Zielzeit ca. 2:50 Std.)	23

% mHf = Prozent der maximalen Herzfrequenz, **DL** = Dauerlauf, **Stg** = Steigerungsläufe, ✖ lgDL = langer Dauerlauf, ➜ Tempolauf oder Wettkampf, ⬤ Intervalltraining
* Bei Wettkämpfen und Tempoeinheiten sind bei den Tageskilometern Kilometer für langsames Ein- und Auslaufen mit einberechnet; weitere Erläuterungen siehe Kapitel zur Trainingslehre.

6-Wochen-Plan für Halbmarathon – Ziel: 2:29 Stunden

1. Woche (40 km)			
Tag	**Art**	**Training**	**Ca. km***
Mo		–	–
Di	→	Tempolauf 5 km, 6:54/km (85 % mHf)	9
Mi		–	–
Do		DL 75 Min. (75 % mHf)	10
Fr		–	–
Sa		DL 60 Min. (75 % mHf)	8
So	✖	lgDL 105 Min. (70 % mHf)	13

2. Woche (44 km)			
Tag	**Art**	**Training**	**Ca. km***
Mo		–	–
Di	⊙	3 x 2000 m in 14:10 Min. (HM-Tempo, 7 Min. Pause)	11
Mi		–	–
Do		DL 75 Min. (75 % mHf)	10
Fr		–	–
Sa		DL 60 Min. (75 % mHf)	8
So	✖	lgDL 120 Min. (70 % mHf)	15

3. Woche (45 km)			
Tag	**Art**	**Training**	**Ca. km***
Mo		–	–
Di	→	Tempolauf 7 km, 6:54/km (85 % mHf)	11
Mi		–	–
Do		DL 75 Min. (75 % mHf)	10
Fr		–	–
Sa		DL 55 Min. (75 % mHf)	7
So	✖	lgDL 135 Min. (70 % mHf)	17

4. Woche (33 km)			
Tag	**Art**	**Training**	**Ca. km***
Mo		–	–
Di	⊙	3 x 1000 m in 6:20 Min. (400 m Trabpause)	10
Mi		–	–
Do		DL 45 Min. (75 % mHf), Stg	6
Fr		–	–
Sa		DL 20 Min. (70 % mHf), Stg	3
So	→	**10 km Testrennen** (Zielzeit 64 Min.)	14

5. Woche (38 km)			
Tag	**Art**	**Training**	**Ca. km***
Mo		–	–
Di		DL 55 Min. (70 % mHf)	7
Mi		–	–
Do		DL 75 Min. (75 % mHf)	10
Fr		–	–
Sa	✖	lgDL 120 Min. (70 % mHf)	15
So		DL 45 Min. (70 % mHf)	6

6. Woche (41 km)			
Tag	**Art**	**Training**	**Ca. km***
Mo		–	–
Di	⊙	3 x 2000 m in 14:10 Min. (HM-Tempo, 7 Min. Pause)	11
Mi		–	–
Do		DL 30 Min. (70 % mHf), Stg	4
Fr		–	–
Sa		DL 20 Min. (70 % mHf), Stg	3
So	→	**Halbmarathon** (Zielzeit 2:29 Std.)	23

% mHf = Prozent der maximalen Herzfrequenz, **DL** = Dauerlauf, **Stg** = Steigerungsläufe, ✖ **lgDL** = langer Dauerlauf, → Tempolauf oder Wettkampf, ⊙ Intervalltraining
* Bei Wettkämpfen und Tempoeinheiten sind bei den Tageskilometern Kilometer für langsames Ein- und Auslaufen mit einberechnet; weitere Erläuterungen siehe Kapitel zur Trainingslehre.

© Herbert Steffny: Optimales Lauftraining, Südwest Verlag 2013

6-Wochen-Plan für Halbmarathon – Ziel: 2:10 Stunden

1. Woche (41 km)

Tag	Art	Training	Ca. km*
Mo		–	–
Di	→	Tempolauf 7 km, 6:30/km (85 % mHf)	11
Mi		–	–
Do		DL 65 Min. (75 % mHf)	9
Fr		–	–
Sa		DL 50 Min. (75 % mHf)	7
So	✖	lgDL 100 Min. (70 % mHf)	14

2. Woche (42 km)

Tag	Art	Training	Ca. km*
Mo		–	–
Di	⚫	3 x 1000 m in 5:55 Min. (400 m Trabpause)	10
Mi		–	–
Do		DL 65 Min. (75 % mHf)	9
Fr		–	–
Sa		DL 50 Min. (75 % mHf)	7
So	✖	lgDL 115 Min. (70 % mHf)	16

3. Woche (45 km)

Tag	Art	Training	Ca. km*
Mo		–	–
Di	⚫	3 x 2000 m in 12:20 Min. (HM-Tempo, 6 Min. Pause)	11
Mi		–	–
Do		DL 65 Min. (75 % mHf)	9
Fr		–	–
Sa		DL 50 Min. (75 % mHf)	7
So	✖	lgDL 130 Min. (70 % mHf)	18

4. Woche (35 km)

Tag	Art	Training	Ca. km*
Mo		–	–
Di	⚫	3 x 1000 m in 5:55 Min. (400 m Trabpause)	10
Mi		–	–
Do		DL 50 Min. (75 % mHf), Stg	7
Fr		–	–
Sa		DL 20 Min. (70 % mHf), Stg	3
So	→	**10 km Testrennen** (Zielzeit 59 Min.)	15

5. Woche (38 km)

Tag	Art	Training	Ca. km*
Mo		–	–
Di		DL 60 Min. (70 % mHf)	8
Mi		–	–
Do		DL 50 Min. (75 % mHf)	7
Fr		–	–
Sa	✖	lgDL 115 Min. (70 % mHf)	16
So		DL 50 Min. (70 % mHf)	7

6. Woche (46 km)

Tag	Art	Training	Ca. km*
Mo		–	–
Di	⚫	4 x 2000 m in 12:20 Min. (HM-Tempo, 6 Min. Pause)	13
Mi		–	–
Do		DL 40 Min. (70 % mHf), Stg	6
Fr		–	–
Sa		DL 20 Min. (70 % mHf)	3
So	→	**Halbmarathon** (Zielzeit 2:10 Std.)	24

% mHf = Prozent der maximalen Herzfrequenz, **DL** = Dauerlauf, **Stg** = Steigerungsläufe, ✖ lgDL = langer Dauerlauf, → Tempolauf oder Wettkampf, ⚫ Intervalltraining
* Bei Wettkämpfen und Tempoeinheiten sind bei den Tageskilometern Kilometer für langsames Ein- und Auslaufen mit einberechnet; weitere Erläuterungen siehe Kapitel zur Trainingslehre.

6-Wochen-Plan für Halbmarathon – Ziel: 1:59 Stunden

1. Woche (44 km)			
Tag	**Art**	**Training**	**Ca. km***
Mo		–	–
Di	→	Tempolauf 8 km, 6:00/km (85 % mHf)	12
Mi		–	–
Do		DL 65 Min. (75 % mHf)	10
Fr		–	–
Sa		DL 55 Min. (75 % mHf)	8
So	✖	lgDL 100 Min. (70 % mHf)	14

2. Woche (45 km)			
Tag	**Art**	**Training**	**Ca. km***
Mo		–	–
Di	⦿	3 x 1000 m in 5:20 Min. (400 m Trabpause)	10
Mi		–	–
Do	→	Tempolauf 6 km, 6:00/km (85 % mHf)	11
Fr		–	–
Sa		DL 55 Min. (75 % mHf)	8
So	✖	lgDL 115 Min. (70 % mHf)	16

3. Woche (49 km)			
Tag	**Art**	**Training**	**Ca. km***
Mo		–	–
Di	⦿	3 x 2000 m in 11:18 Min. (HM-Tempo, 6 Min. Pause)	11
Mi		–	–
Do	→	Tempolauf 6km, 6:00/km (85 % mHf)	11
Fr		–	–
Sa		DL 55 Min. (75 % mHf)	8
So	✖	lgDL 130 Min. (70 % mHf)	19

4. Woche (36 km)			
Tag	**Art**	**Training**	**Ca. km***
Mo		–	–
Di	⦿	3 x 1000 m in 5:20 Min. (400 m Trabpause)	10
Mi		–	–
Do		DL 50 Min. (70 % mHf), Stg	7
Fr		–	–
Sa		DL 30 Min. (70 % mHf), Stg	4
So	→	**10 km Testrennen** (Zielzeit 54 Min.)	15

5. Woche (45 km)			
Tag	**Art**	**Training**	**Ca. km***
Mo		–	–
Di		DL 60 Min. (70 % mHf)	9
Mi		–	–
Do		DL 65 Min. (75 % mHf)	10
Fr		–	–
Sa	✖	lgDL 115 Min. (70 % mHf)	17
So		DL 60 Min. (70 % mHf)	9

6. Woche (49 km)			
Tag	**Art**	**Training**	**Ca. km***
Mo		–	–
Di	⦿	4 x 2000 m in 11:18 Min. (HM-Tempo, 6 Min. Pause)	13
Mi		–	–
Do		DL 50 Min. (70 % mHf), Stg	7
Fr		–	–
Sa		DL 30 Min. (70 % mHf), Stg	4
So	→	**Halbmarathon** (Zielzeit 1:59 Std.)	25

% mHf = Prozent der maximalen Herzfrequenz, **DL** = Dauerlauf, **Stg** = Steigerungsläufe, ✖ lgDL = langer Dauerlauf, → Tempolauf oder Wettkampf, ⦿ Intervalltraining
* Bei Wettkämpfen und Tempoeinheiten sind bei den Tageskilometern Kilometer für langsames Ein- und Auslaufen mit einberechnet; weitere Erläuterungen siehe Kapitel zur Trainingslehre.

6-Wochen-Plan für Halbmarathon – Ziel: 1:49 Stunden

1. Woche (50 km)			
Tag	Art	Training	Ca. km*
Mo		–	–
Di	⊙	3 x 2000 m in 10:20 Min. (HM-Tempo, 5 Min. Pause)	11
Mi		–	–
Do	→	Tempolauf 7 km, 5:30/km (85 % mHf)	12
Fr		–	–
Sa		DL 60 Min. (75 % mHf)	10
So	✖	lgDL 110 Min. (70 % mHf)	17

2. Woche (51 km)			
Tag	Art	Training	Ca. km*
Mo		–	–
Di	⊙	4 x 1000 m in 4:51 Min. (400 m Trabpause)	11
Mi		–	–
Do	→	Tempolauf 7 km, 5:30/km (85 % mHf)	12
Fr		–	–
Sa		DL 60 Min. (75 % mHf)	10
So	✖	lgDL 120 Min. (70 % mHf)	18

3. Woche (55 km)			
Tag	Art	Training	Ca. km*
Mo		–	–
Di	⊙	4 x 2000 m in 10:20 Min. (HM-Tempo, 5 Min. Pause)	13
Mi		–	–
Do	→	Tempolauf 7 km, 5:30/km (85 % mHf)	12
Fr		–	–
Sa		DL 60 Min. (75 % mHf)	10
So	✖	lgDL 135 Min. (70 % mHf)	20

4. Woche (40 km)			
Tag	Art	Training	Ca. km*
Mo		–	–
Di	⊙	5 x 1000 m in 4:51 Min. (400 m Trabpause)	12
Mi		–	–
Do		DL 50 Min. (75 % mHf), Stg	8
Fr		–	–
Sa		DL 30 Min. (70 % mHf), Stg	4
So	→	10 km Testrennen (Zielzeit 49 Min.), Stg	16

5. Woche (48 km)			
Tag	Art	Training	Ca. km*
Mo		–	–
Di		DL 70 Min. (70 % mHf)	10
Mi		–	–
Do		DL 70 Min. (75 % mHf)	11
Fr		–	–
Sa	✖	lgDL 120 min (70 % mHf)	18
So		DL 60 Min. (70 % mHf)	9

6. Woche (50 km)			
Tag	Art	Training	Ca. km*
Mo		–	–
Di	⊙	4 x 2000 m in 10:20 Min. (HM-Tempo, 5 Min. Pause)	13
Mi		–	–
Do		DL 50 Min. (75 % mHf), Stg	8
Fr		–	–
Sa		DL 30 Min. (70 % mHf), Stg	4
So	→	Halbmarathon (Zielzeit 1:49 Std.)	25

% mHf = Prozent der maximalen Herzfrequenz, **DL** = Dauerlauf, **Stg** = Steigerungsläufe, ✖ **lgDL** = langer Dauerlauf, → Tempolauf oder Wettkampf, ⊙ Intervalltraining
* Bei Wettkämpfen und Tempoeinheiten sind bei den Tageskilometern Kilometer für langsames Ein- und Auslaufen mit einberechnet; weitere Erläuterungen siehe Kapitel zur Trainingslehre.

6-Wochen-Plan für Halbmarathon – Ziel: 1:38 Stunden

1. Woche (55 km)			
Tag	**Art**	**Training**	**Ca. km***
Mo		–	–
Di	O	3 x 2000 m in 9:20 Min. (HM-Tempo, 5 Min. Pause)	12
Mi		–	–
Do	→	Tempolauf 8 km, 5:00/km (85 % mHf)	13
Fr		–	–
Sa		DL 70 Min. (75 % mHf)	12
So	✖	lgDL 110 Min. (70 % mHf)	18

2. Woche (62 km)			
Tag	**Art**	**Training**	**Ca. km***
Mo		DL 45 Min. (70 % mHf)	7
Di	O	4 x 1000 m in 4:20 Min. (400 m Trabpause)	11
Mi		–	–
Do	→	Tempolauf 8 km, 5:00/km (85 % mHf)	13
Fr		–	–
Sa		DL 70 Min. (75 % mHf)	12
So	✖	lgDL 120 Min. (70 % mHf)	19

3. Woche (67 km)			
Tag	**Art**	**Training**	**Ca. km***
Mo		DL 45 Min. (70 % mHf)	7
Di	O	4 x 2000 m in 9:20 Min. (HM-Tempo, 5 Min. Pause)	14
Mi		–	–
Do	→	Tempolauf 8 km, 5:00/km (85 % mHf)	13
Fr		–	–
Sa		DL 70 Min. (75 % mHf)	12
So	✖	lgDL 130 Min. (70 % mHf)	21

4. Woche (41 km)			
Tag	**Art**	**Training**	**Ca. km***
Mo		–	–
Di	O	5 x 1000 m in 4:20 Min. (400 m Trabpause)	12
Mi		–	–
Do		DL 50 Min. (70 % mHf), Stg	8
Fr		–	–
Sa		DL 30 Min. (70 % mHf), Stg	5
So	→	**10 km Testrennen** (Zielzeit 44 Min.)	16

5. Woche (57 km)			
Tag	**Art**	**Training**	**Ca. km***
Mo		DL 30 Min. (70 % mHf)	5
Di		DL 70 Min. (70 % mHf)	11
Mi		–	–
Do		DL 70 Min. (75 % mHf)	12
Fr		–	–
Sa	✖	lgDL 120 Min. (70 % mHf)	19
So		DL 60 Min. (70 % mHf)	10

6. Woche (52 km)			
Tag	**Art**	**Training**	**Ca. km***
Mo		–	–
Di	O	4 x 2000 m in 9:20 Min. (HM-Tempo, 5 Min. Pause)	13
Mi		–	–
Do		DL 50 Min. (70 % mHf), Stg	8
Fr		–	–
Sa		DL 30 Min. (70 % mHf), Stg	5
So	→	**Halbmarathon** (Zielzeit 1:38 Std.)	26

% mHf = Prozent der maximalen Herzfrequenz, **DL** = Dauerlauf, **Stg** = Steigerungsläufe, ✖ lgDL = langer Dauerlauf, → Tempolauf oder Wettkampf, O Intervalltraining
* Bei Wettkämpfen und Tempoeinheiten sind bei den Tageskilometern Kilometer für langsames Ein- und Auslaufen mit einberechnet; weitere Erläuterungen siehe Kapitel zur Trainingslehre.

© Herbert Steffny: Optimales Lauftraining, Südwest Verlag 2013

6-Wochen-Plan für Halbmarathon – Ziel: 1:27 Stunden

1. Woche (72 km)			
Tag	**Art**	**Training**	**Ca. km***
Mo		–	–
Di	⬤	4 x 2000 m in 8:16 Min. (HM-Tempo, 4 Min. Pause)	14
Mi		DL 60 Min. (75 % mHf)	12
Do	➜	Tempolauf 10 km, 4:25/km (85 % mHf)	15
Fr		–	–
Sa		DL 60 Min. (75 % mHf)	12
So	✖	lgDL 110 Min. (70 % mHf)	19

2. Woche (71 km)			
Tag	**Art**	**Training**	**Ca. km***
Mo		–	–
Di	⬤	4 x 1000 m in 3:51 Min. (400 m Trabpause)	11
Mi		DL 60 Min. (75 % mHf)	12
Do	➜	Tempolauf 10 km, 4:25/km (85 % mHf)	15
Fr		–	–
Sa		DL 60 Min. (75 % mHf)	12
So	✖	lgDL 120 Min. (70 % mHf)	21

3. Woche (76 km)			
Tag	**Art**	**Training**	**Ca. km***
Mo		–	–
Di	⬤	4 x 2000 m in 8:16 Min. (HM-Tempo, 4 Min. Pause)	14
Mi		DL 60 Min. (75 % mHf)	12
Do	➜	Tempolauf 10 km, 4:25/km (85 % mHf)	15
Fr		–	–
Sa		DL 60 Min. (75 % mHf)	12
So	✖	lgDL 130 Min. (70 % mHf)	23

4. Woche (53 km)			
Tag	**Art**	**Training**	**Ca. km***
Mo		–	–
Di	⬤	5 x 1000 m in 3:51 Min. (400 m Trabpause)	12
Mi		DL 60 Min. (75 % mHf)	12
Do		DL 45 Min. (70 % mHf), Stg	8
Fr		–	–
Sa		DL 30 Min. (70 % mHf), Stg	5
So	➜	**10 km Testrennen** (Zielzeit 39 Min.)	16

5. Woche (70 km)			
Tag	**Art**	**Training**	**Ca. km***
Mo		–	–
Di		DL 90 Min. (70 % mHf)	16
Mi		DL 70 Min. (75 % mHf)	14
Do	➜	Kurzer Tempolauf 5 km, 4:25/km (85 % mHf)	10
Fr		–	–
Sa	✖	lgDL 110 Min. (70 % mHf)	19
So		DL 60 Min. (70 % mHf)	11

6. Woche (53 km)			
Tag	**Art**	**Training**	**Ca. km***
Mo		–	–
Di	⬤	3 x 3000 m in 12:24 Min. (HM-Tempo, 6 Min. Pause)	14
Mi		–	–
Do		DL 45 Min. (70 % mHf), Stg	8
Fr		–	–
Sa		DL 30 Min. (70 % mHf), Stg	5
So	➜	**Halbmarathon** (Zielzeit 1:27 Std.)	26

% mHf = Prozent der maximalen Herzfrequenz, **DL** = Dauerlauf, **Stg** = Steigerungsläufe, ✖ lgDL = langer Dauerlauf, ➜ Tempolauf oder Wettkampf, ⬤ Intervalltraining
* Bei Wettkämpfen und Tempoeinheiten sind bei den Tageskilometern Kilometer für langsames Ein- und Auslaufen mit einberechnet; weitere Erläuterungen siehe Kapitel zur Trainingslehre.

6-Wochen-Plan für Halbmarathon – Ziel: 1:16 Stunden

1. Woche (95 km)

Tag	Art	Training	Ca. km*
Mo		–	–
Di	○	4 x 2000 m in 7:12 Min. (HM-Tempo, 4 Min. Pause)	14
Mi		DL 80 Min. (75 % mHf)	18
Do		DL 60 Min. (75 % mHf)	13
Fr	→	Tempolauf 10 km, 3:55/km (85 % mHf)	15
Sa		DL 60 Min. (75 % mHf)	13
So	✖	lgDL 110 Min. (70 % mHf)	22

2. Woche (103 km)

Tag	Art	Training	Ca. km*
Mo		DL 45 Min. (70 % mHf)	9
Di	○	4 x 1000 m in 3:21 Min. (400 m Trabpause)	11
Mi		DL 80 Min. (75 % mHf)	18
Do		DL 60 Min. (75 % mHf)	13
Fr	→	Tempolauf 10 km, 3:55/km (85 % mHf)	15
Sa		DL 60 Min. (75 % mHf)	13
So	✖	lgDL 120 Min. (70 % mHf)	24

3. Woche (105 km)

Tag	Art	Training	Ca. km*
Mo		DL 30 Min. (70 % mHf)	6
Di	○	4 x 2000 m in 7:12 Min. (HM-Tempo, 4 Min. Pause)	14
Mi		DL 80 Min. (75 % mHf)	18
Do		DL 60 Min. (75 % mHf)	13
Fr	→	Tempolauf 10 km, 3:55/km (85 % mHf)	15
Sa		DL 60 Min. (75 % mHf)	13
So	✖	lgDL 130 Min. (70 % mHf)	26

4. Woche (68 km)

Tag	Art	Training	Ca. km*
Mo		DL 45 Min. (75 % mHf)	10
Di	○	5 x 1000 m in 3:21 Min. (400 m Trabpause)	13
Mi		DL 60 Min. (75 % mHf)	13
Do		DL 45 Min. (70 % mHf), Stg	9
Fr		–	–
Sa		DL 30 Min. (70 % mHf), Stg	5
So	→	10 km Testrennen (Zielzeit 34 Min.)	17

5. Woche (98 km)

Tag	Art	Training	Ca. km*
Mo		DL 30 Min. (70 % mHf)	6
Di		DL 90 Min. (70 % mHf)	18
Mi		DL 60 Min. (75 % mHf)	13
Do		DL 70 Min. (75 % mHf)	15
Fr	→	Kurzer Tempolauf 7km, 3:55/km (85 % mHf)	12
Sa	✖	lgDL 110 Min. (70 % mHf)	22
So		DL 60 Min. (70 % mHf)	12

6. Woche (64 km)

Tag	Art	Training	Ca. km*
Mo		–	–
Di	○	3 x 3000 m in 10:48 Min. (HM-Tempo, 6 Min. Pause)	14
Mi		DL 30 Min. (70 % mHf)	6
Do		DL 50 Min. (75 % mHf), Stg	11
Fr		–	–
Sa		DL 30 Min. (70 % mHf), Stg	6
So	→	**Halbmarathon** (Zielzeit 1:16 Std.)	27

% mHf = Prozent der maximalen Herzfrequenz, **DL** = Dauerlauf, **Stg** = Steigerungsläufe, ✖ lgDL = langer Dauerlauf, → Tempolauf oder Wettkampf, ○ Intervalltraining
* Bei Wettkämpfen und Tempoeinheiten sind bei den Tageskilometern Kilometer für langsames Ein- und Auslaufen mit einberechnet; weitere Erläuterungen siehe Kapitel zur Trainingslehre.

6-Wochen-Plan für Halbmarathon – Ziel: 1:09 Stunden

1. Woche (107 km)

Tag	Art	Training	Ca. km*
Mo		DL 60 Min. (75 % mHf)	14
Di	○	8 x 400 m in 1:11 Min. (200 m Trabpause)	11
Mi		DL 80 Min. (70 % mHf)	17
Do	○	3 x 2000 m in 6:30 Min. (HM-Tempo, 3 Min. Trabpause)	13
Fr		DL 60 Min. (70 % mHf)	13
Sa	→	Tempolauf 10 km, 3:38/km (85 % mHf)	15
So	✖	lgDL 110 Min. (70 % mHf)	24

2. Woche (113 km)

Tag	Art	Training	Ca. km*
Mo		DL 60 Min. (75 % mHf)	14
Di	○	4 x 1000 m in 3:06 Min. (400 m Trabpause)	11
Mi		DL 80 Min. (70 % mHf)	17
Do	○	4 x 2000 m in 6:30 Min. (HM-Tempo, 3 Min. Trabpause)	15
Fr		DL 60 Min. (70 % mHf)	13
Sa	→	Tempolauf 12 km, 3:38/km (85 % mHf)	17
So	✖	lgDL 120 Min. (70 % mHf)	26

3. Woche (113 km)

Tag	Art	Training	Ca. km*
Mo		DL 60 Min. (75 % mHf)	14
Di	○	8 x 400 m in 1:11 Min. (200 m Trabpause)	11
Mi		DL 80 Min. (70 % mHf)	17
Do	○	4 x 2000 m in 6:30 Min. (HM-Tempo, 3 Min. Trabpause)	15
Fr		DL 60 Min. (70 % mHf)	13
Sa	→	Tempolauf 12 km, 3:38/km (85 % mHf)	17
So	✖	lgDL 120 Min. (70 % mHf)	26

4. Woche (71 km)

Tag	Art	Training	Ca. km*
Mo		DL 60 Min. (75 % mHf)	14
Di	○	5 x 1000 m in 3:06 Min. (400 m Trabpause)	13
Mi		DL 50 Min. (75 % mHf)	11
Do		DL 45 Min. (70 % mHf), Stg	10
Fr		–	–
Sa		DL 30 Min. (70 % mHf), Stg	6
So	→	**10 km Testrennen** (Zielzeit 31 Min.)	17

5. Woche (116 km)

Tag	Art	Training	Ca. km*
Mo		DL 45 Min. (70 % mHf), Stg	10
Di		DL 90 Min. (70 % mHf)	19
Mi		DL 60 Min. (75 % mHf)	14
Do		DL 70 Min. (75 % mHf)	16
Fr	→	Tempolauf 15 km, 3:38/km (85 % mHf)	20
Sa	✖	lgDL 110 Min. (70 % mHf)	24
So		DL 60 Min. (70 % mHf)	13

6. Woche (65 km)

Tag	Art	Training	Ca. km*
Mo		–	–
Di	○	3 x 3000 m in 9:48 Min. (HM-Tempo, 5 Min. Trabpause)	15
Mi		DL 30 Min. (70 % mHf)	6
Do		DL 50 Min. (75 % mHf), Stg	11
Fr		–	–
Sa		DL 30 Min. (70 % mHf), Stg	6
So	→	**Halbmarathon** (Zielzeit 1:09 Std.)	27

% mHf = Prozent der maximalen Herzfrequenz, **DL** = Dauerlauf, **Stg** = Steigerungsläufe, ✖ lgDL = langer Dauerlauf, → Tempolauf oder Wettkampf, ○ Intervalltraining
* Bei Wettkämpfen und Tempoeinheiten sind bei den Tageskilometern Kilometer für langsames Ein- und Auslaufen mit einberechnet; weitere Erläuterungen siehe Kapitel zur Trainingslehre.

© Herbert Steffny: Optimales Lauftraining, Südwest Verlag 2013

Das Training im Jahreslauf

Je leistungsorientierter Ihre Ziele sind, desto kontinuierlicher und fleißiger müssen Sie trainieren. Das bedeutet, ganzjährig wenigstens drei- bis viermal pro Woche zu laufen. Allerdings kann und sollte man nicht das ganze Jahr hindurch vollkommen gleichförmig trainieren. Einerseits lassen das die Jahreszeiten witterungsbedingt nicht zu, andererseits gilt es, für den Saisonhöhepunkt punktgenau topfit zu werden und danach wieder etwas auszuruhen. Der Jahrestrainingsablauf wird wie bei der Trainingstheorie besprochen in Abschnitte und Zyklen unterteilt, in denen unterschiedliche Akzente im Training gesetzt werden.

Das Jahr in Zyklen aufteilen

Das Trainingsjahr ist schon witterungsbedingt in verschiedene Phasen zu unterteilen. Die Saisonhöhepunkte liegen beim Halbmarathon eher im Frühjahr und Herbst. Wer 10 000- oder 5000-Meter-Rennen bestreitet, hat vielleicht auch im Sommer seinen Höhepunkt, z. B. bei einer regionalen oder nationalen Meisterschaft. Wer unter Pollenallergie leidet, wird sich vielleicht antizyklisch vorbereiten müssen und im Winter fit sein, beispielsweise beim Silvesterlauf oder bei einer Winterlaufserie.
Die Trainingszyklen haben aber meist folgende Abfolge: Nach der vorausgehenden Wettkampfsaison regeneriert man zunächst im Herbst in einer etwa vierwöchigen Übergangsperiode. Dann folgt ein mehrmonatiger Abschnitt über den Winter, in dem Training der allgemeinen Grundlagenausdauer im Vordergrund steht. Das Wintertraining mit vielen ruhigen Kilometern schafft das breit angelegte Fundament der Grundlagenausdauer. Hier sollte auch Crosstraining (siehe Seite 114) eingeplant werden. Schließlich kommt in den letzten sechs Wochen vor einem Frühjahrshalbmarathon eine Phase mit vermehrt wettkampfspezifischen Tempoeinheiten und Vorbereitungswettkämpfen, wie in den Trainingsplänen beschrieben. Nachfolgend wird das Wintertraining für einen ambitionierten Halbmarathon- oder 10 000-Meter-Läufer vorgestellt.

Wintertraining für Ambitionierte

Nach einer langen Wettkampfperiode, vielleicht nach dem Halbmarathon im Herbst, ist der Körper an seiner Grenze angelangt. Das Immunsystem, der Bewegungsapparat und auch das Hormonsystem sind angeschlagen. Nun sollte man für ein paar Wochen bei deutlich weniger Training physisch und psychisch auftanken. Wer vorher fast täglich trainiert hat, sollte sein Training auf drei- bis viermal wöchentlich bis zu einer Stunde Jogging zurückfahren. Das folgende Wintertraining ist nun die Basis für die ganze nächste Saison. Der Schwerpunkt des Trainings liegt auf der Grundlagen- und Kraftausdauer, nicht auf Intensität.
Wahrscheinlich ist das nächste wichtige Ziel ein Halbmarathon oder eine Straßenlauf-

meisterschaft im Frühjahr. In dieser Phase sollten zwar viele lockere Kilometer gesammelt, aber keineswegs nur gelaufen werden. Empfehlenswert und eine Abwechslung für Kopf und Beine sind die Nachbardisziplinen Schwimmen, Rad fahren, Ballspiele, Gymnastik und Zirkeltraining in der Halle sowie vor allem auch der Skilanglauf, den man bis in den Februar hinein auch in Form eines Höhentrainings betreiben könnte. Spielerisch wird im Winter bei diesem vielseitigeren Training die Koordination geschult und auch die vielleicht lange vernachlässigte Rumpfmuskulatur auftrainiert, um z. B. Rückenbeschwerden in der Saison vorzubeugen.

Schwerpunkt – Kilometer sammeln

Laufen bleibt natürlich das Hauptelement im Training: Je nach Leistungsvermögen sollten Ambitionierte im Winter mindestens viermal in der Woche laufen. Eliteläufer erreichen im Januar und Februar sogar die höchsten Umfänge im Jahresverlauf. Natürlich liegt angesichts der Witterung und gleichzeitig hoher Kilometerbelastung die Betonung auf ruhigen aeroben Dauerläufen im Bereich von 70 bis 75 und wenigen Tempoläufen bis 85 % maximaler Pulsfrequenz. Zwischen zwei bis drei Belastungswochen sollten immer einige Regenerationstage eingebaut werden. Wer nicht die Möglichkeit wie die Profis hat, im Süden ein längeres Trainingslager durchzuführen, kann vielleicht bei einem kürzeren

Laufurlaub wenigstens ein paar Tempoeinheiten bei höheren Temperaturen einplanen. Aber selbst im Süden sind harte Tempoeinheiten zu diesem Zeitpunkt bis einschließlich Februar noch nicht so wichtig, wenn man Ende April oder im Mai fit sein will. Das übersehen selbst viele Spitzenläufer, die viel zu früh eventuell in einer Halle mit scharfem Training beginnen. Was nutzt aber die beste Laktattoleranz, wenn das Fundament der aeroben Ausdauer nur unzureichend entwickelt ist? Tempohärte lässt sich in einem Sechs-Wochen-Zyklus schnell aufbauen, mangelnde Trainingsumfänge, also Grundlagenausdauer, für die man viele Monate braucht, nicht mehr. Daher sollten Sie im Dezember damit beginnen. Wer erst in den letzten Wochen versucht, alles Versäumte auf den letzten Drücker gleichzeitig nachzuholen, entfacht höchstens ein kleines Strohfeuer und läuft Gefahr, sich zu verletzen.

Power durch Crosslauf

Als gelegentliche Tempospritze empfehle ich im Winter alle paar Wochen die spielerische Teilnahme an 10- bis 20-Kilometer-Volksläufen einer Winterlaufserie oder an Crossläufen, die über 5 bis 12 Kilometer querfeldein im Gelände stattfinden. Crosslauf erfordert ständige Konzentration, der permanente Schrittwechsel unterbricht den Einheitstrott, ökonomisiert den Laufstil, schult die Koordination und zwingt taktisch zur Krafteinteilung. Durch Schnee, unterschiedliche Boden-

seine mentale Power und Willensstärke. Wer sich hier nicht vor schweren Aufgaben drückt, wird auch in der Endphase eines Rennens, wenn es so richtig hart wird, keine faule Ausrede benötigen!

Die Crossfahrtspielrunde

Neben dem Tempodauerlauf, einem gelegentlichen Wettkampf ist vor allem das Fahrtspiel im Winter eine geeignete Form, intensiver zu trainieren. Fortgeschrittene sollten es einmal pro Woche als Crossfahrtspiel mit längeren und kürzeren flotten, aber nicht zu harten Tempopassagen über Stock und Stein einbauen. Suchen Sie sich dazu eine etwa 1000 bis 1500 Meter lange Runde, in der alles drin ist, was Sie herausfordert: z. B. kleinere giftige Anstiege zum Klettern, sanft fallende und schnelle flache Wege für Steigerungsläufe oder flotte Tempoabschnitte, weichen Boden, wie Tiefschnee, Sand oder Matsch zum Wühlen, ein Hindernis zum Überspringen, eine Slalomstrecke, etwa um Parkbäume, für die Geschicklichkeit, eine längere Böschung, die Sie quer hochlaufen, einen Stadtwald – nicht im Naturschutzgebiet –, wo Sie mal durch Unterholz hüpfen. Zwischen den belastenden Teilen können Sie nach Körpergefühl regenerativ joggen. Auf dieser Strecke können Sie je nach Leistungsvermögen intervallartig trainieren. Zunächst laufen Sie z. B. dreimal eine Runde, in den folgenden Wochen viermal, fünfmal und etwas langsamer dreimal zwei Runden usw.

Über Stock und Stein! Der Crosslauf ist im Winter auch eine harte Willensschulung.

beschaffenheit und Geländeprofil werden auch zusätzliche Muskeln der Beine trainiert, die beim Saisonhöhepunkt später unterstützend helfen.

Vergessen Sie beim Crosslauf die Uhr, die sonst im Training so dominiert. Ein Crossläufer sucht die Herausforderung, kneift nicht vor dem Kampf mit den Elementen und schult

14-Tage-Wintertrainingsplan (Leistungsstand um 40 Min./10 km)

1. Woche (72 km)

Tag	Art	Training	Ca. km*
Montag		–	–
Dienstag	➜	60 Min., darin 40 Min. Fahrtspiel (70 bis über 90 % mHf)	11
Mittwoch		DL 60 Min. (75 % mHf)	12
Donnerstag		Hallentraining	–
Freitag	➜	Tempolauf 10 km (80–85 % mHf)	15
Samstag		DL 60 Min. (75 % mHf)	12
Sonntag	✖	lgDL (70 % mHf)	22

2. Woche (53 km)

Tag	Art	Training	Ca. km*
Montag		–	–
Dienstag	⊙	4 x 1000 m im 10-km-Tempo (400 m Trabpause)	13
Mittwoch		DL 60 Min. (70 % mHf)	11
Donnerstag		Hallentraining	–
Freitag		DL 40 Min. (75 % mHf), Stg	8
Samstag		Jogging 30 Min. (70 % mHf), Stg	5
Sonntag	➜	Crosslauf/Winterlaufserie (Rennen) über 10 km	16

14-Tage-Wintertrainingsplan (Leistungsstand um 50 Min./10 km)

1. Woche (53 km)

Tag	Art	Training	Ca. km*
Montag		–	–
Dienstag		DL 60 Min. (75 % mHf)	10
Mittwoch	➜	Tempo-DL 8 km (80 – 85 % mHf)	13
Donnerstag		Hallentraining	–
Freitag		DL 60 Min. (75 % mHf)	10
Samstag		–	–
Sonntag	✖	lgDL (70 % mHf)	20

2. Woche (41 km)

Tag	Art	Training	Ca. km*
Montag		–	–
Dienstag	➜	60 Min., darin 30 Min. Fahrtspiel (70 bis über 90 % mHf)	11
Mittwoch		DL 60 Min. (70 % mHf), Stg	10
Donnerstag		Hallentraining	–
Freitag		Jogging 30 Min. (70 % mHf), Stg	5
Samstag		–	–
Sonntag	➜	Crosslauf/Winterlaufserie (Rennen) über 10 km	15

% mHf= Prozent der maximalen Herzfrequenz, **DL** = Dauerlauf, **lgDL** = langer langsamer Dauerlauf, **Stg** = Steigerungsläufe, ✖ langer Dauerlauf, ➜ Tempolauf oder Wettkampf, ⊙ Intervalltraining

* Bei Wettkämpfen und Tempoeinheiten sind bei den Tageskilometern Kilometer für langsames Ein- und Auslaufen mit einberechnet; weitere Erläuterungen siehe Kapitel zur Trainingslehre.

Schnell nur an milden Tagen

Ein fortgeschrittener Wettläufer kann gelegentlich an sehr milden Wintertagen flottere Tempodauerläufe und flache Langintervalle wie dreimal 2000 Meter im derzeit möglichen Halbmarathontempo in sein Training einstreuen. Jüngere Wettkampfläufer können alle paar Wochen auch Programme wie drei- bis fünfmal 1000 Meter im derzeit möglichen Zehn-Kilometer-Wettkampftempo einstreuen. Bei Minusgraden sollten diese Einheiten aber durch ein leichtes Fahrtspiel ersetzt werden. Bei sehr kaltem Wetter, mit Temperaturen weit unter Null, ist dagegen ein Dauerlauf angebracht. Die beiden Trainingspläne auf Seite 183 zeigen, wie das Wintertraining in einem typischen 14-Tages-Zyklus ambitionierter Läufer, die um die 40 Minuten bzw. 50 Minuten auf zehn Kilometer laufen, in etwa aussehen könnte.

Intensiver im Spätwinter

Diese 14-Tages-Zyklen dienen als Grundschema für das Wintertraining, das Sie prinzipiell über den Winter wiederholen können. Zu Beginn im Dezember sind die einzelnen Läufe langsamer. Die Kilometerumfänge sind noch etwas geringer, im Januar und Februar dann aber am höchsten, wobei im Spätwinter die Intensität, die Länge der Tempoläufe oder des Fahrtspiels zunehmen. In dieser Phase könnte auch für einen Monat wöchentlich Hügellaufen eingeplant werden. Jede Woche sollte auch ein längerer, aber langsamer Lauf absolviert werden, der im März zwei Stunden erreichen kann.

Nachdem man bis in den Spätwinter die Grundlagen- und Kraftausdauer fleißig trainiert hat und das Wetter nun milder geworden ist, wird in der letzten Phase an der speziellen Leistungsfähigkeit für den Halbmarathon oder Zehn-Kilometer-Lauf gearbeitet. Sie können jetzt in den passenden Sechs-Wochen-Plan einsteigen.

Training auf den Herbsthalbmarathon

Manche beginnen im Frühling erst mit ihrem Lauftraining und möchten dann im Herbst fit für einen Halbmarathon werden. Das kann noch funktionieren, ist aber eine denkbar schlechte Grundlage. Wirklich gute Leistungen sind mit solch kurzer Vorbereitung ohne Wintertraining nicht zu erzielen. Ein Wiedereinsteiger muss ähnlich dem vorher geschilderten Wintertraining für Ambitionierte zunächst einmal die Grundlagenausdauer verbessern. Erst im Sommer wären erste Wettkämpfe über kurze Distanzen sinnvoll, bevor man im Herbst in den Sechs-Wochen-Plan einsteigt.

Wer dagegen über den Winter fleißig und im Frühling fit für die 21,1 Kilometer war, kann daran anknüpfen und nun wie im Folgenden beschrieben die nächste Stufe zünden. Nach einem Halbmarathon im Frühjahr, beispielsweise im April, sollten Sie für zwei Wochen das Training reduzieren und eher regenerativ joggen, Rad fahren oder schwimmen. Danach könnten Sie sich im Mai und Juni zur Verbesserung Ihres Leistungsvermögens auf der Unterdistanz nun nach meinen Plänen um Ihre Zehn-Kilometer-Bestzeit kümmern.

Unterdistanz verbessern

Den Frühjahrshalbmarathon laufen Sie also eher aus dem Umfang, den im Herbst etwas mehr aus der Intensität. Als separater Trainingsblock vor dem erneuten Umstieg in das eigentliche Halbmarathontraining sind im Mai und Juni scharfe Straßenläufe über kurze Distanzen oder schnelle Bahnwettkämpfe – für Profis sogar mit 3000- bis 10 000-Meter-Rennen auf der Bahn – ideal. Nach dem mehr umfangorientierten Wintertraining ist eine so gestaltete Trainingsperiodisierung im Jahresverlauf sogar sehr Erfolg versprechend.

Die Grundlagenausdauer wurde über den Winter optimiert. Auf dieser Basis sitzt nun das Intervalltraining bei etwas vermindertem Umfang sehr viel besser. Da die aerobe Ausdauer durch die langen sonntäglichen Läufe im Fünf- oder Zehn-Kilometer-Wettkampftraining immer noch angesprochen wird, baut sie auch nicht so schnell ab. Die Schnittmenge aus aerobem und anaerobem Leistungsvermögen dieser aufeinander folgenden Trainingsphasen sollte in der Summe nicht nur für Spitzenläufer in dieser zeitlich versetzten Planung zu neuen Bestzeiten führen. So habe auch ich selbst meine ganz persönlichen Hausrekorde auf den kürzeren Distanzen erzielt.

Kraftausdauer mit Rad und Berglauf

Im Hochsommer könnte sich an den Unterdistanzzyklus eine mehrwöchige Periode anschließen, in der Sie sich vermehrt um Ihre Kraftausdauer kümmern. Beim Lauftraining im Sommer kann es insbesondere bei den langen Läufen unangenehm heiß sein. Zur Verbesserung der allgemeinen aeroben Ausdauer und Kraftausdauer können Sie neben dem Lauftraining zunächst unspezifische Einheiten auf dem Straßenrennrad oder mit dem Mountainbike einstreuen. Dabei wird die Wärme nicht unangenehm empfunden, und man kann einfacher Getränke mitnehmen. Ich selbst habe meine Kraftausdauer im Sommer immer mit Bergpässefahrten verbessert.

Bergläufe in Kombination mit einem Sommerurlaub im Juli oder August in den Bergen, vielleicht sogar mit einem mehrwöchigen Höhentraining, wären eine prima Ergänzung und könnten im Sommer gewissermaßen den winterlichen Cross- oder Skilanglauf zum Training der Kraftausdauer ersetzen. Sie entgehen damit auch der drückenden Hitze im Tal. Wenn Ihr Halbmarathon im Oktober liegt, würden Sie aus diesem gemischten Basistraining Anfang September wieder in die Sechs-Wochen-Pläne zur Vorbereitung einsteigen. Ein Zehn-Kilometer-Testwettkampf zuvor wäre zur Standortorientierung ideal.

Gymnastik und Laufstil

▸ Mobilisieren, Dehnen & Kräftigen

▸ Ihr Dehnungsprogramm

▸ Ihr Kräftigungsprogramm

▸ Laufen – auch eine Stilfrage

Ganzkörpertraining

Effektive Muskelpflege

Laufen ohne begleitende Gymnastik ist zu einförmig und führt früher oder später zu muskulären Ungleichgewichten. Wer immer nur läuft und nicht für Ausgleich sorgt, muss nach einiger Zeit mit orthopädischen Problemen rechnen.

Muskuläre Ungleichgewichte

Jeder Arbeitsplatz im Sitzen fördert Rückenbeschwerden. Das betrifft auch Läufer. Auch ein verspannter Nacken und zwackende Beinmuskeln kommen fast immer vom Faulenzen, seltener vom Sport. Aber auch monotones und überzogenes Lauftraining fördert Verspannungen und muskuläre Ungleichgewichte, sogenannte Dysbalancen. Höchste Zeit, um mit Gymnastik zu beginnen.

Tonische und phasische Muskeln

Laufen ohne Ausgleichssport ist zu einseitig. Die Beinmuskulatur wird sehr stark trainiert, aber die Bauchmuskeln und Oberkörper z. B. nur wenig. Die vernachlässigte Rumpfmuskulatur muss also separat gestärkt, die verspannte Beinmuskulatur dagegen durch Dehnungsübungen gelockert werden.
Die Muskulatur des Körpers ist in der Zusammensetzung der Fasern nicht gleich. Durch einförmig betriebene Tätigkeiten im Beruf

und Fehlhaltungen, aber auch durch Sport neigen die sogenannten tonischen Muskeln mit mehr ST-Fasern zum Verkürzen. Die phasischen Muskeln, die mehr FT-Fasern aufweisen, schwächen dagegen eher ab (siehe Seite 65). Ist ein Muskel verkürzt, sein Gegenspieler für eine Bewegung dagegen verkümmert, kommt es zu einer Dysbalance, was beispielsweise den Laufstil verschlechtert oder, schlimmer, zu Rückenschmerzen führen kann.

Dehnen und Kräftigen

So ist die Brust- und Nackenmuskulatur eher tonisch und verkürzt, die mehr phasische Muskulatur des oberen Rückens zwischen den Schulterblättern ist dagegen abgeschwächt. Wir sitzen zudem nach vorne hängend mit einem Rundrücken im Büro, im Auto, vorm Fernseher und Computer. Nackenschmerzen können eine Konsequenz sein, aber auch beim Laufstil sieht man bei fast allen Läufern, dass die Arme viel zu stark nach innen geführt werden, statt locker mehr seitlich nach vorne zu pendeln. Mobilisation des Schultergürtels beispielsweise durch Armkreisen, Dehnen der Brustmuskulatur und Stärkung des oberen Rückens würden aus dem Dilemma führen! Eine starke Rumpfmuskulatur entlastet die Wirbelsäule beim Laufen. Ein komplettes Gymnastikprogramm besteht also aus Mobilisation, Dehnung und Kräftigung.

Gute Gründe für Gymnastik

Wer vorausschauend Gymnastik betreibt, kommt erst gar nicht in diese Klemme. Das nachfolgende Gymnastikprogramm entspannt und kräftigt, fördert zudem das Balancegefühl und hilft übrigens auch nach langen Sitzmarathons im Büro oder Auto. Es gibt für Dehnungs- und Kräftigungsübungen viele gute Gründe. Es werden:

▸ Verspannungen und Verhärtungen nachhaltig abgebaut
▸ Krämpfe im Training oder Wettkampf gelöst
▸ Fehlhaltungen beseitigt
▸ Rückenprobleme verhindert oder sogar vermindert
▸ Die Durchblutung gefördert
▸ Die Regeneration beschleunigt
▸ Die Beweglichkeit verbessert
▸ Der Laufstil ökonomischer
▸ Die Verletzungsanfälligkeit verringert
▸ Der Grundstoffwechsel erhöht

Auf korrekte Ausführung achten

Wer sieht sich schon selbst bei der Gymnastik? Vielleicht könnten Sie sich zunächst selbst vor einem Spiegel kontrollieren? Vielleicht lohnt es sich aber, die Übungen mit einem erfahrenen Trainer einzustudieren, denn oft wird Gymnastik nur »so ähnlich«, aber nicht korrekt und dadurch nicht effizient ausgeführt. Beginnen Sie mit Gymnastik nicht erst, wenn die Wehwehchen kommen. Die hier dargestellten und bewusst einfach gehaltenen, aber sehr wirksamen Übungen können Sie überall, auch auf Reisen, durchführen. Sollten Sie bei einer Übung starke Defizite feststellen, reagieren Sie nicht entmutigt. Dann ist das eben Ihre Baustelle, an die Sie ranmüssen! Dieses Grundprogramm lässt sich nach Ihren individuellen Anforderungen natürlich mithilfe eines sporterfahrenen Physiotherapeuten erweitern.

Regeln für das Dehnungsprogramm

Von schlecht auf mäßig kommt man mit nicht allzu großem Aufwand. Vielleicht sind Sie zu Beginn noch ausgesprochen steif in der Muskulatur. Aber mit geduldigem Bemühen und Üben können Sie schon nach einigen Wochen regelmäßigen Dehnens gute Fortschritte erzielen.

Wie wird gedehnt?

Sie sollten in die jeweilige Übung langsam hineingleiten und nur so weit dehnen, bis Sie ein deutliches, vielleicht sogar unangenehmes Ziehen, keinesfalls aber Schmerzen verspüren. Das statische Dehnen ist die einfachste, aber wirksame Variante des Stretchings. Halten Sie die gefundene Endposition und dehnen Sie ohne zu wippen jeweils für rund 20 Sekunden. Wer beim Dehnen stark wippt, löst nur eine reflektorische Anspannung sozusagen gegen das Zerrupfen der betroffenen Muskulatur aus. Sie erreichen also genau das Gegenteil. Außerdem können der Muskel, seine Sehne oder ein Gelenk verletzt werden.

Wann und wie oft dehnen?

Wer kalt dehnt, geht ein höheres Verletzungsrisiko ein. Das Dehnen danach ist viel wichtiger als vor dem Training, denn längeres oder intensives Laufen verspannt ebenfalls die Muskeln. Üben Sie nach dem Warmlaufen vor einem Tempolauf oder Wettkampf und nach jeder Trainingseinheit, wenn die Muskulatur noch etwas warm ist. Sie können vor einem Lauf ebenfalls sanft dehnen, aber das kann langsames Warmlaufen nicht ersetzen!

Sie benötigen für das Dehnprogramm nur rund zehn Minuten. Wiederholen Sie jede Übung zwei- bis dreimal für beide Seiten, bevor Sie zur nächsten übergehen. Dehnen Sie Ihre Problemstellen häufiger. Achten Sie immer auf eine saubere Durchführung und atmen Sie dabei ruhig weiter.

Zur Mobilisation des Schulter- und Beckengürtels sollten Sie das Dehnprogramm durch simple Lockerungsübungen wie Schulter-, Arm-, Hüft- und Beinkreisen vorwärts und rückwärts einleiten. Das lockert die Schultern und verbessert ergänzend auch die Armarbeit beim Laufen.

Wann ist Dehnen falsch?

Sie sollten niemals in bestehende Schmerzen hinein dehnen. Bei leichtem Muskelkater dehnen Sie etwas vorsichtiger, bei starken Muskelschmerzen nach einem harten Wettkampf am besten überhaupt nicht. Die Muskelfasern sind angeschlagen. Jetzt wären ein Wannenbad, Spaziergang oder Schwimmen sinnvoller. Unmittelbar vor einem kurzen, schnellen Rennen oder intensiven Training sollten Sie nicht exzessiv dehnen, denn die Muskelspannung sollte dafür nicht zu niedrig sein. Vor einem Wettkampf empfiehlt es sich, nach leichtem Dehnen die Muskulatur durch einige kurze Steigerungsläufe wieder etwas vorzuspannen.

Regeln für das Kräftigungsprogramm

Kräftigen kann man auch mit Geräten bei guter Anleitung in einem Fitnesscenter. Aber das ist nicht immer da, Ihr Körpergewicht aber schon – und das reicht aus. Nun gibt es auch keinerlei Ausreden mehr! Anders als beim Dehnen müssen Sie die Übungen nicht unmittelbar nach dem Laufen durchführen. Eine ideale Unterlage wären Rasen, Teppich, ein Handtuch oder eine Gymnastikmatte. Sie sollten sich vorher ein wenig aufwärmen und dabei zur Not auf der Stelle tippeln oder Seil springen.

Kraftzuwachs

Im Gegensatz zum Ausdauertraining müssen Sie, um einen Kraftzuwachs zu erreichen, kurzzeitig intensiver bis in den anaeroben Bereich belasten. Sie gehen also vorsichtig an Ihre individuelle Erschöpfungsgrenze. Die Kräftigungsübungen sollten wegen der höheren Belastung zu Beginn nur zwei- bis dreimal pro Woche durchgeführt werden, am besten an Zwischentagen oder nach lockeren Läufen. Machen Sie bei allen Übungen mehrere Wiederholungen bis zur subjektiven Ermüdung, wechseln gegebenenfalls die Seiten ab und lockern dazwischen die Muskulatur durch Ausschütteln oder Massieren. Halten Sie während der Übungen nicht die Luft an, sondern atmen Sie ruhig weiter. Bei den meisten Kräftigungsübungen können Sie die Endstellung entweder halten oder auch dynamisch etwa im Sekundentakt wippen.

> Für Kräftigungsübungen braucht man nicht unbedingt ein Fitnesscenter. Das eigene Körpergewicht reicht aus, das geht überall – und es gibt auch keine faulen Ausreden für Gymnastik mehr.

Übungen
Die Dehnungsübungen

❶ Wadenmuskel und Achillessehne

Mit den Händen an einem Baum, einer Wand oder dergleichen abstützen, ein Bein gestreckt so weit nach hinten schieben, dass dabei die Ferse gerade noch flach auf dem Boden bleibt, die Fußspitze muss nach vorne zeigen, Körper gerade halten. Wichtig zur Vermeidung von Achillessehnenbeschwerden.

❷ Schollenmuskel und Achillessehne

Mit den Händen festhalten, das zu dehnende Bein etwas nach hinten setzen und dabei leicht nach unten in die Hocke gehen, die Ferse bleibt flach am Boden. Die Übung dehnt mehr die Wade im unteren Anteil des Schollenmuskels und die Achillessehne. Alternativ können Sie auch den Vorfuß auf eine nicht zu hohe Bordsteinkante setzen, die Ferse absenken und mit dem Knie in die Beuge gehen.

❸ Oberschenkelvorderseite

Im Stand ein Bein anwinkeln, am Fußgelenk mit beiden Händen umfassen und zum Gesäß ziehen, das Knie zeigt nach unten, gegebenenfalls mit der anderen Hand festen Halt suchen. Hohlkreuz durch Anspannen der Gesäß- und Bauchmuskulatur vermeiden oder dazu auch mit dem Standbein ganz leicht in die Hocke gehen. Verkürzte Muskulatur der Oberschenkelvorderseite führt zur Beckenkippung nach vorne und oft zu einer Entzündung des Ansatzes seiner Sehne unterhalb der Kniescheibe und des darunter liegenden Knorpels im Knie.

❹ Oberschenkelrückseite

Den Fuß mit der Ferse auf eine nicht zu hohe Auflage etwa in Stuhlhöhe setzen, Knie leicht beugen,
nicht strecken, den Oberkörper mit geradem Rücken
aus dem Becken nach vorne kippen. Die Fußspitze
des senkrecht stehenden Standbeins sollte nach
vorne zeigen. Wichtig: Wer nur einen Rundrücken
buckelt, wird nichts spüren; wer das Knie vollkommen streckt, wie es oft gezeigt wird, dehnt zwar die
Kniekehlen, aber nicht weiter oben den Hauptteil
des Muskels!

❺ Hüftbeuger- oder Hüftlendenmuskel

Aus dem Stand einen Ausfallschritt nach vorne
machen, das hintere Bein dabei möglichst gestreckt

ganz weit nach hinten schieben, dabei den Fuß
nicht seitlich drehen. Das vordere Bein steht mit
dem Unterschenkel senkrecht zum Boden. Der
Oberkörper ist aufrecht, nicht vorgebeugt, aber
auch nicht im Hohlkreuz. Dieser Muskel ist durch

Übungen

Die Dehnungsübungen

vieles Sitzen meist stark verkürzt, was zu Rückenbeschwerden führen kann.

❻ Oberschenkelinnenseite, Adduktoren

Aus dem Stand auf festem Untergrund weit in die
Grätsche gleiten, Hohlkreuz durch Anspannen der
Rumpfmuskulatur vermeiden. Nach 20 Sekunden
nach vorne beugen, um andere Anteile der breiten
Adduktorengruppe zu dehnen, möglichst rücken-
schonend mit den Händen abstützen. Wer unbe-
weglicher ist, sollte sich zunächst z. B. auf einer
Treppenstufe abstützen.

❼ Hüft- und tiefe Gesäßmuskulatur

Ausgestreckt auf dem Rücken liegend ein Bein
anwinkeln, es mit einer Hand am Fußgelenk greifen, mit der anderen am Knie. Dieses sowie den
Unterschenkel langsam seitlich zur gegenüber-
liegenden Schulter ziehen, das Knie sollte dabei
im rechten Winkel und das andere Bein gestreckt
bleiben, das Becken liegt flach auf dem Boden auf.

Diese Übung dehnt vor allem den Piriformis-Muskel
(Pseudoischias).

❽ Brustmuskulatur

Sie stehen in der Ausgangsstellung mit beiden Bei-
nen parallel neben einem Baum und lehnen den
Arm hinter dieses Widerlager, ohne es festzuhalten.
Nun gehen Sie mit dem Bein derselben Seite einen
Schritt nach vorne und schieben Schultern und Brust
ebenfalls vor. Sie spüren bei richtiger Ausführung
die verkürzten Brustmuskeln. Variieren lässt sich
die Übung durch unterschiedliche Höhe, wo Sie den
Arm anlehnen. Sie verbessert die Armhaltung beim
Laufen.

Die Kräftigungsübungen

❶ Bauchmuskulatur

Sie winkeln in Rückenlage auf den Fersen ruhend die Beine an, lassen diese aber entspannt. Nun heben Sie nur die Schultern von der Unterlage und halten entweder diese Position (Foto Seite 191) oder wippen mit den Armen nach vorne gestreckt links, zwischen und rechts neben die Beine. Dadurch dehnen Sie auch die schrägen Bauchmuskeln. Achten Sie darauf, dass dabei die Lendenwirbelsäule rückenschonend flach am Boden bleibt. Sie können mit den Händen den Nacken abstützen, sollten dabei aber nicht den Oberkörper am Kopf hochziehen. Bauchmuskeltraining stabilisiert die Beckenhaltung und trainiert auch das Zwerchfell, die wichtigste Atemmuskulatur.

❷ Rückenmuskulatur

Aus dem Vierfüßlerstand heben Sie diagonal den linken Arm und das rechte Bein, also nicht Arm und Bein derselben Seite, in die Waagerechte. Halten Sie diese Position bis zur Ermüdung und nehmen

sich dann die andere Seite vor. Sie sollten dabei das Becken nicht seitlich hochdrehen. Schauen Sie bei der Übung nach unten.

❸ ❹ Seitliche Rumpfmuskulatur

Legen Sie sich auf die Seite und stützen sich mit dem Unterarm flach auf dem Boden ab. Der Körper ist gestreckt wie ein Lineal. Nun heben Sie die Hüfte vom Boden ab und gehen in den Seitstütz. Halten Sie diese Position eine Weile ❸.

Übungen
Die Kräftigungsübungen

Wenn Sie noch nicht so kräftig sind, sollten Sie zur Vereinfachung das obere Bein vor dem Körper aufsetzen ❹. So nehmen Sie etwas Gewicht aus der Übung. Auch bei dieser Kräftigung können Sie dynamisch das Becken anheben und wieder ablegen.

❺ Bauch-, Rücken-, rückwärtige Oberschenkelmuskeln

Diese fortgeschrittene Kombinationsübung stärkt die Rumpfmuskulatur und die Rückseite der Oberschenkel. Aus der Rückenlage winkeln Sie ein Bein an, das andere bleibt gestreckt. Die Arme liegen seitlich auf. Nun heben Sie das Becken und das nach oben gestreckte Bein in eine gerade Linie. Das Gewicht liegt nun auf den Schultern und dem gewinkelten Bein. Sie können diese Position eine Weile halten oder die Übung wieder dynamisch ausführen. Wenn Sie noch wenig Kraft haben, können Sie beide Beine anwinkeln und nur das Gesäß vom Boden abheben, bis der Oberkörper in eine gerade Linie mit den Oberschenkeln kommt.

❻ Oberer Rücken, Muskeln zwischen den Schultern

Stellen Sie sich eine Fußlänge entfernt von einer Wand auf und lehnen sich mit den Schultern dagegen. Je weiter Sie von der Wand wegstehen, desto schwerer wird die Übung. Heben Sie seitlich die Oberarme, bis sie einen rechten Winkel zum Körper bilden. Nun stemmen Sie den vollkommen gerade gestreckten Körper dynamisch mit den Ellenbogen von der Wand ab. Das ist sehr anstrengend, weil die obere Rückenmuskulatur stark abgeschwächt ist.

Sie sollten die Arme dabei nicht absinken lassen. Diese Übung wirkt gegen Rundrücken und verbessert die Armhaltung beim Laufen.

❼ ❽ Oberkörper- und Armmuskulatur

Zur Kräftigung der Vorder- und Rückseite des Oberkörpers, Schulterbereichs und der Armmuskulatur können Sie Liegestütze in zwei Varianten durchführen. Diese Übungen werden normalerweise dynamisch ausgeführt, wobei Sie den gestreckten Körper zur Unterlage auf- und absenken, ohne diese zu berühren. Sie schauen dabei nach unten. Für Einsteiger und Übergewichtige reicht meist der »Damenliegestütz«, bei dem man sich zunächst noch mit den Knien aufstützt ❼. Fortgeschrittene trainieren mit den normalen »Männerliegestützen« auf Fußspitzen und Händen ❽.

Kräftigung der Fußmuskulatur

Unser Wohlstandfuß wird im Alltag nicht mehr natürlich gefordert. Eingezwängt in nicht selten falsches Schuhwerk leistet er Schwerstarbeit, bei einem Halbmarathon wuchtet er über die gesamte Distanz rund tausend Tonnen hoch. Daher sollten Sie Ihre Füße durch Kräftigungsgymnastik und gelegentliches, moderates Barfußlaufen auf einer gepflegten Wiese oder am Strand stabilisieren. Übertreiben Sie es aber nicht. Zehn Minuten reichen zu Beginn. Ziehen Sie zu Hause so oft wie möglich Ihre Schuhe aus und lassen die Zehen und Fußmuskeln frei spielen. Gehen Sie in Socken oder barfuß auf Teppichboden. Greifen Sie mit den Zehen kleine Gegenstände und heben Sie sie hoch. Lassen Sie Ihre Füße kreisen, strecken und zusammenziehen. Sie können sich beim Zähneputzen auf den Vorfuß aufrichten und wieder auf die Fersen runterlassen.

Den Laufstil optimieren

So läuft es schöner und besser

Freizeitläufer haben selten Trainer, die ein Auge auf den Laufstil richten. Während Sprinter und Mittelstreckler am Laufstil feilen, vernachlässigen viele Langstreckenläufer insbesondere die Armarbeit sträflich.

Individualität und Stil

Auch für schlechte Stilisten wie beispielsweise Paula Radcliffe und Emil Zatopek reichte es für Weltrekorde oder den Olympiasieg. Laufstil ist nicht alles, mentale Eigenschaften, Trainingsfleiß und -methodik sind für Langstreckenläufer sicherlich noch wichtiger. Dennoch sollte man die gröbsten Lauffehler erkennen und angehen.

Mit Gymnastik zum Ausgleich muskulärer Dysbalancen oder Schonhaltungen, beispielsweise nach Verletzungen, haben Sie bereits ein Trainingsmittel für einen effizienteren Laufstil kennengelernt. Er wird aber auch durch die Verletzungsvorgeschichte oder individuelle Anatomie geprägt. So lassen sich beim Laufstil auffallende Fehlstellungen wie O- und X-Bein, Überpronation oder Beinlängendifferenzen nur bedingt durch Gymnastik korrigieren.

Letztlich sieht man beim Laufstil auch ein wenig auf das Seelenleben, ob jemand eher lustig-verspielt, konzentriert oder gar verbissen-verkrampft ist.

Videolaufstilanalyse

Man glaubt vielleicht nur, was man selbst sieht. Da hilft eine Videolaufstilanalyse weiter. Eigentlich sollte der Oberkörper aufrecht und ganz ruhig gehalten werden. Nur die Arme kompensieren locker schwingend die Beinbewegung. Nicht wenige sind aber so verspannt, dass die Schultern stark vor- und zurückschwingen oder sogar der ganze Oberkörper pendelt und die Arme nur passiv mitgedreht werden (siehe Fotos Seite 200/201).

Die Ursachen sind wiederum starke muskuläre Ungleichgewichte im Körper. Die verkürzten Brust- und Schultermuskeln ziehen die Schultern nach vorne und damit die Arme nach innen. Man läuft eingekrümmt, teils vorgebeugt, und die abgeschwächten oberen Rückenmuskeln können nicht dagegenhalten. Hinzu kommen häufig verkürzte Hüftbeuger und schwache Rumpfmuskulatur. Das ist beim Laufen natürlich unökonomisch, da das Rotieren des Oberkörpers unnötigen Kraftaufwand erfordert, und es sieht darüber hinaus nicht toll aus!

Rumpf und Arme

Eine aufrechte, nur ganz leicht nach vorne geneigte Haltung des Oberkörpers erleichtert die freie Atmung. Wenn die Rumpfmuskulatur aber schwach ist oder im Training oder Rennen ermüdet, beginnt der Oberkörper zu wackeln, das Becken rutscht nach hinten, man sackt in eine Sitzhaltung und kippt verstärkt nach vorne. Diese Instabilität führt wiederum zunehmend zu schlechter koordinierten Bewegungen der Arme und Beine. Eine gut ausgebildete und ausdauernde Rumpfmuskulatur hingegen bildet ein solides Widerlager, einen ruhenden Pol für Arm- und Beinarbeit und ist für die Laufökonomie ganz wichtig.

Pseudo-X-Bein

Rotiert man zu stark mit dem Oberkörper, überträgt sich das auch auf den Unterkörper. Als statisch ausgleichende Gegenbewegung werden die Beine seitwärts in die Gegenrichtung ausschlagen. Die Drehbewegung der Unterschenkel sieht aus, als ob man X-Beine hätte. Konsequentes Arbeiten am Laufstil, Dehnen und Lockerung des Oberkörpers würden dieses »Pseudo-X-Bein« verschwinden lassen. Vielleicht läuft man schon seit vielen Jahren unbewusst in einem bestimmten Bewegungsmuster. Ihre manifestierten neuromuskulären Verschaltungen können Sie nur durch Gymnastik, Lauf-ABC und Bewusstmachung während des Laufens effektiv umprogrammieren.

Stil ist nicht alles: Die Weltmeisterin »Queen« Paula Radcliffe läuft beim London Marathon 2003 kopfrollend und mit weit ausladenden Ellenbogen mit 2:15:25 Stunden dennoch Weltrekord.

Den Armschwung optimieren

Die Armbewegung gibt einen Bewegungsimpuls, der die Bewegungsrichtung unterstützen sollte. Muskelbepackte Sprinter laufen regelrecht mit den Armen und setzen den Armschwung bewusst und kraftvoll ein. Die Arme schwingen locker nach vorne bis in Kopfhöhe und dabei nur leicht nach innen. Die Hände sollten auf keinen Fall die Mittellinie des Körpers überschreiten. Viele Langstreckler fuchteln aber mit den Armen mehr oder weniger quer vor dem Körper hin und her und vergeuden bei dieser Fehlbewegung Energie, die man, statt sie seitlich zu verschwenden, besser in Vortrieb investieren sollte.

Der richtige Armschwung des Langstreckenläufers ist natürlich nicht so exzessiv wie beim Sprinter, sondern eher ein lockeres Pendeln. Er führt seitlich neben dem Rumpf nach vorne und nur leicht nach innen. Um ein Gefühl für die Bewegungsrichtung zu bekommen, drehen Sie mal spaßeshalber den Daumen nach außen. Als Hilfsmittel kann vorübergehend auch ein längerer Stock dienen, den Sie in der Mitte fassen. Das zwingt Sie, die Arme mehr nach vorne zu führen. Wenn Sie beim Laufen jetzt noch nach innen schwingen, pieksen Sie sich selbst. Natürlich müssen Sie nicht nur die Bewegung umprogrammieren, sondern auch die Ursache angehen und vermehrt Gymnastik einplanen.

Arme eng am Körper führen

Weitere Fehler sind zu hoch angewinkelte oder zu tief hängende oder auch asymmetrisch geführte Arme. Beim idealen Armschwung bilden Unter- und Oberarm ungefähr einen

Falsch! Nach vorne gebeugt, Arme werden mit dem pendelnden Oberkörper passiv nach innen gedreht.

Richtig! Aufrechter Oberkörper, Arme schwingen im Schultergelenk locker in Laufrichtung nach vorne.

rechten Winkel. Hängen die Arme zu tief, bilden sie einen langen Hebel, der bei leichtem Schwingen nach innen bereits ein stärkeres Pendeln des Oberkörpers hervorrufen kann. Die Arme sollten eng am Körper vorbei nach vorne geführt werden. Zu weit geschnittene Laufbekleidung, die Jacke, die häufig während des Trainings ausgezogen und um die Hüfte geknotet wird, zwingt zu einer breiten Armführung und verdirbt den Laufstil.

Die Hände sollten übrigens nicht zu einer Faust verkrampft werden. Das verspannt bis in die Schultern. Der Daumen ist oben, die Finger sind ganz locker.

Rotieren der Oberkörper und die Schultern stark nach innen, pendeln die Arme passiv quer zur Laufrichtung mit, und die Unterschenkel machen eine Gegenbewegung nach außen (Pseudo-X-Bein).

Den Beinen richtig Beine machen

Versuchen Sie, beim Laufen keinen künstlich großen Schritt hinzulegen und im Wald zu hüpfen. Das wäre für Gesundheits- und Langstreckenläufer zu verletzungsanfällig und auch nicht ökonomisch. Bei schnellerem Tempo wird in der Regel der Schritt verlängert, die Frequenz bleibt weitgehend gleich. Mittelstreckler üben durch spezielles Krafttraining für die Beine, Intervalltraining, Steigerungs- und Hügelläufe die Kraft für einen großen, raumgreifenden Schritt. Für einen fortgeschrittenen 5000- oder 10 000-Meter-Läufer ist das noch von Bedeutung. Ein übergewichtiger Einsteiger kommt dagegen mit einem unspektakulären, schleichenden Schritt besser klar, bei dem man die Beine nicht unnö-

tig hoch hebt. Das ist natürlich von einem verkürzten Schritt infolge steifer Muskeln zu unterscheiden. Auch Halbmarathon- oder sogar Marathonläufer sollten keinen extragroßen Schritt üben.

Die optimale Fußarbeit

Die Fußarbeit hängt von Untergrund, Geländeprofil, Laufgeschwindigkeit, Körpergewicht, Fußanatomie, Beinstellung, Muskelkraft, Ermüdungsgrad und den richtig gewählten Laufschuhen ab. Auch hier hilft eine Videolaufstilanalyse. Die Fußspitzen

❶ Fersen- oder Rückfußlauf – ökonomisch rollend, für lange Strecken gut geeignet.

❷ Ballen- oder Vorfußlauf – kraftvoll, raumgreifend, für Sprint, Mittelstrecke und bergan.

❸ Mittelfußlauf – Landung nur leicht auf der Außenkante, ein guter Kompromiss.

auf einer Linie aufgesetzt. Ballen- oder Vorfußläufer landen auf dem Vorfuß und stoßen sich darauf wieder ab. Man kann für Sprint, Mittelstrecke oder am Berg mehr Kraft entwickeln, der Stil ist aber wegen der doppelten Belastung von Vorfuß, Achillessehnen und Waden bei Landung und Abdruck nicht ohne Risiko.

Sparsamer Rückfußlauf

Beim weitverbreiteten Fersen- oder Rückfußlauf wird bei leicht gewinkeltem Knie mit der Außenkante der Ferse zuerst aufgesetzt und dann über den ganzen Fuß abgerollt. Sie gewinnen in dieser stabilen Phase am Boden, ohne wie beim Vorfußlauf dafür entsprechend höher und weiter zu springen, rund 30 Zentimeter. Dabei kann es allerdings bei Überpronierern zu einer gelenkbelastenden Kippbewegung nach innen kommen. Diese lässt sich durch gute Laufschuhe und Einlagen allerdings ausgleichen. Wenn es wie beim Halbmarathon darum geht, ökonomisch und sparsam zu laufen, ist ein leichter Fersenlauf am besten. Die Zwischenlösung Mittelfußlauf, bei dem man weder auf der Ferse noch auf dem Vorfuß, sondern mit dem ganzen Fuß leicht auf der Außenkante landet, ist ein guter Kompromiss für zehn Kilometer bis Halbmarathon. Das natürlichste und orthopädisch Schonendste ist es allerdings, alle Stilarten zu beherrschen und sie je nach Trainingsform, Geschwindigkeit, Untergrund und Geländeprofil einzusetzen und abzuwechseln.

sollten auf festem Untergrund wie Asphalt möglichst nach vorne zeigen, sonst verschenken Sie einige Zentimeter. Ein seitliches Drehen der Füße kann anatomisch bedingt sein, aber auch an verkürzten seitlichen Gesäßmuskeln, den Außenrotatoren, liegen.

Beim schnellen Laufen werden die Füße fast

Lauf-ABC und Koordinationsläufe

Wenn Sie immer nur im monotonen langsamen Schlappschritt vor sich hinschleichen, werden Sie bestimmt keinen schönen und effizienten Laufstil haben. Ambitionierte Wettkampfläufer sollten unbedingt Kraft, Kniehub, Schrittlänge und Koordination vor allem für die schnelleren Distanzen wie Fünf- und Zehn-Kilometer-Läufe verbessern.

Neue Bewegungsmuster lernen

Spätestens wenn Sie als fortgeschrittener Fitnessläufer an Wettkämpfen teilnehmen, sollten Sie sich mit der Verbesserung Ihrer Koordination, der Laufschule, auch Lauf-ABC genannt, beschäftigen. Für Leistungsläufer ist es ein Muss, aber auch Freizeitläufer profitieren davon. Die eingeschliffenen Bewegungsmuster müssen durch häufiges Üben umprogrammiert werden. Das ist zunächst gewöhnungsbedürftig, aber nach einiger Zeit automatisieren sich die Abläufe, und der Laufstil profitiert davon. Durch absichtlich übertriebene, vom normalen Dauerlaufschritt stark abweichende Übungsmuster verbessern Sie Kraft und Ausdauer, Schnelligkeit, Geschicklichkeit, Koordination, Bewegungsfrequenz, Schrittlänge, Fußarbeit, Körperhaltung und muskuläre Dysbalancen.

Ein effizienter Laufstil setzt immer die motorischen und konditionellen Eigenschaften einer guten gymnastischen Ausbildung, also Beweglichkeit und Kraft, aber auch Kraftausdauer und koordinative Eigenschaften voraus. Das geschieht teils ebenso bei Intervall-, Hügel- und Steigerungsläufen, gezielt aber beim Lauf-ABC. Durch ein vielfältigeres Bewegungsmuster können Sie besser umschalten, z. B. Ihre Lauftechnik flexibel den Geländegebenheiten oder einer speziellen Wettkampfsituation wie Spurt, Hügel- oder Bergablaufen anpassen. Fehl- und Ausweichbewegungen, die Energie seitwärts oder vertikal verschleudern, werden weniger oder später auftreten. Sie bauen Hilfsmuskeln auf, die in der Endphase eines Wettkampfs die ermüdeten Hauptmuskeln unterstützen können.

So läuft die Laufschule

Für Koordinationsläufe sollten Ihre Muskeln ausgeruht und locker sein. Am besten eignet sich in der Wettkampfsaison ein- bis zweimal pro Woche ein Tag zwischen belastenden Einheiten. Ideal ist ein weicherer Untergrund wie Rasenplatz, Strand oder Waldboden. Eingerahmt mit Warm- und Auslaufen absolvieren Sie über jeweils 30 bis 50 Meter beispielsweise Rückwärts-, Seitwärts-, Hopser-, Kniehebe-, Sprung-, Steigerungsläufe und Anfersen. Dazwischen gehen oder traben Sie ganz langsam. Machen Sie einige Wiederholungsserien, aber nicht bis zur völligen Erschöpfung.

Auch bei der Laufstilschulung gilt: Lassen Sie dem Körper Zeit, in eine neue Belastung hineinzuwachsen. Gut wäre natürlich die Kontrolle durch einen Trainer.

Übungen

Das Übungsprogramm

Je nach Leistungsvermögen, Tagesform oder Trainingszustand können Sie sich Ihr Programm individuell zusammenstellen. Versuchen Sie aber, möglichst eine Vielfalt verschiedener Bewegungsformen zu integrieren. Es kann zehn Minuten oder eine halbe Stunde dauern. Nachfolgend habe ich Ihnen ein Programm einfach durchzuführender Koordinationsübungen zusammengestellt. Sie sind in etwa nach dem Schwierigkeitsgrad aufgelistet.

❶ Anfersen

Beim Laufen den Unterschenkel hinten hochschlagen, als ob man sich in das Gesäß treten wollte, Arme schwungvoll rhythmisch nach vorne mitführen. Variation: nur jeden zweiten oder dritten Schritt anfersen.

❷ Rückwärtslaufen

Alles mal ungewohnt und umgekehrt, der Name ist Programm.

❸ Seitwärtslaufen

Sie laufen seitwärts, dabei überkreuzen sich vorne die Beine.

Treppenlaufen

Sie sprinten wiederholt Treppen beispielsweise im Stadion hoch und traben anschließend wieder runter.

Stakkatolaufen

Sie versuchen, mit kleinen, aber möglichst hochfrequenten Schritten vorwärtszukommen.

❹ Kniehebelauf

Sie heben in schneller Frequenz die Knie bewusst vorne ganz hoch an. Das ist recht anstrengend. Schwingen Sie mit den Armen kräftig nach vorne mit.

❺ Hopserlauf vorwärts

Sie versuchen, mit einem Bein abspringend mit ausgestrecktem Arm den Himmel zu greifen, die Knie werden dabei ebenfalls hochgeschwungen.

Hopserlauf seitwärts

Sie springen mit gespreizten Beinen seitwärts, führen ein Bein nach, schlagen aber mit den Füßen leicht aneinander, statt sie vor dem Körper zu überkreuzen.

Einbeinhüpfen

Sie hüpfen nur auf einem Bein und wechseln nach der Hälfte.

Zweibeinsprünge

Aus tiefer Hocke springen Sie mit beiden Beinen nach vorne. Das ist sehr anstrengend und eher für Mittelstreckenläufer geeignet.

❻ Sprunglauf, Hügellauf

Mit kräftigem Armeinsatz hüpfen Sie eine Serie von Hoch-Weit-Sprüngen – sehr anstrengend! Sie können auch einen Zyklus jeweils nur auf Hoch- oder Weitsprung beschränken. Gut bergan am Hügel durchzuführen (siehe dazu auch Hügelläufe Seite 111).

Entspannung & Prävention

▸ Die beanspruchten Systeme optimal und schnell erholen

▸ Just relax – von Auslaufen bis Schlafen

▸ Die beste Vorbeugung: Aufbau statt Raubbau

▸ Verletzungen und Beschwerden behandeln –
von Achillessehnenproblemen bis Zerrung

Richtig **ruhen**

Wohltat für Körper & Seele

Alle noch so ausgetüftelten Trainingsmethoden sind vergeblich, wenn die nötigen Regenerationszeiten missachtet werden. Wer sich beim Training fordert, muss hinterher ruhen und kann sich
durch Maßnahmen zur Regeneration der beanspruchten Systeme optimal und schneller erholen.

Regeneration und Relaxen

Ein simples Geheimnis der Trainingsqualität:
lieber weniger Intensität einplanen, die aber
richtig verdaut wird, als zu viel bolzen und die
Anpassung kommt nicht hinterher.

Ruhetag und lockeres Laufen

Es gibt Tage, da ist Nichtstun das Beste. Fitnessläufer haben drei bis vier, manche Weltklasseläufer einen fest eingeplanten Ruhetag
in der Woche. Geben Sie dem Körper die nötige
Pause, bevor er sie sich durch Verletzung oder
Erkrankung nimmt. Die einfache Regel lautet: One day hard – one day easy! Auf hartes
Training folgt ein lockerer Tag. Das gilt umso
mehr nach Wettkämpfen: Planen Sie gemäß
der schon vorgestellten Foster-Regel (siehe
Seite 75) danach eine Phase ein, in der Sie
nur leichte Dauerläufe durchführen. Einsteiger und ältere Läufer ab 40 werden vielleicht
etwas länger benötigen, aber je besser Ihre
Grundlagenausdauer ist, desto schneller werden Sie sich von harten Belastungen erholen.

Auslaufen – Massage von innen

Regeneration beginnt schon während des
Trainings. Optimal und verletzungsmindernd
ist es, wenn Sie sich nicht nur langsam warm
laufen, bevor das eigentliche schnellere Programm beginnt, sondern die Einheit mit
einem sehr ruhigen »Cool-down«, also ein bis
zwei Kilometer trabend beenden. Diese aktive
Erholung mit Luxusdurchblutung ist eine
Massage und Sauerstoffdusche von innen.
Wer sich nicht ausläuft, muss sich über harte
Waden und stärkeren Muskelkater nicht wundern. Viele hauen am Ende einer Einheit noch
mal alles raus und bleiben dann erschöpft
und übersäuert stehen. Stehen bleiben dann
aber auch die Abfallprodukte des Muskelstoff-
wechsels, und am nächsten Tag sind Sie verspannter. Dehnungsübungen nach dem Training gehören zur elementaren Muskelpflege.

Ernährungsmaßnahmen

Nach dem Training sind Ihre Wasser-, Elektro-
lyt- und Energievorräte mehr oder weniger

erschöpft. Auch der Blutzuckerspiegel und die Vorräte der freien Aminosäuren können im Keller sein. Trinken Sie nach dem Laufen möglichst bald Mineralwässer oder Fruchtsaftschorle. Die Kohlenhydrate heben den Blutzuckerspiegel an und stoppen den Abbau von Aminosäuren und Eiweißen. Das ist auch gut fürs Immunsystem.

Meiden Sie Alkohol, der die Regeneration verlangsamt und wie Kaffee harntreibend wirkt, was Wasser- und Mineralverlust bedeutet. Essen Sie bei intensivem Training zur Auffüllung der Glykogenspeicher möglichst rasch Leichtverdauliches und Kohlenhydratreiches wie Bananen und sorgen Sie für eine hochwertige Eiweißversorgung. Näheres dazu ab Seite 220.

Kaltes Wasser und Sauna

Wechselduschen, kaltes Abbrausen der Beine und Gehen in kaltem Wasser sind eine anregende und wirkungsvolle Maßnahme zur Durchblutung. Optimal ist aktive Bewegung im warmen Wasser eines Thermalbads. Auch ein warmes Wannenbad oder Sauna wirken nach dem Training entspannend auf Körper und Seele. Beim Saunabesuch schwitzen Sie viel Wasser und Mineralstoffe aus. Diese Gewichtsabnahme ist natürlich kein Fettabbau, und Sie sollten das Defizit hinterher unbedingt mit Mineralwasser auffüllen. An die Saunagänge anschließende kalte Güsse fördern ebenfalls die Durchblutung und Elastizität der Muskeln.

Massage für Körper und Seele

Nach einer harten Belastung ist eine Massage eine Wohltat für die verspannten Muskeln. Durch Streichen, Kneten, Walken und Reiben werden die Durchblutung angeregt und Verhärtungen abgebaut. Nach den harten Strapazen des Alltags und Trainings erfährt nicht nur der Körper eine Zuwendung. Ein guter Masseur versteht auch, die Seele zu streicheln. Viele Spitzensportler haben daher ein inniges Verhältnis zu ihrem Physiotherapeuten. Wenn Sie vollkommen entspannt auf der Bank liegen, öffnet sich auch Ihre Seele. Ein guter Masseur kann gut zuhören, motivieren und weiß oft mehr als der Trainer.

Sich fit schlafen

So trivial es klingt, aber man erholt sich wirklich im Schlaf. Über Nacht füllen sich alle Energiesysteme, Enzyme, Botenstoffe und mehr wieder auf, die Muskeln werden repariert. Laufprofis haben meist mehr Zeit, ausgiebig zu schlafen. Sie pflegen ein Mittagsschläfchen, während Sie noch bei der Arbeit sitzen. Nicht wenige Berufstätige versuchen, ihr Lauftraining neben einem anstrengenden Alltag durchzuziehen. Die Zeit wird vom Schlafen abgezwackt. Folge: Man ist chronisch übermüdet, das Training klappt nicht so recht, das Rennen wird schließlich schlecht gelaufen. Rechnen Sie in den letzten sechs Wochen der heißen Phase einer Wettkampfvorbereitung mit ein bis zwei Stunden mehr Schlaf pro Tag.

Verletzungen vermeiden

Damit nichts schiefläuft

Der Bewegungsapparat bleibt die Schwachstelle im Training. Laufen ist vernünftig betrieben keine Risikosportart. Viele Verletzungen sind nicht nur Pech, sondern resultieren aus Unvernunft und falschem Ehrgeiz. Wer vorausschauend sein Training plant und typische Fehler und Ursachen für Verletzungen vermeidet, kann viele Jahre mit Spaß sogar Wettkämpfe laufen.

Auf den Körper hören

Das Knie kann nur über Schmerz dem Kopf indirekt mitteilen, dass der Schuh falsch gewählt, zu viel und zu schnell trainiert oder Gymnastik vernachlässigt wurde. Der Körper will uns mit Schmerzen oft eben nur signalisieren, dass was schiefläuft. Gut wäre es dann, die Ursachen ausfindig zu machen und abzustellen. Aber viele bekämpfen lieber die Symptome und nehmen Schmerztabletten. Abgesehen von den Nebenwirkungen: Die Ursache wurde nicht angegangen und geklärt. Schmerzbetäubt wird weitergelaufen, bis das Beschwerdebild chronisch und vielleicht eine Operation unvermeidbar wird. Die Ursachen zu finden und zu beseitigen, hieße natürlich auch, etwas am eigenen Verhalten zu ändern. Das ist mühsamer, aber erfolgversprechender. Die wichtigsten Verletzungsursachen, abgesehen von Unfällen:

▸ Übergewicht
▸ Fehlstellungen
▸ Falsches Schuhwerk
▸ Zu harter oder unebener Untergrund
▸ Kein Warm- und Auslaufen
▸ Zu hohes Trainingstempo
▸ Training zu rasch gesteigert
▸ Keine Gymnastik
▸ Ermüdung

Körpergefühl entwickeln

Steigern Sie weder Intensität noch Umfang des Trainings zu abrupt. Lassen Sie Ihrem Körper immer Zeit, sich an ein neues Belastungsniveau zu gewöhnen. Wenn Sie jahrzehntelang keinen Sport getrieben haben, erwarten Sie keine Wunder in zwei Wochen! Ein dauernd überforderter Körper kann sich auch im Leistungstraining nicht anpassen.

Manchmal reiten einen die Emotionen. Hüten Sie sich vor Übermotivation oder »Straftraining«. Nach einem guten oder schlechten Training oder Wettkampf braucht der Körper so oder so eine Verschnaufpause. Sie können durch rechtzeitiges Reagieren auf die ersten Alarmsignale des Übertrainings, wie erhöhter

Ruhepuls, Verspannungen und Abgeschlagenheit, oder – schlimmer – Schmerzen am Bewegungsapparat langwierige Überlastungsschäden verhindern. Reagieren Sie gleich am ersten Tag auf eine Verletzung.

Bolzen – Raubbau statt Aufbau

Viele rasen regelrecht vom ersten Schritt an bereits in ihr Lauftempo. Das ist ein Fehler! Die Muskulatur ist anfangs steif und bei sofortiger hoher Belastung verletzungsanfälliger. Wie unsere umfangreichen Laktatmessungen in unseren Seminaren ergaben, rennen die meisten im Training zu gleichförmig und viel zu schnell.

Je schneller Sie laufen, desto stärker belasten Sie den Bewegungsapparat; das gilt natürlich insbesondere für Übergewichtige. Die orthopädische Belastung in den Gelenken steigt exponentiell mit der Laufgeschwindigkeit an! Außerdem werden die danach notwendigen Erholungszeiten erheblich verlängert. Sie betreiben Raubbau und nicht Aufbau! Den lockeren, unverkrampften, ruhigen Dauerlauf zu erlernen, fällt vielen zunächst schwer. Aber er ist gelenkschonender und ohnehin am effizientesten.

Wurzelwege und Bergablaufen

Fehlbelastungen können aber auch durch den Untergrund verursacht werden. Wenn Sie beispielsweise zu oft im Schnee, auf lockerem Sandboden, auf einem schiefen Strand, nur

Info

PECH gehabt? Was tun?

Sollte trotz aller Vorsicht etwas schiefgelaufen sein und Sie spüren Schmerzen im Knie, an der Achillessehne oder Schienbeinknochenhaut oder Sie haben sich den Fuß verstaucht, haben Sie eben einfach Pech gehabt. Das Wort PECH steht auch für die Merkregel der Sofortmaßnahmen:

▶ »P« für Pausieren
▶ »E« für Eisbeutel
▶ »C« für (C-)Kompression
▶ »H« für Hochlagern

Kühlen Sie die gereizte Stelle mit Eiswürfeln in einem Wasserbeutel für zehn Minuten. Möglichst rasche Kühlung fördert die Durchblutung und lindert den Schmerz. Sie sollten Eiswürfel oder Kühlpacks im Gefrierschrank für alle Fälle bereithalten. Legen Sie unter Kältepacks immer einen feuchten Lappen auf die Haut, die tiefen Temperaturen können sonst Hautverbrennungen hervorrufen. Oft hilft einfaches Abreiben mit normalem Eis oder ein Fußbad in Eiswasser. Beginnen Sie damit schon beim ersten Verdacht auf Überlastung. Kühlen Sie immer nach dem Training. Vorher kann Aufwärmen mit einem Heizkissen oder Infrarotstrahlung sinnvoller sein. Kompression mit einer elastischen Binde dient wie Hochlagern der Verhinderung und dem Abfluss einer Schwellung. Joggen Sie weniger und langsamer. Steigen Sie eventuell für eine Zeit auf Rad fahren, Walking oder Aquajogging um. Sollte es etwas Schlimmeres sein, gehen Sie zum Arzt. Erkundigen Sie sich nach einem guten Orthopäden beim Verein, Lauftreff oder im Sportfachgeschäft.

auf Asphalt oder ständig auf unebenen Wurzelpfaden laufen, riskieren Sie, durch den harten oder unebenen Untergrund Probleme mit den Gelenken oder der Achillessehne zu bekommen. Gelegentlich sollten Sie das zur Stimulation tun, aber orthopädisch am besten ist ebener und fester Naturboden.

Bergab knallen Sie bei jedem Schritt mit einem Vielfachen Ihres Körpergewichts auf den Boden. Bergan ist das umgekehrt, man ist langsamer und fällt nicht so tief. Bergab sollten Sie vor allem auf Asphalt entsprechend langsamer über den ganzen Fuß abrollend und federnd im Knie mit kleineren Schritten joggen.

Wehwehchen und Verletzungen

Die nachfolgenden Angaben insbesondere zu den Verletzungen sollen nur eine erste Orientierung sein. Bei akuten Problemen oder wenn Schmerzen länger anhalten, sollten Sie zu einem sporterfahrenen Orthopäden gehen. Die Einnahme von Medikamenten besprechen Sie auch lieber mit einem Arzt. Bei der Auswahl des entlastenden Alternativtrainings beachten Sie bitte die simple Regel: Alles, was wehtut, ist falsch!

> Bei Verletzungen können vor dem Laufen Wärme- und hinterher Kälteanwendungen sinnvoll sein.

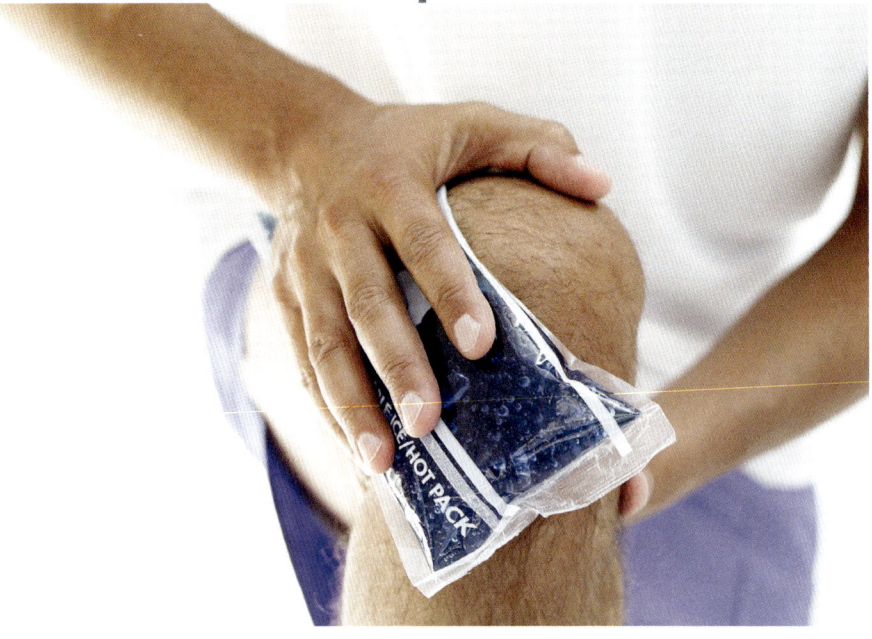

Bei Fieber ins Bett

Der Bewegungsapparat und das Immunsystem sind kurz vor einem Wettkampf oft am Anschlag. Leider passiert es nicht selten, dass man nun leicht übertrainiert eine Darmgrippe oder einen Atemwegsinfekt mit Fieber bekommt. Dann sollten Sie auf keinen Fall weiterlaufen! Wer Fieber hat, gehört ins Bett, nicht in die Laufschuhe! Wer da noch läuft, riskiert eine Verschleppung der Keime. Das kann zu einer Herzmuskelentzündung oder im Wettkampf sogar zum Herzversagen führen. Bleiben Sie vernünftig. Verschieben Sie gegebenenfalls einen geplanten Wettkampf. Wie lange es dauert, bis Sie wieder das Training aufnehmen können, hängt von der Schwere und Art der Grippe ab. Ihr Körper und der Ruhepuls sagen es Ihnen, wenn Sie nur in sich hineinhorchen.

Nach Abklingen des Fiebers sollten Sie noch einige Tage mit dem Training warten. Beginnen Sie nur ganz langsam und laufen Sie kürzer. Versuchen Sie nicht, so schnell wie möglich das Versäumte nachzuholen. Man kann ein paar Tage oder Wochen im Training verlieren, aber schlimmer wäre es, die Gesundheit zu ruinieren! Bei einer schwachen Erkältung ohne Fieber kann man bei reduziertem Training ganz leicht weiterlaufen.

Seitenstechen

Seitenstiche haben verschiedene Ursachen: Haben Sie zu viel, falsch oder zu spät vor dem Training gegessen und getrunken? Sie sollten vorher nur leicht verdauliche Nahrung essen, z. B. eine Banane eine Stunde vorher. Trinken Sie nicht zu viel auf einmal!

Sind Sie zu schnell losgelaufen? Das Blut strömt von den Eingeweiden in die Beine und wird ruckartig aus Milz, Leber und Darm abgezogen. Wer schon länger läuft, optimiert diese Blutumverteilung.

Im Rennen kann Seitenstechen durch eine vorzeitige Ermüdung und Verkrampfung des Zwerchfells, dem stärksten Atemmuskel, kommen. Dagegen schützen präventiv Bauchmuskeltraining und angepasstes Lauftempo. Auch die Aufhängebänder des Darms im Bauch können bei Einsteigern durch die Erschütterungen beim Laufen gereizt sein.

Laufen Sie bei Seitenstechen langsamer. Es hilft außerdem, den Bauch an der schmerzenden Stelle zu pressen. Sie können sich nach vorne beugen und die schmerzende Bauchseite anspannen oder mit der Faust drücken und massieren.

Muskelkater

Ungewohnt hohe und neuartige Belastungen, zu schnelles, zu langes oder Bergablaufen führen zu Muskelkater. Starker Muskelkater ist ein Zeichen von viel zu hartem Training und ungenügender Vorbereitung. Leichter Muskelkater ist dagegen eine unangenehm kribbelnde Begleiterscheinung eines natürlichen Anpassungsprozesses an eine neue Anforderung. Er tritt oft erst ein bis zwei Tage nach der Trainingseinheit auf. Im Extremfall, z. B. nach einem harten Wettkampf, kann es sein, dass Sie die Treppen erstmals rückwärts runtergehen.

Muskelkater kommt nicht von einer Übersäuerung, sondern in den Muskeln sind feinste Fasern beschädigt worden. Diese sogenannten Mikrotraumen erfordern zum verbesserten Faseraufbau einige Tage Zeit, in denen Sie zur aktiven Erholung betont langsam laufen, schwimmen oder Rad fahren sollten.

Blasen und blaue Zehennägel

Durch Reibung im falschen oder brandneuen Schuh an der Einlage oder an faltenwerfenden Socken kann das Hautgewebe gereizt werden. Als Reaktion bildet sich eine Flüssigkeitsansammlung darunter. Werden auch Gefäße verletzt, entsteht eine Blutblase. Laufen Sie neue Schuhe und Einlagen daher erst in kürzeren Läufen ein, bevor Sie sie im Wettkampf oder bei langen Läufen benutzen. Besorgen Sie sich elastische Synthetiksocken, die keine Falten werfen. Reiben Sie die Füße dünn mit Vaseline ein, um die Scherkräfte zu vermindern. Geschlossene Blasen können Sie ganz vorsichtig mit einer ausgeglühten Nadel punktieren und die Flüssigkeit ausdrücken. Lassen Sie die obere Hautschicht zum Schutz stehen. Vorher sollten Sie den Hautbezirk mit Alkohol desinfizieren und nachher steril abdecken. In schweren Fällen gehen Sie zum Arzt.

Blaue Zehennägel kommen von zu engen und zu kurzen Laufschuhen, aber auch durch

Anstoßen beim Bergablaufen. Beim langen intensiven Laufen verlängert sich der Fuß auch durch Absinken des Fußlängsgewölbes. Der Fuß schwillt zudem an heißen Tagen an.

Achillessehnenbeschwerden

Am Beispiel der Achillessehne möchte ich exemplarisch aufzeigen, wie es zu Verletzungen kommen kann. Die Achillessehne ist die Verlängerung der Wadenmuskulatur, einer der wichtigsten Muskelgruppen des Läufers. Beschwerden in der Sehne oder am Fersenbeinansatz können viele, auch kombinierte Ursachen haben. Ich würde Ihnen als Trainer folgende Fragen stellen:

▸ Zu flott gelaufen?
▸ Zu oft und zu lange trainiert?
▸ Das Training zu schnell gesteigert?
▸ Einseitiges Vorfußlaufen?
▸ Unebener Untergrund?
▸ Zu viel bergan gelaufen?
▸ Mit Spikes auf Kunststoffbahn trainiert?
▸ Dehnungsübungen vernachlässigt?
▸ Im Alltag hohe Absätze, dadurch verkürzte Waden?
▸ Übergewicht?
▸ Orthopädische Fehlstellung, Überpronation?
▸ Alte, ausgelatschte oder falsche Trainingsschuhe?
▸ Scheuert die Fersenkappe an der Achillessehne?

Die Gegenmaßnahmen wären: Dehnen der Waden- und Schollenmuskulatur; Trainingsintensität und Umfang verringern; Bergläufe, Vorfußlaufen, schnelles Training und unebenen Untergrund meiden – glatter Asphalt kann nun besser sein.

Im akuten Zustand vor dem Training Wärme wie Infrarot, danach Eisbeutel auf die Sehne und den Fuß hochlagern. Kaltwarme Wechselbäder, eine Quarkpackung auf die entzündete Stelle und Entlastung durch eine feste Fersenkeilerhöhung im Absatz des Trainingsschuhs können ebenfalls Linderung bringen. Schuhe überprüfen und wechseln. Umsteigen auf Schwimmen, Aquajogging oder Rad fahren, aber ohne Druck mit dem Vorfuß auf dem Pedal.

Schienbein- und Knochenhautreizung

Es passiert oft beim Laufeinstieg. Man spürt einen unangenehm stechenden Schmerz auf der Vorderseite und leicht seitlich am Schienbein. Ursachen sind falsche Schuhe, Übergewicht und Überforderung der Unterschenkelmuskulatur. Beim Laufen heben Sie den Vorfuß ungewohnt höher als sonst. Eine weitere Ursache kann ein Verdrehen von Schien- und Wadenbein infolge zu starker Einwärtsknickung, der Überpronation Ihrer Füße, sein.

Maßnahmen: Pausieren, umsteigen auf Rad fahren, Schwimmen und andere Ausdauer-

Mögliche Ursachen für Achillessehnenverletzungen

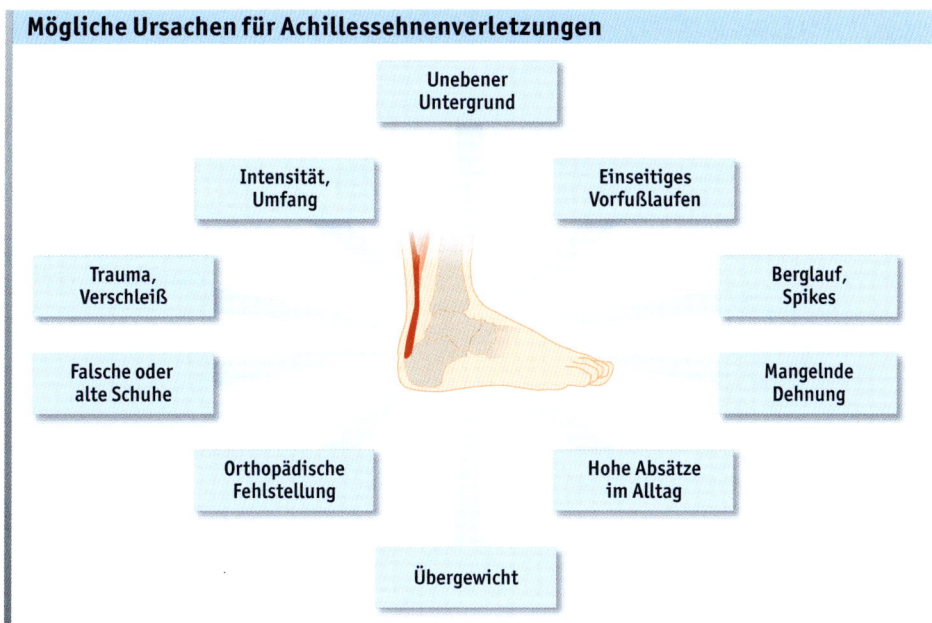

Unebener Untergrund

Intensität, Umfang

Einseitiges Vorfußlaufen

Trauma, Verschleiß

Berglauf, Spikes

Falsche oder alte Schuhe

Mangelnde Dehnung

Orthopädische Fehlstellung

Hohe Absätze im Alltag

Übergewicht

sportarten, Eisbeutel auf die gereizte Stelle. Analyse des Fußabrollverhaltens, eventuell neue Schuhe, Stärkung der Fußmuskulatur, indem Sie den Vorfuß unter einen Teppich bringen und diesen »hochlupfen«. Dehnen, indem Sie im Stand oder im Sitzen die Fußspitzen nach unten gegen den Boden drückend umbiegen und halten.

Kniebeschwerden

Kniebeschwerden können viele verschiedene Ursachen haben, die einer sorgfältigen Untersuchung durch einen sporterfahrenen Orthopäden bedürfen. Sehnenansatz-, Schleimbeutel- und Knorpelentzündungen unter der Kniescheibe oder Meniskusbeschwerden kommen beispielsweise infrage. Typische Ursachen:
‣ Fehlbewegungen im Fußbereich
‣ Fehlstellungen wie X- oder O-Beine
‣ Trainingsüberlastungen
‣ Flottes Bergablaufen
‣ Falsches oder ausgelatschtes Schuhwerk
‣ Verkürzte Oberschenkelmuskulatur
‣ Übergewicht
‣ Arthrose
Maßnahmen: Reduzieren Sie das Training bzw. steigen Sie auf Ausdauersportarten wie Nordic Walking, Rad fahren oder Schwimmen um. Analysieren Sie Ihr Fußabrollverhalten, trainieren Sie auf ebenem Naturboden, lagern Sie bei Schwellungen das Bein hoch, verwenden Sie bei äußeren Beschwerden Eisbeutel, dehnen Sie das Bein und gehen Sie bei anhaltenden Symptomen zum Orthopäden.

Verstauchung des Fußgelenks

Manche haben überbewegliche Gelenke. Der Fuß ist auf unebenem Untergrund, an Bordsteinkanten oder durch Unachtsamkeit dann schnell mal umgetreten. Die Bänder können dabei überdehnt, angerissen sein oder sogar abreißen und sich entzünden; es kommt zu starkem Bluterguss und Schwellung des Fußgelenks. Ziehen Sie Ihren Trainingsschuh nicht aus, um den Schaden zu begutachten. Die Schwellung kann so heftig sein, dass Sie hinterher nicht mehr hineinkommen. Lagern Sie den Fuß zu Hause sofort hoch und legen Sie mehrmals am Tag Eisbeutel auf die schmerzende Stelle. Eine Schwellung verhindert auch eine Kompressionsbandage. Die Trainingspause hängt vom Grad der Bänderüberdehnung, von An- oder Abriss ab und bedarf im Zweifelsfall einer Klärung beim Sportorthopäden. Zu schnell wird hier manchmal zur Operation geraten – alternativ ist häufig auch eine Stabilisierung des Fußgelenks mit einer Sprunggelenksschiene möglich. Rad fahren ist als Ausweichtraining am besten. Falls Sie instabile Fußgelenke haben, sollten Sie feste Schuhe mit höherem Schaft auswählen und flachen Untergrund bevorzugen.

Rückenbeschwerden und Pseudoischias

Zu einer schmerzhaften Reizung des Ischiasnervs im Rücken oder in der Gesäßmuskulatur kann es durch anatomische Fehlstellungen,

Bandscheibenvorfälle, Muskelabbau, aber oft durch muskuläre Ungleichgewichte kommen. Bewegungsmangel, zu viel Sitzen und einseitige Fehlhaltungen führen zu verspannter und verkürzter Beinmuskulatur und Abschwächung der Bauchmuskeln. Es kann zu einer Beckenkippung mit Hohlkreuz kommen. Der Ischiasnerv kann gereizt werden, aber auch im Gesäß durch den birnenförmigen Muskel (Piriformismuskel) mehr oder weniger abgeklemmt sein. Das führt zu Verspannungen, Koordinationsstörungen, Taubheit und ausstrahlenden Schmerzen (Pseudoischias) bis in den Fuß. Auch Beckenschiefstand und Beinlängendifferenzen kommen infrage.

Dem Bewegungsmangel wird durch Laufen vorgebeugt. Ergänzen Sie Ihr Training unbedingt mit Kräftigungsübungen für die Rumpfmuskulatur, insbesondere für den Bauch, und dehnen Sie Hüftbeuger, Oberschenkelvorderseite und die rückwärtigen Bein- und seitlichen Gesäßmuskeln (siehe Seite 188). In ernsteren Fällen müssen Sie zum Orthopäden und Krankengymnasten gehen.

Muskelkrampf, -zerrung, Faserriss

Krämpfe in den Waden nachts im Bett sind ein Zeichen für Wasser- und Magnesiumdefizite, beim Sport vor allem bei heißem Wetter oder schlechter Ernährung, aber eher eine Folge von Wasser- und Kochsalzmangel. Weitere Ursachen sind muskuläre Überforderung an der Leistungsgrenze bei ausgedehntem und intensivem Training oder beim Wettkampf.

Möglicherweise war der Muskel schon vorher verspannt, verkürzt oder verhärtet. Bei einer Zerrung oder einem schmerzhaften Faserriss ist die Muskulatur selbst beschädigt worden.

Beim akuten Krampf hilft sofortiges Dehnen des betroffenen Muskels, ebenso zur Prävention. Achten Sie insbesondere bei Hitze auf ausreichende, frühzeitige Flüssigkeits- und Elektrolytaufnahme. Essen Sie vollwertig und mineralstoffreich. Dehnen Sie bei einem Faserriss oder einer Zerrung nie in die Schmerzen hinein, sondern legen Sie Eisbeutel auf, einen Kompressionsverband an und das Bein hoch. Pausieren Sie unter Umständen mehrere Wochen, steigen Sie auf Schwimmen oder Rad fahren um und nehmen Sie (in Absprache mit dem Arzt) entzündungshemmende Mittel. Oft ist die verletzte Muskulatur zu schwach und muss zur Vorbeugung gedehnt und gekräftigt werden.

Entzündung der Fußsehnenplatte

Eine sogenannte Plantarfasciitis geht mit hartnäckigen Schmerzen auf der Fußunterseite einher. Diese oft langwierige Verletzung kann von zu intensivem Training, einseitigem Vorfußlaufen, Absinken des Fußgewölbes oder einem Senk- und Plattfuß kommen. Maßnahmen: Laufen Sie über die Ferse oder den Mittelfuß statt auf dem Ballen, dehnen Sie die Fußmuskulatur und entlasten Sie durch Rad fahren etc. sowie Einlagen mit Weichbettung. Zudem helfen Friktionsmassagen und eine zeitweilige Ruhigstellung ohne Training.

Ernährung für Läufer

▶ **Kohlenhydrate, Fette, Vitamine & Co. – was Fitnessfood ausmacht**

▶ **Schlank durch Essen**

▶ **Wettkampfernährung – was tut vor, im und nach dem Lauf gut?**

▶ **Richtig trinken leicht gemacht**

Für **Besser-Esser**

Fitnesskost macht Meister

Wer rundum fit und leistungsfähig werden will, muss nicht nur fleißig trainieren, sondern sollte auch seine Ernährung dementsprechend optimieren. Das gilt umso mehr, wenn Sie Wettkämpfe laufen.

Die Grundlagen im Alltag

Schlechte Ernährung führt über kurz oder lang zu körperlichen und psychischen Folgen wie Figurproblemen, Übergewicht, Abgeschlagenheit und geringerer Leistungsfähigkeit, Mangelerscheinungen, geschwächter Immunabwehr, Verstopfung und allerlei Erkrankungen. Statt schlechte Gewohnheiten zu ändern, greifen viele zu Nahrungsergänzungsmitteln oder Appetitzüglern. Ein lohnendes Geschäft, aber eine Multivitamintablette kann nie frisches Obst oder Gemüse ersetzen. Die vollwertige Ernährung des Ausdauersportlers, die mehr derjenigen der körperlich aktiven Landbevölkerung entspricht, wie sie heute noch bei den Wunderläufern aus Kenia oder Äthiopien vorkommt, könnte eigentlich Vorbild für alle sein.

Fitness hört nicht an der Kühlschranktür auf

Richtige Ernährung hilft, Erkrankungen vorzubeugen, die sportliche und geistige Leistung bzw. Stressbelastbarkeit zu erhöhen. Sie liefert unentbehrliche Nährstoffe für Auf- und Umbau im Körper, versorgt Muskeln, Organe und Gehirn mit Energie und lässt durch ausreichende Zufuhr von Vitaminen, Mineralien und Spurenelementen den Stoffwechsel reibungslos laufen. Weiterhin sichert sie den Flüssigkeitsbedarf und trägt dazu bei, schneller zu regenerieren. Natürlich darf auch der Genuss nicht auf der Strecke bleiben.

Schwachstellen der Ernährung

Trotz reichhaltiger Essenszufuhr fehlt es den meisten nicht nur an Bewegung, sondern oft auch an wichtigen Nahrungsbestandteilen. Ernährungswissenschaftler umschreiben die heutige Durchschnittskost mit einem »Mangel im Überfluss«. Wir essen zu viele Kalorien, schlechte Fettsäuren und Cholesterin, tierische Eiweiße, Kochsalz, Industriezucker, Alkohol, Koffein und Fertigkost mit Zusatzstoffen. Dagegen mangelt es eher an stärkehaltigen Kohlenhydraten, ungesättigten Fettsäuren, Flüssigkeitsaufnahme, Vitaminen, Mineralstoffen, Spurenelementen, Faser- und sekundären Pflanzenstoffen. Wir essen heute so viele Kalorien, als wären wir noch körperlich aktive Bauern. Der durchschnittliche Erwachsene ist hierzulande übergewichtig.

Naturbelassen essen

Die Nahrung sollte so wenig wie möglich industriell aufbereitet sein. Haferflocken sind besser als hochverarbeitete Cornflakes, die künstlich mit Vitaminen aufgepäppelt werden. Vollkornbrot hat bei gleicher Kalorienzahl rund dreimal so viele Vitamine und Mineralien wie Weißbrot. Bei Kartoffeln ist es ein riesiger Unterschied, ob Sie die gesündeste Version in Form der Pellkartoffel essen oder Pommes frites oder Chips knabbern: reichlich Fett, Kochsalz und vielleicht noch Geschmacksverstärker, Farb- und Konservierungsstoffe zu einem viel höheren Preis je Kalorie. Einen hohen Nährstoffgehalt an Mineralien und Vitaminen erhalten Sie, wenn ein Teil der pflanzlichen Nahrung roh verzehrt wird. Am einfachsten ist das bei Obst. Ein Rohkostsalat mit etwas kalt gepresstem Olivenöl kann mit selbst gezogenen Keimlingen und frischen Kräutern angereichert sein.

Kohlenhydrate

Ein Gramm Kohlenhydrat enthält vier Kilokalorien. Bei den Kohlenhydraten unterscheidet man Einfachzucker wie Trauben- (Glukose) und Fruchtzucker (Fruktose), Zweifachzucker wie den Haushaltszucker und Mehrfachzucker aus langkettigen Molekülen wie Stärke, Glykogen und die teils unverdaulichen Faser- oder Ballaststoffe. Sie lassen den Speisebrei quellen, sättigen dadurch mehr und sorgen für einen geregelten Stuhlgang. Sie binden Cholesterin im Darm und wirken gegen Dickdarmkrebs und Gallensteine. Natürliche Faserstoffquellen sind Vollkornprodukte, Obst und Gemüse. Mittellange Oligosaccharide wie Maltodextrin kommen in Wettkampfgetränken vor. Kohlenhydrate dienen auch als Baustoffe z. B. im Knorpel, aber vorwiegend dem Energiestoffwechsel in der Muskulatur – und sie sind der Nährstoff für Gehirn und Nerven.

Begrenzte Kohlenhydratspeicher

Glykogen ist die Speicherform in Leber und Muskulatur und »Superkraftstoff« beim Laufen, der bei mittleren bis hohen Intensitäten eingesetzt wird. Die Kohlenhydratspeicher

Info

Zusammensetzung der Tageskalorienaufnahme				
	Kohlenhydrate	Eiweiße	Fette	Alkohol
Durchschnittsbürger	35–40 %	10–15 %	40–45 %	12 %
Ausdauersportler	60–70 %	10–15 %	25–30 %	0–5 %

sind begrenzt und müssen im Trainingsalltag ständig neu aufgefüllt werden. Bei einem Sportprogramm von zwei Stunden täglich würden bei Durchschnittskost die Glykogenspeicher innerhalb einiger Tage verarmen. Die Ernährung des Ausdauersportlers sollte einen hohen Anteil der langkettigen, stärkehaltigen Kohlenhydrate und weniger Ein- und Zweifachzucker enthalten. Das kleinere Depot des Leberglykogens ist für den Blutzuckerspiegel verantwortlich. Es ernährt vor allem Nervensystem und Gehirn.

Die besseren Kohlenhydrate

Viel Ein- und Zweifachzucker enthaltende Lebensmittel sind im Alltag sozusagen die schlechten Kohlenhydrate, stärkehaltige Lebensmittel die guten. Während eines Halbmarathons sind zuckerhaltige Getränke aber kein Problem. Im Gegenteil, man will die Kohlenhydrate schnellstmöglich im Blut haben, um sie im Muskel zu verbrennen. Im Büro ist das anders: Wer Heißhunger mit Süßem stillt, nascht sich dick. Der Zucker geht zwar schnell ins Blut, wird aber nicht durch Sport verbraucht, was eine Insulingegenregulation auslöst. Das Hormon wandelt überschüssigen Zucker in Fett um. Hier wären eine Laugenbretzel oder ein Apfel die gesündere Lösung gewesen.
Empfehlenswerte Kohlenhydratquellen, die gleichzeitig auch reichlich Vitamine, Mineralstoffe und Spurenelemente enthalten, sind Frisch- und Trockenobst, Gemüse, Kartoffeln, Brot, Reis und Nudeln aus Vollkorn und Hirse.

Fette und Öle

Ein Fettmolekül besteht aus einem Anteil Glyzerin und drei daran gebundenen Fettsäuren. Diese können in ihrer Kohlenstoffatomkette chemisch Einfach- oder Doppelbindungen aufweisen. Ohne Doppelbindung spricht man von gesättigten Fettsäuren. Bei einer von einfach ungesättigten und bei mehreren von mehrfach ungesättigten Fettsäuren.

Gute Fette – schlechte Fette

Fett ist mit neun Kilokalorien je Gramm ein sehr konzentrierter Energieträger – mit über doppelt so vielen Kilokalorien wie in einem Gramm Eiweiß oder Kohlenhydrate. Das bedeutet auch, dass Sie sich eigentlich den Fettrand am Schinken gegenüber dem Protein doppelt so groß vorstellen müssen, um den prozentualen Fettkalorienanteil zu erahnen. Überzählige Fettkalorien werden leichter in Fettpolster umgewandelt, während ein Zuviel an Eiweiß oder Kohlenhydraten erst in Fett umgebaut werden muss. Die Energieverluste bei der Umwandlung (Thermogenese) in Hüftspeck betragen beim Eiweiß immerhin 14 bis 20 %, bei Kohlenhydraten 4 bis 10 %, beim Fett aber nur 2 bis 3 %! Die Fette sollten höchstens 30 % zur täglichen Kalorienzufuhr beitragen. Fettreiche Ernährung, vor allem mit den falschen Fetten, fördert Arteriosklerose, Dickdarmkrebs, Übergewicht und verzögert zudem die Verdauung erheblich. Aber es gibt auch gute Argumente für Fette und Öle:

Info

Fette und Fettsäuren auf einen Blick

	Gesättigte Fettsäuren	Ungesättigte Fettsäuren		
		Einfach ungesättigte Fettsäuren	Mehrfach ungesättigte Fettsäuren	
			Omega-3-Säuren	Omega-6-Säuren
Beispiel	Palmitinsäure	Ölsäure	Linolensäure	Linolsäure
Lebensmittel	Wurst, Fleisch, Käse, Kuchen, Schokolade	Oliven, Olivenöl, Nüsse	Meeresfisch, Speiseleinöl, Rapsöl	Sonnenblumenöl, Distelöl, Nüsse
Bei Zimmertemperatur	Fest	Flüssig	Flüssig	Flüssig
Erhitzbarkeit	Hoch	Mäßig	Niedrig	Niedrig
Bewertung	Cholesterin- und blutdrucksteigernd	Cholesterinsenkend	Vor allem Omega-3: cholesterin- und blutdrucksenkend, entzündungshemmend, immunstimulierend; wichtig für Membranbausteine, Hormonvorstufen	

▶ Wir brauchen sie zur Aufnahme der fettlöslichen Vitamine A, D, E und K.

▶ Die essenziellen, mehrfach ungesättigten Fettsäuren sind wichtige Bausteine von Zellmembranen und Hormonen, die unser Körper selbst nicht herstellen kann. Außerdem wirken sie entzündungshemmend.

▶ Fett ist ein Geschmacksträger, da viele Geschmacksstoffe nicht wasser-, aber fettlöslich sind.

Gesättigte und Transfettsäuren

Schlechte Fette sind reich an gesättigten Fettsäuren. Sie kommen überwiegend in tierischen Quellen wie Butter, Milch, Käse, Eis, Schokolade, Wurst, Fleisch, aber auch im pflanzlichen Kokosfett vor. Mit tierischen Fetten nimmt man zusätzlich Cholesterin als Begleiter auf. Künstlich gehärtete pflanzliche Fette enthalten Transfettsäuren. Sie sind in Fast Food und Fertigprodukten, aber auch in Margarine und Saucen weitverbreitet und stehen im Verdacht, die Cholesterinwerte zu heben sowie Blutgefäße und Darmschleimhäute zu schädigen. Meiden Sie Produkte, auf deren Zutatenliste »gehärtete Fette« stehen!

Ungesättigtes bevorzugen

Gute Fette sind entweder Bausteine für Zellmembranen und Hormone oder sie haben positive, etwa cholesterinsenkende Wirkungen, wie die Ölsäure des Olivenöls, eine einfach ungesättigte Fettsäure. Mehrfach ungesättigte Fettsäuren müssen wir mit der Nahrung gezielt aufnehmen. Wir können sie nicht selbst produzieren. Man nennt sie daher auch essenzielle Fettsäuren. Sie werden nach Stellung einer Doppelbindung in Omega-3- und Omega-6-Fettsäuren untergliedert. Erstere finden sich in Meeresfischen wie Hering und Makrele, Raps- und Leinöl oder schwarzen Johannisbeeren. Omega-6-Fettsäuren, wie Linolsäure, sind in vielen Pflanzenölen, beispielsweise Sonnenblumen- und Distelöl, und Nüssen enthalten. Die meisten Lebensmittel enthalten allerdings Mischungen von Fettsäuren.

Neuere Forschungen zeigen, dass insbesondere die einfach ungesättigten Fettsäuren aus Oliven und Nüssen und Omega-3-Fettsäuren die besten Schutzfunktionen vor Herz-Kreislauf-Erkrankungen bieten. Erstere wirken cholesterinsenkend, letztere zusätzlich entzündungshemmend und immunstimulierend. Olivenöl und Fisch sind auch Bestandteile der gesunden mediterranen Kost. Essen Sie ein- bis zweimal wöchentlich Meeresfisch und benutzen Sie Olivenöl für Salate und zum leichten Braten.

Aber auch zu viel gute Fette können dick machen! Eine Nusstüte von 170 Gramm, die man schnell am Abend vor dem Fernsehen nascht, deckt mit 1200 Kilokalorien bereits den halben Tagesbedarf einer Normalperson. Ernährungswissenschaftler empfehlen heute je ein Drittel gesättigte, einfach und mehrfach ungesättigte Fettsäuren in der Nahrung.

Proteine

Eiweiße oder Proteine sind die Bausubstanz für Muskeln, Organe, Haut, Bindegewebe, Hormone, Blut, Immunkörper, Enzyme und viele andere Körperbestandteile. Zudem steuern sie biochemische Stoffwechsel- und Regulationsvorgänge sowie den Sauerstoff- und Nährstofftransport. Alle Eiweißstrukturen sind in einem ständigen Umbauprozess. Die Eiweißreserven, die freien Aminosäurespeicher, sind nicht sehr groß; daher sollte man täglich auf gute Eiweißversorgung achten. Ein Gramm Eiweiß enthält vier Kilokalorien. Im Ausdauersport liegt der tägliche Bedarf bei rund 1,5 bis 2 Gramm pro Kilogramm Körpergewicht, den man leicht mit einer vollwertigen Ernährung abdecken kann.

Hochwertige Eiweißquellen

Die Eiweiße des Menschen bestehen aus 20 verschiedenen Aminosäuren, von denen wir acht mit der Nahrung aufnehmen müssen. Je größer der Gehalt an diesen essenziellen Bausteinen in Lebensmitteln, desto höher dessen »biologische Wertigkeit« für unsere eigene Proteinversorgung. Tierische Nahrung ist ein wertvollerer Aminosäurenlieferant als pflanzliche Lebensmittel. Die höchsten Werte erzielen z. B. Ei, Milch, Fleisch, Quark und Fisch. Aber auch pflanzliche Kost wie Amaranth, Vollkornreis und Hülsenfrüchte wie Sojaprodukte sind gute Quellen. Eine noch bessere Versorgung erzielen Sie durch

geschickte Kombination von pflanzlichen mit tierischen Lebensmitteln, wobei der pflanzliche Anteil jeweils der größere ist:
▸ Kartoffeln mit Ei
▸ Kartoffeln mit Milch, Käse und Magerquark
▸ Hafer- und andere Getreideflocken mit Milchprodukten (Müsli)
▸ Vollkornbrot oder Getreide mit Magerquark, Käse, Fisch und Fleisch
▸ Bohnen mit Fisch oder Fleisch (Chili con Carne)
▸ Bohnen mit Vollkorngetreide, Weizen oder Roggen
▸ Mais mit Bohnen oder Milchprodukten
Bei uns ist eine Proteinunterversorgung selten. Eiweißdrinks und Pulver sind ziemlich überflüssige Erfindungen heutiger Tage. Wer sich vollwertig ernährt, kann viel Geld sparen und getrost darauf verzichten.

Vegetarische Kostformen

Der Mensch ist vom Gebiss und Verdauungssystem eigentlich ein Gemischtköstler, biologisch ein Allesfresser. Viele Läufer ernähren sich aber angesichts von Massentierhaltung und Fleischskandalen mehr oder weniger vegetarisch. Wildfleisch oder Einkauf beim Biometzger wären eine Alternative. Leistungssport und fleischlose Kost mit hochwertigen tierisch-pflanzlichen Eiweißkombinationen ist für Ovo-Lakto-Vegetarier, die auch Milchprodukte und Eier essen, kein Problem. Wer dazu Fisch verzehrt, hat keinen Mangel. Bei der Proteinversorgung sollten Vegetarier auf

hochwertige pflanzliche Eiweißquellen wie Soja, Hülsenfrüchte, Kartoffeln, Vollkornprodukte und Nüsse achten. Bei Veganern allerdings, die überhaupt keine tierischen Lebensmittel verzehren, können Engpässe bei der Eisenaufnahme, Vitamin B12, Zink, Jod und Selen vorkommen. Fitnesslaufen ist noch möglich, aber beim Leistungssport wird es kritisch.

Sportfutter – ein Triathlet formulierte es einmal so: »Der künstliche Powerriegel wird so lange weiterentwickelt, bis er aussieht wie die Banane!«

Vitamine

Vitamine sind lebensnotwendige Bestandteile unserer Nahrung, bei denen kleine Mengen große Wirkung haben können. Man unterteilt sie in wasser- (B-Komplex, C) und fettlösliche (A, D, E, K) Vitamine. Einen Mangel sollte es bei uns eigentlich nicht geben. Aber durch einseitige oder falsche Ernährung wie Fast Food, Süßigkeiten, Fertigessen und stärkeren Alkoholkonsum oder durch Abführmittel und Diäten kann es zur Unterversorgung kommen. In der Schwangerschaft, bei Rauchern, stark Gestressten und Wettkampfläufern ist der Vitaminbedarf etwas erhöht. Da Sie im Training auf einen Halbmarathon bestimmt

Tipps

Vitaminverluste vermeiden

▸ Verarbeiten Sie möglichst frische Lebensmittel oder Tiefkühlkost.

▸ Benutzen Sie dunkle, kühle oder kalte Aufbewahrungsorte (Keller, Kühlschrank).

▸ Dunkle Flaschen und Behälter helfen gegen Strahlungs- und Lichteinwirkung.

▸ Folien und geschlossene Dosen verhindern die Oxidation von sauerstoffempfindlichen Lebensmitteln.

▸ Kurzes Erhitzen ist besser als langes Warmhalten.

▸ Vermeiden Sie Überhitzen von Fetten und Ölen.

▸ Dünsten Sie, statt zu kochen.

▸ Gemüse sollte lediglich »al dente« gedünstet werden.

auch mehr essen werden, ist bei vollwertiger Ernährung normalerweise dieser Mehrbedarf leicht auszugleichen.

Leber und Fettgewebe als Speicher

Wasserlösliche Vitamine können ähnlich wie Mineralien beim Kochen leicht ausgeschwemmt werden. Bei Überdosierung werden sie mit dem Urin ausgeschieden. Während wasserlösliche Vitamine also dem Körper ständig neu zugeführt werden müssen, können fettlösliche in Fettgewebe oder Leber gespeichert werden.

Andererseits sind dadurch bei Überdosierung leichter toxische Nebenwirkungen möglich. Die durchschnittliche Reservekapazität beim Erwachsenen beträgt zwischen vielen Monaten und Jahren (Vitamin A, Vitamin B12) und 10 bis 20 Tagen (Vitamin B1, Thiamin). Vitamin C, Vitamin B1 und Folsäure können bei unsachgemäßer Zubereitung die größten Verluste erleiden.

Mineralstoffe und Spurenelemente

Bei den Mineralstoffen unterscheidet man die Mengenelemente Kalium, Natrium, Phosphor, Magnesium, die der Körper täglich in größeren Mengen benötigt, und die Spurenelemente wie Eisen, Jod, Fluor, Mangan, Kupfer, Zink und Selen, bei denen schon geringste Spuren wirken. Mineralstoffe sind anorganische Bestandteile des Skeletts und der Zähne. Sie beeinflussen als gelöste Elektrolyte die physikalischen und biochemischen Eigenschaften der Körperflüssigkeiten wie Nervenleitung, Muskelkontraktion und Pufferung gegen Säure-Basen-Schwankungen. Mineralstoffe sind auch wichtige Bestandteile von Enzymen.

Schweiß und Hitzeläufe

Beim Schwitzen verliert der Körper außer Wasser auch Mineralien und Spurenelemente, sogenannte Elektrolyte. Das kann bei extremen Hitzeverhältnissen und in Abhängigkeit vom Körpergewicht und Anstrengungsgrad ein bis zwei Liter pro Stunde ausmachen. Der Schweiß ist im Verhältnis zur Körperflüssigkeit hypoton, er enthält eine geringere Konzentration an Mineralsalzen. Genetisch bedingt gibt es Vielschwitzer, bei denen es nur so tropft, und ökonomische Schwitzer, die immer nur einen dünnen Feuchtigkeitsfilm auf der Haut haben. Sie sind für Hitzeläufe besser geeignet.

Durch besseren Trainingszustand, Hitzeakklimatisation oder Sauna können Sie lernen, mit Elektrolytvorräten ökonomischer umzugehen. Im Schweiß verliert man vor allem Kochsalz (Natriumchlorid), in geringeren Mengen auch Magnesium, Kalium, Kalzium, Eisen, Kupfer und Zink sowie Aminosäuren und Vitamine. Natriumchlorid ist zur Wasseraufnahme erforderlich. Kalium ist neben Chrom notwendig zur Bildung des Glykogendepots. Magnesium,

die »Zündkerze« des Stoffwechsels, ist ein wichtiger Enzymaktivator für zahlreiche Stoffwechselreaktionen, so auch im Energiestoffwechsel. Der Körper kann bei Magnesium nicht lernen, dünnflüssiger zu schwitzen. Kalzium, Vitamin-B1-Mangel, Alkohol und fettreiche Nahrung beeinträchtigen die Aufnahme von Magnesium im Darm. Es ist reichlich in grünen Pflanzen, aber auch in Vollkornprodukten vorhanden. Eine weitere gute Quelle sind magnesiumreiche Mineralwässer mit über 100 Milligramm pro Liter. Kalzium bildet mit Phosphat die Knochensubstanz und ist daher wichtig zur Osteoporoseprävention.

Eisen – der Sauerstoffspender

Eisen ist als Zentralatom des Hämoglobins in den roten Blutkörperchen wesentlich am Transport des Sauerstoffs und dessen kurzfristiger Speicherung im Muskel im Farbstoff Myoglobin beteiligt. Echter Eisenmangel (Anämie) hat daher fatale Folgen für Läufer. Läuferinnen haben wegen der Menstruationsblutung einen höheren Eisenbedarf als Männer, der durch Training noch gesteigert wird. Aus tierischen Lebensmitteln wie Fleisch wird Eisen drei- bis viermal besser aufgenommen als aus pflanzlichen. Bei Vegetariern können daher Engpässe auftreten. Gute pflanzliche Eisenquellen sind Vollkornprodukte und Hülsenfrüchte. Vitamin C und Fruchtsäuren aus Obst und Fruchtsäften fördern die Aufnahme von Eisen im Darm, Gerbstoffe von Kaffee und schwarzem Tee behindern sie dagegen. Der

Bedarf ließe sich auch gut mit Leber decken, aber das zentrale Entgiftungsorgan ist durch Tiermast, Schwermetalle, Antibiotika und Hormone sehr schadstoffbelastet und sollte nur noch selten gegessen oder beim Biometzger eingekauft werden.

Sekundäre Pflanzenstoffe

Fünf frische Portionen Obst und Gemüse über den ganzen Tag verteilt, versorgen Läufer nicht nur mit genügend Vitaminen, Mineralstoffen, Spurenelementen und Faserstoffen,

Nach dem Ziel ein kühles Bier! Alkoholfrei ist das kein Problem, aber mit Alkohol werden die Regeneration verlangsamt und das Immunsystem geschwächt.

sondern auch mit sekundären Pflanzenstoffen. Diese bioaktiven Substanzen wirken antioxidativ, antimikrobiell, krebsmindernd, blutdruck- und cholesterinsenkend, entzündungshemmend und immunmodulierend, sie geben Chilis die Schärfe und Grapefruits den bitteren Geschmack. Bekannte Beispiele sind das Resveratrol im Rotwein, die krebsmindernden Stoffe Lycopin aus der Tomate und Sulforaphan aus Brokkoli. Sulfide wie Allicin aus Knoblauch, Zwiebeln und Lauchgemüse wirken antimikrobiell, antikarzinogen, antioxidativ und entzündungshemmend und senken das Cholesterin im Blut. Sie vermindern den Blutdruck und stärken das Immunsystem. Die gesunde mediterrane oder asiatische Küche bietet reichlich sekundäre Pflanzenstoffe.

Der Wasserhaushalt

Der Mensch besteht zu rund 60 % aus Wasser. Von den täglich durchschnittlich aufgenommenen 2,5 Liter Flüssigkeit stammen 1,3 Liter von Getränken, 0,9 Liter aus der Nahrung und 0,3 Liter vom sogenannten Oxidationswasser, das bei der Energiegewinnung aus Kohlenhydraten und Fetten frei wird. Bei höherem Energieumsatz wie beim Sportler entsteht auch mehr davon.

So stimmt die Wasserbilanz

Starke Wasser- und Elektrolytverluste entstehen nicht nur beim Schwitzen, sondern auch

Ernährungsempfehlung für den Alltag

Essen Sie:

▸ fettärmer, bevorzugt pflanzliche Öle und Meeresfisch

▸ kohlenhydratreicher, mehr komplexe Kohlenhydrate, weniger Industriezucker

▸ weniger tierisches Eiweiß; Fleisch nur als Beilage

▸ dafür hochwertige tierisch-pflanzliche Eiweißkombinationen

▸ frische Produkte möglichst saisonal aus der Region

▸ möglichst wenig aufbereitet und naturbelassen

▸ Lebensmittel mit möglichst hoher Nährstoffdichte

▸ täglich mehrmals frisches Obst, Gemüse und Rohkostsalate

▸ bevorzugt Vollkornprodukte

▸ ein Frühstück mit Obstsaftschorle und Kohlenhydraten

▸ gedünstet und gedämpft statt gebraten und frittiert

▸ möglichst abwechslungsreich und vielseitig

▸ und: Stellen Sie sich jede Fettportion wegen des Kaloriengehalts doppelt so groß vor.

Trinken Sie:

▸ reichlich – mindestens 1,5 Liter zusätzlich!

▸ Mineralwasser, Obstsaft, Gemüsesäfte und -brühe, Früchtetees, Suppen

▸ weniger Colagetränke, Limonade, Kaffee, schwarzen Tee und Alkohol

---

durch Abführtabletten und individuell verschieden durch harntreibend wirkende koffeinhaltige Getränke und Alkohol. Dehydration führt zur Leistungseinbuße im Alltag und beim Sport. Die geistige Leistung und Konzentrationsfähigkeit leiden ebenfalls darunter. Auch über Nacht verlieren Sie viel Flüssigkeit durch Atmen, Schwitzen und Ausscheidung. Vor allem an heißen Tagen beginnen viele ihr Training unbewusst mit einem Wasserdefizit. Schon morgens nach dem Aufstehen sollten Sie ein großes Glas Saftschorle oder Mineralwasser trinken.

Empfehlenswerte Getränke für Läufer:

▸ Magnesiumreiche Mineralwässer

▸ Fruchtsaftschorlen

▸ Obstsäfte (nicht etwa gezuckerte »Nektare« oder »Fruchtsaftgetränke«)

▸ Gemüsesäfte

▸ Gemüsebrühe (Reformhaus)

▸ Früchtetees

▸ Fettärmere Milch (1,5 %)

Alkohol – Fluch und Segen

Alkohol bzw. Äthanol ist ein beträchtlicher Energielieferant. Beim Bier stammen über 66 % der Kalorien vom Äthanol, beim Wein sogar 84 %. Äthanol ist zudem ein Stoffwechselgift, das bereits im Magen schnell resorbiert wird und harntreibend wirkt. Größere Mengen Alkohol fördern Leber-, Magen-,

Info

10-km-Wettkampfläuferinnen (Untersuchung an 407 Frauen, Steffny 2006)

Zeit über 10 km (Min.)	Größe (cm)	Gewicht (kg)	BMI (kg/m^2)	Körperfett (%)
Unter 40:00	1,67	53,7	19,2	20,6
40:00 – 44:59	1,67	56,7	20,4	22,9
45:00 – 49:59	1,67	58,6	21,0	24,9
50:00 – 54:59	1,67	60,7	21,8	26,2
Über 54:59	1,67	61,7	22,2	27,1

Darm- und Stoffwechselerkrankungen, Gicht, Bluthochdruck, Herzmuskelschwäche, Probleme für Muskelkoordination und Nervensystem; die Unfallgefahr steigt. Beim Entgiften in der Leber kommt es zu Vitaminverlusten. Die schweflige Säure vom Wein belastet den Vitamin-B-Komplex wie Thiamin, das wichtig für den Kohlenhydratstoffwechsel und die Nervenfunktionen ist. Allerdings gelten geringe Mengen Alkohol, etwa ein kleines Glas Wein oder 0,3 Liter Bier, als gesund. Sicherlich gehört ein Glas Wein auch zu einer kultivierten Esskultur. Frauen vertragen wegen ihrer geringeren Körpermasse, einem höheren Fettgewebeanteil und schwächerer Aktivität eines Entgiftungsenzyms, der Alkohol-Dehydrogenase, durchschnittlich nur rund halb so viel Alkohol wie Männer. Bei Sportlern verlangsamt Äthanol durch Absenkung der anabolen Hormone wie Testosteron das Regenerationsvermögen. Trinken Sie daher keinen Alkohol unmittelbar nach dem Training, aber genießen Sie gelegentlich ein Gläschen zu einem guten Essen oder feiern Sie mit Sekt Ihre neue Bestzeit!

Abnehmen und Wettkampfgewicht

Wer mehr Kalorien futtert, als er verbraucht, nimmt zu. Wer nachhaltig abnehmen möchte, muss seine Ernährungsgewohnheiten umstellen, vollwertig und angepasst essen und den Verbrauch erhöhen, indem er sich mehr bewegt. Der Body-Mass-Index (siehe auch Seite 46) liegt bei Weltklasseläufern bei Frauen um 18, bei Männern um 20 bis 21 kg/m^2. Die Körperfettwerte entsprechend bei 10 bis 12 % und 5 bis 7 %. Ambitionierte Freizeitläuferinnen liegen deutlich darüber bei 15 bis 20 %, Männer bei 10 bis 15 %. Hobby- und Genussläufer liegen oft weit darüber.

Wie viel verbraucht ein Läufer?

Eine einfache, aber recht genaue Formel besagt, dass man pro gelaufenem Kilometer sein Körpergewicht in Kilokalorien verbraucht – ein 80-Kilo-Mann bei einem Zehn-Kilometer-Lauf also rund 800 Kilokalorien. Wird schnell gelaufen, werden mehr Kohlenhydrate verbrannt, beim langsameren Laufen dagegen, bei gleichem Umsatz, mehr Fettkalorien.

Leichter läuft es sich leichter

Um abzuschätzen, um wie viel man seine Leistung möglicherweise durch Gewichtsabnahme steigern kann, gibt es eine weitere Formel. Die maximale Sauerstoffaufnahme bezieht sich auf das Körpergewicht. Geht dieses im sinnvollen Rahmen durch Fettabnahme nach unten, muss man im Rennen bei derselben Muskulatur und demselben Herz-Kreislauf- und Lungensystem weniger schleppen. Der Leistungsgewinn beträgt zwei Drittel der prozentualen Gewichtsabnahme. Beispiel: Nimmt jemand von 80 Kilogramm 10 % auf 72 Kilogramm ab, läuft er im Halbmarathon 6,6 % schneller. Also statt in 100 in 93,4 Minuten. Aus 1:40 kann 1:33:24 werden!

Nüchtern laufen = schlanker?

Gelegentlich wird Nüchternlaufen als Wunderwaffe zum Abnehmen angepriesen. Ohne Frühstück wird morgens losgelaufen, um den Fettstoffwechsel wegen des dann vorhandenen Kohlenhydratdefizits verstärkt anzukurbeln. Klingt logisch, aber es liegt ein Denkfehler vor, und das System ist nicht ohne Risiko. Während die für den Blutzuckerspiegel verantwortlichen Glykogenspiegel der Leber über Nacht in der Tat von Nervensystem und Gehirn etwa zu zwei Drittel entleert wurden, hat sich am Glykogenspeicher der Muskulatur während des Schlafs nicht viel verändert. Das führt dazu, dass der Blutzuckerspiegel im Keller, das Superbenzin in den Muskeln aber noch vorhanden ist. Diese verbrauchen beim morgendlichen Nüchternlauf also munter weiter Glykogen, ob Sie frühstücken oder nicht.

Den Fettstoffwechsel ankurbeln

Funktionieren würde das System, wenn man am Vortag nach einem Training keine Kohlenhydrate, aber Fisch, Ei, Quark, Avocado etc. isst, und am nächsten Tag mit nahezu entleerten Glykogenspeichern und ohne Frühstück trainiert. Nun steht der Muskulatur fast nur noch der Fettstoffwechsel zur Verfügung. Allerdings kommt es bei Kohlenhydratmangel, wie schon besprochen, über die Glukoneogenese zum schädlichen Abbau von Aminosäuren. Diese Form des Nüchternlaufs wird tatsächlich von Spitzenläufern, allerdings erst in einem sehr fortgeschrittenen Trainingsstadium vor allem auf einen Marathon, praktiziert. Das ist stressig und nicht ohne Risiko für Stoffwechsel, Psyche und Muskulatur. Bei einer genügenden Zahl langer, langsamer Dauerläufe trainieren Sie den Fettstoffwechsel für den Halbmarathon ausreichend, auch ohne morgens nüchtern zu laufen. Nüchternläufe können beim Abnehmen die eigentliche Ursache, nämlich Ernährungsfehler, nicht ausgleichen. Auf jeden Fall sollten Sie morgens vor dem Training immer Wasser oder Fruchtsaftschorlen trinken.

Wettkampfernährung

Unmittelbar vor, während und nach dem Training, aber insbesondere beim Wettkampf isst ein Läufer anders als im Alltag. Manchen schlägt der Wettkampfstress auch auf den Magen. Sie sollten Ihre Ernährungsstrategien schon vor unwichtigeren Wettkämpfen oder hartem Training und nicht erst vor Ihrer Halbmarathonpremiere ausprobieren.

Superkompensation

Die Kohlenhydratvorräte der Leber und Muskulatur müssen vor einem Halbmarathon in den letzten drei Tagen unbedingt aufgefüllt werden. Man nennt das auch Kohlenhydratmast, Carboloading oder Superkompensation. In den letzten drei Tagen joggt man nur noch wenig und isst viele vollwertige Kohlenhydrate in Form von Reis, Brot, Bananen und anderem Obst, Gemüse, nicht zu fette Pizza oder Nudeln und Kartoffeln ohne fette Saucen. Dabei nimmt man mit dem Glykogen und dem darin gebundenen Wasser wieder zwei bis drei Pfund zu. Trinken Sie dazu reichlich!

Nudelparty – nur ein Mythos?

Der New York Marathon hat das Ritual erfunden: Am Nachmittag oder Abend vor dem Wettkampf kommen die Läufer zum Auffüllen der Glykogenspeicher zusammen. Aber: Ist die Nudel- oder Pastaparty wirklich so optimal? Das Pastafuttern kam historisch eigentlich nur deswegen zustande, weil es Nudelfirmen gab, die solche Nudelpartys sponserten. Außerdem ist es logistisch einfach und billig, Tausende von Läufern mit Nudeln und Sauce abzufüttern. Richtig zubereitet ist das auch nicht schlecht, aber es geht noch besser, wie Sie gleich sehen werden.

Wenn Sie dennoch Pasta für eine Nudelparty zubereiten möchten, dann nehmen Sie Hartweizengrießnudeln, nicht Eiernudeln, vermeiden fette Saucen und Beilagen, nehmen nur wenig Olivenöl, kochen Tomatensauce mit Kräutern, dünsten Gemüse wie Brokkoli dazu und trinken reichlich. Viele Läufer treffen sich am Abend vor dem Wettkampf beim Italiener. Pizza und Pasta sind aber nur dann gute Kohlenhydratträger, wenn Saucen und Auflagen nicht zu fett sind, was in den meisten Pizzerias aber leider der Fall ist. Eine Pizza mit dickem Teig und vegetarischem Belag wäre vorzuziehen. Der Kohlenhydratanteil einer Salamipizza beträgt z. B. nur 35 %!

Besser – Power-Carboloading

Vergleicht man Inhaltsstoffe, die für eine optimale Auffüllung des Glykogendepots wichtig sind – Kohlenhydratanteil, Chrom, Kalium, Magnesium, Vitamin B1 und Vitamin C –, findet man leicht heraus, dass die Nudel nur zweite Wahl ist. Als aufbereitetes und in Wasser ausgekochtes Lebensmittel ist selbst die Vollkornnudel den Kartoffeln, Bananen, Rosinen, Tomaten und Karotten im Kohlenhydrat- und sonstigen Nährstoffgehalt unterlegen! Berücksichtigt man alle Werte, empfehle ich ein Power-Carboloading-Rezept, das ich zusammen mit Olympiakoch und Weltklasseläufer Charly Doll erstellt habe: Kartoffeln mit Karotten in einer Sauce aus frischen Tomaten mit Champignons. Dazu gibt es Bananen und Honigmelone mit Apfelmus und Rosinen zum Nachtisch. Die Kartoffeln und Tomaten liefern Kalium und die Pilze Chrom, das für die Glykogenbildung wichtig ist. Sie könnten alternativ zu den Pilzen auch etwas Edamerkäse darüber streuen. Mit diesem Rezept lassen Sie zumindest theoretisch die Nudelesser stehen!

Essen vor dem Laufen

Die letzte leichtverdauliche und kohlenhydratreiche Mahlzeit sollte spätestens zwei, besser drei Stunden vor dem Sport eingenommen werden. Sie nehmen im Magen für einen Halbmarathon noch etwas Superbenzin mit. Für einen kürzeren Wettkampf spielt das aber keine Rolle. Geeignet, schnell verdaulich, kohlenhydratreich und wenig belastend:

▸ Bananen
▸ Zarte Haferflocken oder Grießbrei
▸ Weißbrot dünn mit Magerquark und Honig bestrichen
▸ Weißer Reis
▸ Püree aus zerstampften Kartoffeln
▸ Zwieback bei Magenempfindlichen

Die Verdauung dauert umso länger, je fetter oder auch ballaststoffreicher die Lebensmittel sind. Ausnahmsweise ist hier also Weißbrot statt Vollkornprodukten angebracht. Trinken Sie schwach gesalzene Fruchtsaft-

---

Info

Die Verweildauer von Speisen im Magen

	Ungeeignet vor dem Sport	Geeignet vor dem Sport	Verweildauer im Magen
Zunehmender Fett- und Faserstoffgehalt	Gekochter fettarmer Fisch, Milch, weiches Ei, Wein	Banane, zarte Haferflocken, weißer Reis, Zwieback, Wasser	1 – 2 Stunden
	Hart gekochtes Ei, Rührei, Bier	Kartoffelbrei, Weißbrot, Nudeln mit Tomaten, zartes Gemüse	2 – 3 Stunden
	Gekochtes Geflügel, Gemüse, Schwarzbrot, Bratkartoffeln		3 – 4 Stunden
	Kalbsbraten, Rindfleisch, Apfel, Erbsen, Linsen		4 – 5 Stunden
	Schweinebraten, gebratenes Geflügel		5 – 7 Stunden
	Ölsardinen, Speck, Pilze		7 – 9 Stunden

schorle oder ein ausgetestetes Elektrolytgetränk, aber nicht zu viel unmittelbar vor dem Wettkampf, um Seitenstechen und Toilettengänge zu vermeiden. Bei kühlem Wetter reicht ein halber Liter in den letzten zwei Stunden vor dem Lauf. Bei Wärme und langen Distanzen sollten Sie immer gut hydriert in Training und Wettkampf gehen.

Ernährung im Rennen

Für einen Fünf- oder Zehn-Kilometer-Lauf ist Verpflegung im Wettkampf im Gegensatz zum Halbmarathon kaum nötig. Nehmen Sie vor

Nehmen Sie beim Wettkampf Ihr Getränk als Konzentrat in Gürtelfläschchen mit. Das ist leichter, und Wasser zum Verdünnen bekommen Sie unterwegs.

Rennen auf keinen Fall irgendwelche Mittelchen wie Magnesiumpräparate. Das ist nutzlos und führt bestimmt zu Durchfall.

Bei langen Trainingseinheiten über eine Stunde kann Trinken vor allem bei warmem Wetter während des Laufens wichtig sein. Das gilt erst recht, wenn Sie Halbmarathon laufen. Bei Wassermangel riskieren Sie einen frühzeitigen Leistungseinbruch, sogar Krämpfe. Bereits 2 % Wasserverlust führen zu deutlichen Einbußen. Machen Sie sich zur Regel, bei Läufen über längere Distanzen bereits an der ersten Verpflegungsstation Wasser oder ein Elektrolytgetränk zu sich zu nehmen. Gut wäre es, wenn Sie dieses vorher im Training testen konnten. Trinken Sie lieber frühzeitig in kleinen Portionen, als später den großen Durst zu löschen, wenn es bereits zu spät ist. Bei Hitze sollten Sie sich vor dem Start und im Rennen Wasser über den Kopf gießen.

Eigenmixtur im Trinkgürtel

Eliteläufer trinken nur. Wer aber beim Halbmarathon länger als zwei Stunden unterwegs ist, könnte in der ersten Hälfte z. B. noch Weißbrot knabbern. Sie können natürlich auch eigene Mixturen in Trinkgurten mitnehmen. Wie Sie sich selbst so etwas mischen, erfahren Sie im nachfolgenden Kasten. Konfektionierte Kohlenhydratkonzentrate wie Powergels oder Gelchips können Sie in einer Gürteltasche dabei haben. Nur bei frühzeitiger Aufnahme stehen diese Kohlenhydrate der Muskulatur später im Rennen noch zur Verfügung.

Trinken aus Bechern beim Laufen ist gar nicht so einfach. Daher sollten Sie es zuvor im Training bei langen Läufen oder Vorbereitungsrennen üben. Im Zweifelsfall bleiben Sie an einer Verpflegungsstation kurz stehen oder trinken im Gehen.

Hinterher wieder fit essen

Nach einem Rennen oder anstrengenden Training sollten Sie bald den Durst stillen und Kohlenhydrate aufnehmen. Zu empfehlen sind Fruchtsaftschorle, Mineralwasser und Banane. Vielleicht steht Ihnen der Durst nach einem Bier. Bedenken Sie aber, dass Sie bis zu mehreren Litern an Schweiß verloren haben. Der Alkohol geht sofort ins Blut und schwächt Immunsystem und Regeneration. Alkoholfreies Bier wäre noch in Ordnung.

Die Glykogendepots lassen sich in der ersten Stunde nach dem Training am schnellsten auffüllen. Nach einem Rennen ist ein Teil der Muskelzellen lädiert und speichert weniger Glykogen. Eine Kohlenhydrataufnahme ist jedoch wichtig, um den Blutzuckerspiegel anzuheben. Dadurch wird ein weiterer Eiweiß- und Immunkörperabbau verhindert. Sie brauchen auch jetzt kein teures Protein- oder Aminosäurenpulver. Am Abend sollte eine fettarme, hochwertige und eiweißreiche Mahlzeit auf dem Tisch stehen. Wie wäre es mit gedünstetem Fischfilet, Pellkartoffeln und Gemüse? Wenn Sie eine Bestzeit, den Halbmarathoneinstand o.Ä. zu feiern haben, können Sie das nun mit einem Glas Sekt gerne tun. Neben viel

Tipp

Wettkampfgetränk selbst gemacht

Diese Rezeptur für einen Liter habe ich mir früher in meine Wettkampfflaschen abgefüllt und damit die besten Erfahrungen gemacht:
In 0,9 Liter ausgeschütteltes Mineralwasser mit möglichst hohem Mineralgehalt mischen Sie 50 bis maximal 70 Gramm Zucker. Verwenden Sie Zucker unterschiedlicher Kettenlänge: Trauben- und Haushaltszucker und eventuell Maltodextrin aus der Apotheke. Mehr Zucker behindert die Wasseraufnahme. Fügen Sie einen halben Teelöffel Hydrogenkarbonat hinzu (Soda, Backpulver), das puffert bei nervösem Magen die Säure ab. Mischen Sie wegen des Geschmacks und Kaliumgehalts 0,1 Liter Orangen- oder Apfelsaftsaft hinzu. Nicht mehr, denn zu viel Fruchtsäure verhindert ebenfalls die Wasseraufnahme. Wichtig ist eine Prise Kochsalz (ca. 1,5 Gramm pro Liter), bis das Getränk schwach salzig schmeckt. Während des Halbmarathons ist das aber wirklich lecker! Kochsalz (nicht das viel beworbene Magnesium) ist neben Wasser wichtig zur Vermeidung von Krämpfen im Rennen – und es fördert die Wasseraufnahme! In die Trinkflasche für das letzte Drittel mischt man zur Hälfte ein Colagetränk. Das wirkt nach zehn Minuten noch mal beflügelnd.

Ruhe nach einem Wettkampf sollten Sie in den folgenden Tagen weiter auf besonders vollwertige Ernährung achten, die neben reichlich Gemüse und Obst auch Milchprodukte, Fisch, Ei oder mageres Fleisch enthält.

Herbert **Steffny**

Eine Vita – laufend Erfolge

Der 1953 in Trier geborene Herbert Steffny war zunächst als Jugendlicher nationale Spitzenklasse und stellte u. a. einen deutschen Jugendrekord über 3000 Meter auf. Danach wandte er sich mit 19 vom Leistungssport ab und studierte Biologie. Mit 29 begann er zunächst nur aus Fitnessgründen wieder mit dem Laufen und überraschte sich selbst, als er an seine frühere Karriere als Leistungssportler anknüpfen konnte. In seiner Laufbahn als Profisportler konnte er 16 deutsche Meistertitel von 10 000 Meter bis Marathon erlaufen und wurde Weltmeisterschafts- und Olympiateil-

Herbert Steffny mit Seminarteilnehmern.

nehmer. Der Höhepunkt seiner Laufbahn war die Marathonbronzemedaille bei den Europameisterschaften 1986 in Stuttgart. Als Senior gewann er mit 42 die Masterwertung beim 100. Jubiläums-Boston Marathon und stellte mit 50 noch einen deutschen Rekord im Zehn-Kilometer-Straßenlauf (32:31 Minuten) für diese Altersklasse auf. Seit 1986 ist er Geschäftsführer der Herbert Steffny Run Fit Fun GmbH in Titisee im Südschwarzwald und gibt sein Knowhow in Laufkursen, Vorträgen und Firmenseminaren an Einsteiger und Profis weiter. Als Personal Trainer coachte er u. a. den früheren Außenminister Joschka Fischer zum Marathonläufer. Daneben trainiert und berät er Spitzenathleten wie die zweifache Ironman-Europameisterin Sandra Wallenhorst und brachte seine Athleten zu nationalen oder internationalen Titeln. Daneben ist er für die ARD Laufexperte und kommentiert die großen Citymarathons wie Berlin und Frankfurt im TV. Als Sportjournalist und Fotograf schreibt er Kolumnen und Artikel in Zeitungen und Fachmagazinen. Im Südwest Verlag hat Steffny mehrere Bestseller zu den Themen Laufen, Marathon, Walking und Sporternährung geschrieben, mithilfe derer bereits Zigtausende den Fitnesseinstieg oder ihre persönliche Bestzeit bis hin zum Marathon geschafft haben.

Tipp: Seminare – Laufen, Genießen, Entspannen

Herbert Steffny und sein erfahrenes Expertenteam veranstalten seit 1989 Laufseminare in Hinterzarten im Südschwarzwald, aber auch Laufurlaube und -wochen im In- und Ausland. Einsteiger und Fortgeschrittene lernen dabei in lockerer und familiärer Atmosphäre in Theorie und Praxis alles Wichtige rund ums Laufen. Dazu gehören Vorträge zu Training und Ernährung, Workshops, individuelle Beratungen, Gymnastik, Laufstilanalyse, Lauf-ABC, Laktat- und Fettmessung und natürlich Lauftreffs in Gruppen vom Einsteiger bis zum Marathonläufer. Aber auch der Genuss bleibt nicht auf der Strecke. In Hinterzarten bietet das Team für Laufgourmets auch Wochenendseminare unter dem Motto »Laufen, Genießen, Entspannen!« an. Im eigenen Wellnessseminarhotel mit Saunahüttendorf verwöhnt der Olympiakoch und frühere Weltklasseläufer Charly Doll die Gäste mit seiner vollwertigen und schmackhaften Küche.

Ausführliche Infos unter www.herbertsteffny.de

Literatur

van Aaken, Ernst *Programmiert für hundert Lebensjahre*. Pohl-Verlag, Celle 1978

Biesalski, Hans-Konrad et al. *Taschenatlas Ernährung*. Thieme Verlag, Stuttgart 7. Auflage 2017

Cooper, Kenneth H. *Aerobics*. Bantam Books, New York 1968

Dickhut, Hans Herrmann et al. *Einführung in die Sport- und Leistungsmedizin*. Hoffmann-Verlag, Schorndorf 2. Auflage 2011

Elmadfa, Ibrahim et al. *Nährwerte*. Gräfe und Unzer Verlag, München 9. Auflage 2008

Fischer, Joschka *Mein langer Lauf zu mir selbst*. Kiepenheuer & Witsch, Köln 2001

Hollmann, Wildor/Strüder, Heiko K. *Sportmedizin*. Schattauer Verlag, Stuttgart 5. Auflage 2009

Noakes, Tim *Lore of Running*. Leisure Press, Champaign, Illinois 2003

Spring, Hans et al. *Dehn- und Kräftigungsgymnastik*. Thieme Verlag, Stuttgart 2000

Steffny, Herbert *Steffny, Herbert Das große Laufbuch*. Südwest Verlag, München, 2019

Steffny, Herbert/Feil, Wolfgang *Die Lauf-Diät*. Südwest Verlag, München 7. Auflage 2014

Steffny, Herbert/Feil, Wolfgang *Die Lauf-Diät – Das Kochbuch*. Südwest Verlag, München 3. Auflage 2017

Steffny, Herbert/Pramann, Uli/Doll, Charly *Perfektes Lauftraining – Das Ernährungsprogramm*. Südwest Verlag, München, 4. Auflage 2008

Steffny, Herbert *Walking*. Südwest Verlag, München, 5. Auflage 2004

Steffny, Manfred *Lauflexikon*. Spiridon, Erkrath 2004

Williams, Melvin H. *Ernährung, Fitness und Sport*. Ullstein Mosby, Berlin 1997

Wichtige Internetadressen

www.herbertsteffny.de – Homepage des Autors: Seminare, Laufreisen, Ratgeber und Onlinelaufmagazin

www.laufreport.de – Onlinelaufmagazin, Reportagen

www.letsrun.com – internationales Laufforum für Insider und Wettkampfläufer

www.leichtathletik.de – Deutscher Leichtathletik Verband, Adressen, Termine zu nationalen Volks- und Straßenläufen

www.iaaf.org – Internationaler Leichtathletik Verband

www.aims-worldrunning.org – Adressen internationaler Straßenläufe

www.interair.de – Laufreisen national und international

www.ultra-sports.de – Trainings- und Wettkampfernährung

Register

Über dieses **Buch**

Hinweis

Die Ratschläge in diesem Buch sind von Autor und Verlag sorgfältig erwogen und geprüft; dennoch kann eine Garantie nicht übernommen werden. Eine Haftung des Autors bzw. des Verlags und dessen Beauftragten für Personen-, Sach- und Vermögensschäden ist ausgeschlossen.

Bildnachweis

Corbis, Düsseldorf: 2 (moodboard plus), 10/11, 42/43 (Cultura/Nick Dolding), 98 (Sean Aidan/Eye Ubiquitous), 102/103 (Scott Areman), 119 (Zefa/Charles Gullung), 138 (I love Images); Ddp-Images, Berlin: 8 (Axel Schmidt); Gettyimages, München: U1 (UpperCut Images/Dennis Welsh), 14 (Bongarts), 17 (Aurora/Greg Von Doersten), 34 (Photodisc/John Kelly), 58 (Aurora Open/Jordan Siemens), 60/61 (RF/Lifesize/Tyler Stableford), 85 (Photographer´s Choice), 129 (Bongarts/Boris Streubel), 166 (Dorling Kindersley/Russell Sadur), 186/187 (Erik Isakson), 206/207 (RF/Ojo Images/Sam Edwards), 218/219 (RF/Blend Images/Dave and Les Jacobs); Herbert Steffny Run Fit Fun GmbH: 5, 16, 37, 89, 108, 115, 123, 164, 169, 202, 236; Imago, Berlin: 24/25, 78/79 (Eisend), 28, 54, 120/121, 154/155, 228, 234 (Camera 4), 45 (Mc Photo), 182 (Olaf Wagner), 225 (Suedraumfoto); Interfoto, München: 7 (Oliver J. Graf); Istockphoto: 76 (RF/Christophe Schmid); Jump, Hamburg: 111 (Stefan Eisend), 117 (Martina Sandkühler); lizenzfrei: 212 (Stockbyte/Getty); Picture Alliance, Frankfurt: 159 (Stefan Thomas), 199 (dpa/Sportreport); RONO Innovations: 27, 32, 55; Südwest Verlag, München: 191, 192, 193, 194, 195, 196, 197, 201, 204, 205 (Nicolas Olonetzky)

Impressum

5. Auflage 2025
© der aktualisierten Neuausgabe 2018
© der Erstausgabe 2010 by Südwest Verlag, München, in der Penguin Random House Verlagsgruppe GmbH, Neumarkter Str. 28, 81673 München.

produktsicherheit@penguinrandomhouse.de
(Vorstehende Angaben sind zugleich Pflichtinformationen nach GPSR)

Redaktionsleitung Silke Kirsch
Projektleitung Silvia Forster
Redaktion Text & Form – Nicola von Otto
Bildredaktion Tanja Zielezniak
Korrektorat Susanne Langer
Layout, Producing, Grafik, Satz
v*büro – Jan-Dirk Hansen, München
Umschlaggestaltung und -konzeption
zeichenpool, München, unter Verwendung eines Fotos von GettyImages/shapecharge; shutterstock/stockphoto mania, Wang An Qi
Repro Artilitho snc, Lavis (Trento)
Druck und Verarbeitung Pixartprinting, Lavis (Trento)

Printed in Italy

MIX
Papier | Fördert gute Waldnutzung
FSC® C147178

ISBN 978-3-517-09721-3

Penguin Random House Verlagsgruppe FSC®-N001967